Voyage en France

RÉGION PARISIENNE
III. — Sud

44ème Série

GATINAIS FRANÇAIS
et
HAUTE-BEAUCE

PARIS
BERGER-LEVRAULT & Cie, Éditeurs

Voyage en France

OUVRAGES DU MÊME AUTEUR

L'Europe centrale et ses réseaux d'État. — Un volume in-12, 3 fr. 50 (Berger-Levrault et Cie.)

L'Armée et la Flotte en 1895. — Grandes manœuvres des Vosges. — L'expédition de Madagascar. — Manœuvres navales. — Un volume in-12, avec nombreuses cartes. 5 fr. (Berger-Levrault et Cie.)

L'Armée et la Flotte en 1894. — Manœuvres navales. — Manœuvres de Meaux. — Manœuvres de forteresse. — Un volume in-19, illustrations de Paul Léonnec, nombreux croquis et cartes, 5 fr. (Berger-Levrault et Cie.)

L'Armée navale en 1893. — L'Escadre russe en Provence. — **La Défense de la Corse.** — Un volume in-12, avec 17 croquis ou vues et une carte de la Corse, 5 fr. (Berger-Levrault et Cie.)

Au Régiment. — En Escadre. — Préface de M. Méxières, de l'Académie française, 1894. Un volume grand in-8, avec 250 photographies instantanées de M. Paul Géus, 10 fr. (Berger-Levrault et Cie.)

Le Colonel Bourras. Suivi du **Rapport sur les Opérations du corps franc des Vosges** du colonel Bourras, 1893. Brochure in-12, avec un portrait et couverture illustrée, 60 c. (Berger-Levrault et Cie.)

Le Nord de la France en 1789. — Flandre. — Artois. — Hainaut. — Un volume in-12. (Maurice Dreyfous.)

La Frontière du Nord et les défenses belges de la Meuse. — Un volume in-8. (Baudoin.)

Une Armée dans les neiges, journal d'un volontaire du corps franc des Vosges. — Un volume in-8 illustré. (Rouam.)

Études algériennes. — Un volume in-8. (Guillaumin et Cie.)

Les Grandes Manœuvres de 1882 à 1892. — Un volume in-12 par année. (Baudoin et Rouam.)

Voyage en France. Ouvrage couronné par l'Académie française (prix Montyon et prix Narcisse Michaut en 1901, décerné à l'auteur du meilleur ouvrage de littérature française), par la Société des gens de lettres, par la Société de géographie de Paris et par la Société de géographie commerciale, le Touring-Club de France et la Société nationale d'agriculture de France. Série d'élégants volumes in-12, avec cartes et croquis dans le texte, brochés à 3 fr. 50 et relié, en percaline à 4 fr.

1ʳᵉ Série : Le Morvan, le Val de Loire et le Perche.
2ᵉ Série : Des Alpes mancelles à la Loire maritime.
3ᵉ Série : Les Îles de l'Atlantique : I. D'Arcachon (Île aux Oiseaux) à Belle-Isle.
4ᵉ Série : Les Îles de l'Atlantique : II. D'Houdic à Ouessant.
5ᵉ Série : Les Îles françaises de la Manche; Bretagne péninsulaire.
6ᵉ Série : Normandie (sauf le pays de Bray et Dieppe).
7ᵉ Série : Région lyonnaise, Lyon, monts du Lyonnais et du Forez.
8ᵉ Série : Le Rhône du Léman à la mer, Dombes, Valromey et Bugey, Bas-Dauphiné, Savoie rhodanienne, La Camargue.
9ᵉ Série : Bas-Dauphiné : Viennois, Graisivaudan, Oisans, Diois et Valentinois.
10ᵉ Série : Les Alpes du Léman à la Durance, Nos chasseurs alpins.
11ᵉ Série : Forez, Haut-Vivarais, Tricastin et Comtat-Venaissin.
12ᵉ Série : Alpes de Provence et Alpes Maritimes.
13ᵉ Série : La Provence maritime.
14ᵉ Série : La Corse.
15ᵉ Série : Les Charentes et la Plaine poitevine.
16ᵉ Série : De Vendée en Beauce.
17ᵉ Série : Littoral du pays de Caux, Vexin, Basse-Picardie.
18ᵉ Série : Région du Nord : I. Flandre et littoral du Nord.
19ᵉ Série : Région du Nord : II. Artois, Cambrésis et Hainaut.
20ᵉ Série : Haute-Picardie, Champagne rémoise et… Vennes.
21ᵉ Série : Haute-Champagne, Basse-Lorraine.
22ᵉ Série : Plateau lorrain et Vosges.
23ᵉ Série : Plaine comtoise et Jura.
24ᵉ Série : Haute-Bourgogne.
25ᵉ Série : Basse-Bourgogne et Bénonais.
26ᵉ Série : Berry et Poitou oriental.
27ᵉ Série : Bourbonnais, Haute-Marche.
28ᵉ Série : Limousin.
29ᵉ Série : Bordelais et Périgord.
30ᵉ Série : Gascogne.
31ᵉ Série : Agenais, Lomagne et Bas-Quercy.
32ᵉ Série : Haut-Quercy, Haute-Auvergne.
33ᵉ Série : Basse-Auvergne.
34ᵉ Série : Velay, Vivarais méridional, Gévaudan.
35ᵉ Série : Rouergue et Albigeois.
36ᵉ Série : Cévennes méridionales.
37ᵉ Série : Le golfe du Lion.
38ᵉ Série : Haut-Languedoc.
39ᵉ Série : Pyrénées, partie orientale.
40ᵉ Série : Pyrénées centrales.
41ᵉ Série : Pyrénées, partie occidentale.
Région parisienne.
42ᵉ Série : I. Nord-Est : Le Valois.
43ᵉ Série : II. Est : La Brie.
44ᵉ Série : III. Sud : Gâtinais français et Nord-Beauce.

Sous presse : Suite de la Région parisienne. — 45ᵉ Série : IV. Ouest : Hurepoix et Yveline. — 46ᵉ Série : V. Nord-Ouest : Mantois et Vexin français.

En préparation : Paris, 3 volumes : 47ᵉ, 48ᵉ et 49ᵉ Séries : Paris. — 50ᵉ Série : Banlieue de Paris.

Le prospectus détaillé de la collection est envoyé sur demande.

ARDOUIN-DUMAZET

Voyage en France

44ᵉ SÉRIE

RÉGION PARISIENNE : III. SUD

Gâtinais français et Haute-Beauce

BOCAGE GATINAIS — LA HAUTE SEINE
FORÊT DE FONTAINEBLEAU — PAYS DE BIÈRE
LE GATINAIS BEAUCERON
L'ÉTAMPOIS — LA BEAUCE FITUÉRAINE
(Partie des départements de *Seine-et-Marne*,
de *Seine-et-Oise* et du *Loiret*.
Fragments de l'*Yonne*, d'*Eure-et-Loir* et de la *Seine*.)

Avec 19 cartes ou croquis

BERGER-LEVRAULT & Cⁱᵉ, ÉDITEURS

PARIS | NANCY
5, RUE DES BEAUX-ARTS | 18, RUE DES GLACIS

1906
Tous droits réservés

CARTE D'ENSEMBLE DE LA 11ᵉ SÉRIE

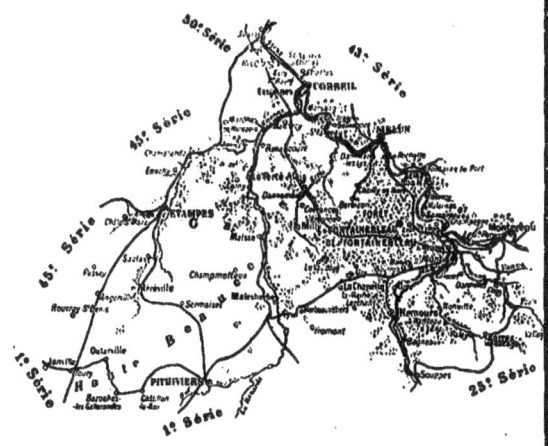

Tous les croquis sans indications spéciales compris dans ce volume sont extraits de la carte d'État-major au 1/80 000ᵉ.

VOYAGE EN FRANCE

I

LE BOCAGE GATINAIS

Les Bocages. — Le Bocage gâtinais. — De Montereau à Lorrez-le-Bocage. — Le pays de Sereine. — La vallée du Lunain. — Lorrez-le-Bocage. — Pertes et réapparition du Lunain. — La fontaine Jean-des-Neiges et la fontaine Carrée. — Nanteau-sur-Lunain et ses hameaux. — La « pierre frite ». — La fontaine de Saint-Thomas. — Au bord du Loing. — Le beau paysage de Moret. — By et Rosa Bonheur. — La colonne de Marie Leczinska.

Moret. Avril.

Certains noms excitent la curiosité et font naître le désir de rendre visite aux lieux qui les portent. Bien souvent je suis parti à l'aventure, sur la foi d'un vocable pittoresque ou sonore. Aujourd'hui j'entreprends ces excursions sur la rive gauche de la Seine par Lorrez-le-Bocage. Ces mots ont un sens presque mystérieux. Si près de Paris, un coin de pays peut-il évoquer d'autres Bocages ombreux et sauvages comme celui de Vendée, frais, riants, idylliques comme le Bocage normand?

La région parisienne a bien son Bocage en effet, par le nom plus que par l'aspect. C'est la contrée comprise entre Montereau et Nemours, bocagère en comparaison des terrains voisins de ce Gâtinais dont elle fait d'ailleurs partie, où les sables, les grès, les terres pauvres occupent de si grands espaces, où les eaux vives sont rares et se montrent seulement dans quelques dépressions privilégiées.

Je suis venu jadis ici pour visiter Égreville, centre le plus populeux de la région, et gagner le Gâtinais orléanais(1). J'étais rapidement passé, cette fois je m'en irai lentement, à pied, en descendant les deux vallées du Lunain et de l'Orvanne, si fraîches par le contraste avec les terres de l'autre rive du Loing.

Le chemin de fer à voie étroite de Montereau à Souppes traverse ce pays; ligne accidentée, car elle franchit les hautes croupes qui séparent les vallées, et les escalade parfois à l'aide de courbes répétées. Bref est le trajet au long des cours d'eau bordés de peupliers et de prairies. A peine a-t-on

---

1. 25ᵉ série du *Voyage en France*, chapitre XVIII.

suivi un instant ce pli humide et l'on recommence à gravir les collines sèches revêtues de bois.

Ainsi l'on quitte à Voulx les bords de l'Orvanne pour s'élever sur le plateau de Chevry-en-Sereine; on est alors en vue d'horizons vastes mais confus, car rien ne frappe particulièrement le regard. Le sol est pauvre, mélangé de silex; des taillis de chênes y croissent, où l'on garde des baliveaux pour les futaies futures. Dans les clairières, des blocs de grès affleurent, semblables au dos de bêtes fantastiques. Vers le sud, au pied de pentes revêtues de bois, se creuse une dépression verte au printemps, poudreuse dès que l'été est venu. C'est le thalweg du Lunain avant ses sources pérennes. Des villages très menus et fort espacés couvrent la berge régulière de cet énorme fossé. Quelques-uns possèdent un château, parfois de belle architecture. Le plus remarquable, celui de Chevry, de style Louis XIII, a noble et grande allure au sommet de la ride d'où il domine la vallée; les bois qui le précèdent sont percés de majestueuses allées. Le village est à l'écart, à demi entouré de taillis, groupé autour d'un clocher flanqué de lourds contreforts; une fenêtre d'un pur dessin s'ouvre dans la façade de l'église; sur les chemins ruraux, de nombreux hameaux se suivent, beaucoup de pommiers et des vignes couvrent les champs.

Que veut dire *en Sereine*, mot qui accompagne Chevry ? On pourrait supposer que ce plateau constituait autrefois un petit pays, si l'on retrouvait ailleurs la même indication, mais il n'est pas d'autre « en Sereine ». Il est vrai que le terme de Bocage ne s'applique qu'à Lorrez, et cependant il est bien une définition précise dans l'esprit des habitants — on rencontre d'ailleurs un Égriselles-le-Bocage dans l'Yonne.

Lorrez est au pied de la hauteur de Chevry, la route y descend par une pente rapide ; le sol devient plus frais, les arbres sont plus vigoureux. Le Lunain n'est qu'un long fossé sec quand il parvient au bourg. Mais les eaux infiltrées sur le plateau et dans la vallée supérieure commencent à suinter ici dans le thalweg, plus bas elles formeront de grandes sources ; il en est même au pied des berges de la rive gauche, elles alimentent les nappes d'un parc devant un château de simple architecture, conservant quelques vestiges d'un édifice antérieur. Ce logis appartient à un membre de la famille de Ségur. A ce nom je revois par la pensée les fiers restes du château de Ségur et la singulière petite ville qu'il domine, dans le site tourmenté de la vallée de l'Auvézère.

Le placide paysage de Lorrez-le-Bocage répond bien peu à ces souvenirs soudain évoqués.

Le bourg, charmant mais infime, occupe le point de croisement de plusieurs routes. Dans la partie haute, l'église, en voie de complète restauration, occupe une terrasse ; cette situation fait mieux ressortir l'ampleur de ce monument surmonté d'un haut clocher à flèche très grêle, s'élançant d'un toit aplati entouré de clochetons. L'édifice remonte au treizième siècle et dit l'ancienneté de cette bourgade, jadis fortifiée. Une tour couvre encore le sommet de la colline.

Lorrez a beaucoup moins d'importance qu'Égreville. Cette dernière commune doit à ses marchés une fréquente animation ; c'est, en outre, le point de jonction des petits chemins de fer de Montereau et de Sens. Ce gros centre rural d'Égreville a séduit le compositeur Massenet et le peintre Berne-Bellecour ; ils y habitent l'été.

Il y a quelques jours, des manœuvres, auxquelles l'École de Saint-Cyr prenait part, eurent lieu dans la région ; le colonel d'un régiment, apprenant la présence de Massenet, eut l'attention délicate d'envoyer sa musique donner un

---

1. Sur Ségur, voyez la 28ᵉ série du *Voyage en France* (Limousin), chapitre XVII.

concert au maître ; les morceaux joués étaient tous empruntés à ses œuvres.

Au-dessous de Lorrez, le fond de la vallée est constitué par le parc du château, aménagé en prairies, encadré de beaux arbres. Le Lunain sépare le domaine du chemin de Nanteau. On le voit peu à peu s'accroître, de petites fontaines lui donnent un flot limpide, restitution du débit perdu dans les gouffres en amont de Chevry, dans le département de l'Yonne. Mais de fortes sources, qui feront de nouveau une rivière, sont au delà du parc, au milieu du riant bassin de Paley. Là, au hameau des Gros-Ormes, sous les fondations d'une maison rurale, un ruisseau jaillit et va atteindre le lit du Lunain. Les braves gens qui habitent auprès sont très fiers de leur naïade ; ils m'en vantent les vertus : jamais de maladie par l'usage de ces eaux fraîches l'été, tièdes l'hiver. On connaît cette admiration générale et naïve pour un fait en lui-même inexact, l'eau étant froide ou tiède par comparaison avec la température ambiante. Cette source se nomme Jean-des-Neiges ; plus loin jaillit la fontaine Carrée. Toutes deux ont été convoitées par la ville de Paris, lorsqu'elle a acheté la fontaine Saint-Thomas, qui sourd plus loin.

Ces eaux pures seront peut-être un jour utilisées pour la création de cressonnières; le cresson vient naturellement ici en touffes superbes, heureusement pour moi, car je ne trouve que des œufs à l'auberge; une salade de cette crucifère complète un fort frugal déjeuner. Paley est un petit village dominé par une belle église, dont la haute tour est d'un heureux effet, et un château ayant gardé tous les caractères du quinzième siècle. C'est un lieu de prédilection pour les archéologues du Gâtinais : on y a trouvé les traces d'un établissement romain et des vestiges de thermes alimentés par les fontaines du Lunain.

D'autres sources viennent au jour, la plus belle près du moulin de Toussac. La rivière, désormais formée, donne de la fraîcheur; des pans de prairies la bordent, de beaux arbres se penchent sur le flot. La nature aride des collines riveraines fait mieux ressortir cette grâce. Au sommet, des blocs de grès se hérissent; sous ces amas se blottissent les maisons des Ortures; plus bas, au long de la route, un autre hameau, Saint-Liesne, est uniquement composé de demeures neuves et fleuries, cottages ou villas. Ces jolis groupes d'habitations appartiennent à la commune de Nanteau-sur-Lunain, dont le centre est le plus riant village de la contrée. Les maisons, blanches ou peintes, frappent par leur caractère d'aisance ; à l'entrée bruit un moulin, à la sortie un château est enfoui dans la verdure ; le parc se confond avec des bois très vastes et giboyeux, où le faisan abonde, longtemps parcourus par la route de Nemours.

Si, à Lorrez, un nom de la vieille France est porté par le propriétaire du château, le châtelain de Nanteau appartient à une famille plus antique encore, celle de La Tour du Pin, descendue des dauphins du Viennois. L'habitation est d'allure aristocratique ; la façade de l'ouest, de style Louis XIII, composée de trois pavillons, regarde une longue prairie, striée de canaux et entourée de peupliers géants envahis par une multitude de corbeaux qui ont surchargé les branches avec leurs nids et font entendre un sinistre concert de croassements. Cela gâte ce beau site.

Le parc de Nanteau, malgré une apparence d'abandon, conserve encore grande allure ; un parapet muraillé bordant le Lunain est longé par une avenue de sapins et de frênes, franchissant sur des ponceaux les longs fossés qui drainent la prairie.

La vallée s'élargit, devient marécageuse ; les prés ne sont que des champs de roseaux fauchés pour la litière. Des sources y naissent et grossissent encore le Lunain. Les collines de la rive droite prennent un relief plus accentué, des blocs de grès se dressent ou s'entassent sur le bord des escarpements. Ces rochers bizarres portent les traces des temps préhistoriques : on a reconnu la marque des outils de silex que l'on polissait sur les parois de quelques-unes. Nos lointains aïeux ont dressé des pierres, deux menhirs restent debout. L'un d'eux, une de ces *pierres fittes*, c'est-à-dire fichées en terre, qui sont si nombreuses en France, porte sur la carte d'état-major le nom de Pierrefitte !

Les rochers couronnent une colline dont la crête, dirigée vers Villemaréchal, domine de 5o à 6o mètres la plaine peu fertile de Villemer, parsemée de petits bouquets de pins, sous laquelle s'étend la nappe puissante qui donne naissance à la fontaine de Saint-Thomas ou de Villemer, dont les eaux sont conduites à l'aqueduc de la Vanne, franchissant le Loing près d'ici.

Sur un ressaut, Treuzy est groupé au pied de son église; dans le val, sur l'autre rive, Nonville occupe une croisée de chemins. La vallée perd de sa grâce en devenant moins encaissée, c'est maintenant une large cuvette herbeuse qui, plus loin, redevient pli étroit et profond. Dans cette partie du val jaillit la source de Saint-Thomas;

la ville de Paris a acheté tout le domaine où elle naît, la ferme, le château et l'étang de Villeron.

La rive gauche est dominée par des croupes sablonneuses, dont on a tiré parti par des plantations régulières de pins sylvestres. Sous les jeunes arbres, très serrés encore malgré les élagages, apparaissent des chênes, germe d'une forêt future. Le reboisement n'a pas couvert tout le plateau, un grand espace nu, couvert de maigres cultures, entouré de vastes constructions industrielles dont l'isolement est bien fait pour surprendre. Mais les produits de ces usines expliquent cette mise à l'écart : il y a là une fabrique de dynamite et une fabrique d'acide nitrique pour préparer cet explosif. Ces manufactures ont développé le hameau de Cugny, qui dépend de la commune de la Genevraye.

Le Lunain, arrivé à la fin de son cours, passe sous le canal du Loing et va atteindre la rivière à Épisy. Depuis Cugny le val s'était élargi, devenu plaine confondue avec la vallée du Loing. Ici se termine le Bocage, en vue des collines recouvertes par la forêt de Fontainebleau ; les futaies de la grande sylve viennent jusqu'à la large et belle rivière qui, ayant recueilli les eaux du Gâtinais orléanais, achève de boire celles du Gâtinais français pour les porter à la Seine.

Je suis rentré à Moret en suivant les bords du canal, animés par une navigation active ; sans cesse passent les lourds chalands de types variés qui vont rejoindre les canaux du Centre et remonteront peut-être jusqu'à Roanne, en plein Forez. La batellerie est la vie de ce coin de pays. A l'endroit où l'aqueduc de la Vanne franchit canal, rivière et vallée sur ses grandes arcades blanches, les mariniers ont installé une sorte de campement. Des cahutes de planches, dont les plus confortables sont couvertes de coaltar, servent de gîte à ceux qui attendent leur tour d'embarquement.

La rivière s'élargit, devient immense et va frôler le pied d'une ville commandée par les restes encore puissants d'un donjon. Cette cité qui s'annonce si fièrement est un des joyaux des environs de Paris : Moret-sur-Loing. Il est peu de plus aimables décors, de fabriques aussi bien composées. Le Loing, que rejoint le court ru des Trémarts, enserre des îles ; des moulins enjambent ses bras, la ville se montre en amphithéâtre, des débris de remparts formant terrasse portent jardins et maisons. Au sommet, l'église se dresse, élégante et haute, avec sa tour à pinacles. Un peu à l'écart est la masse énorme du donjon. Les détails sont heureux : près d'une maison en colombage s'ouvre une porte ogivale, conduisant à un abreuvoir qui fut un gué. Ce quartier est celui des eaux. Le ru, le Loing, le canal, l'Orvanne sont franchis par l'aqueduc de la Vanne; les moulins composent un tableau captivant. Le murmure des flots tombant en écume blanche sur les barrages, la rumeur des minoteries et autres usines, accroissent le charme de ce faubourg de villette restée à demi féodale.

Pour compléter ce paysage, œuvre de l'homme et du temps plus que de la nature, le génie moderne a jeté au-dessus de la vallée un grand viaduc de pierre, sur lequel passent les trains qui relient Paris à Lyon, à la Suisse et à la Méditerranée. L'œuvre est belle et digne du tableau.

Du pont on pénètre dans la ville proprement dite par une ancienne porte d'enceinte, une seconde existe à l'extrémité de la rue qui forme l'artère principale de Moret, vivante encore mais bien moins qu'à l'époque des diligences. Alors le mouvement était incessant dans cette voie trop étroite. En bas c'est la porte de Bourgogne, dans la partie haute la porte de Paris. La ville n'a guère gardé que ces deux entrées pour rappeler son passé guerrier, l'alignement et les nécessités de l'existence moderne ont fait remplacer par des façades plus commodes mais fort banales les pittoresques pignons d'autrefois. Il reste cependant un charmant logis de la Renaissance, où l'on a installé l'agence d'une grande banque parisienne.

Moret, qui fut ville royale et dont Sully a été seigneur, où il se plut à résider, avait d'autres beaux édifices civils ; le plus remarquable, une maison construite par François Ier et décorée par Jean Goujon, a échappé à la ruine, mais elle a quitté Moret pierre à pierre pour être transportée à Paris, où elle s'aligne correctement avec les confortables hôtels du Cours-la-Reine. Cette charmante construction servait de rendez-vous de chasse.

Dans la partie de la ville éloignée du mouvement, c'est-à-dire sur le coteau, il y a encore d'antiques demeures aux charpentes apparentes, formant cadre au parvis de l'église de style ogival, avec des détails de la Renaissance. Le quartier doit à cette belle œuvre un charme archaïque. Le portail est un des plus ornés de l'Ile-de-France, digne d'une de nos grandes cathédrales. Sculptée alors que la Renaissance ne s'était pas complètement dégagée des influences gothiques, elle tient des deux époques et constitue cependant une page très unie en même temps que très vivante. A l'intérieur, on est séduit par l'élégance du vaisseau, ample et clair et la grâce des colonnes. Le buffet d'orgue sculpté date de François Ier.

En dépit de sa belle situation sur une grande voie navigable, à moins d'une lieue de la Seine, Moret n'est pas appelée à devenir une ville industrielle, bien que deux chemins de fer, parmi les plus importants du réseau, les lignes de Lyon par Dijon et de Lyon par le Bourbonnais, se séparent dans sa gare, mais celle-ci est éloignée de la ville et à une trop grande altitude au-dessus du port pour que l'on puisse songer à relier les lignes de fer à la voie d'eau. Moret se développe pourtant, mais comme ville de plaisance; son avenue de la gare, ombragée de marronniers est bordée de riantes villas.

Si Moret sait conserver précieusement les vestiges du passé, ses portes, les débris de rempart, son donjon, si elle garde à son église la patine vétuste de sa tour et des arcs-boutants fleuris de giroflées, elle restera un des coins les plus dignes de visite des environs de Paris.

Sauf les moulins, Moret n'a pas d'établissements industriels et son commerce demeure strictement local. Les religieuses de l'hospice préparent un sucre d'orge qui a quelque peu fait connaître le nom de la ville.

Toutefois, si l'on fait abstraction des limites administratives, il y a des manufactures à Moret, sur le territoire de la commune d'Écuelles, de l'autre côté du Loing. Des moulins à tan, une fabrique de « liège plastique », une autre consacrée à la production des briquettes et agglomérés pour la marine et les chemins de fer, emploient d'assez nombreux ouvriers. On peut également considérer comme dépendance économique de Moret le bief inférieur du Loing jusqu'à Saint-Mammès, une des parties de notre réseau navigable où le mouvement est le plus actif [1]. Les usines que le Creusot a édifiées à Champagne [2] sont aussi dans la sphère d'attraction de la petite ville.

Au point de vue agricole, Moret fait partie du groupe viticole de Thomery; son territoire et surtout celui de Veneux-Nadon, sorte de gros faubourg qui possède la gare, renferment de nombreuses treilles où l'on récolte le fameux chasselas. Thomery, d'ailleurs, où je viendrai bientôt parcourir les plantations, est proche; un joli chemin en corniche relie les deux centres et traverse By, hameau rendu célèbre par Rosa

---

1. Voyez le chapitre IV.
2. Voyez pages 188 et suiv.

Bonheur. La grande artiste y avait installé son atelier, où elle vivait à l'écart des rumeurs de la foule, soignant dans son petit parc ses bêtes favorites. De cet étroit domaine elle découvrait au delà de la Seine les grands territoires agricoles de la Brie, une des plus placides et des plus rustiques parmi ces campagnes dont elle a si bien rendu la poésie par ces portraits d'animaux saisis en pleine vie.

Sur la rive droite du Loing, une colline allongée entre cette rivière et la Seine forme belvédère sur les deux vallées, les bois et les campagnes briardes du canton du Châtelet(¹). La coupure du chemin de fer, dans les collines, gâte un peu ce paysage à la fois étrange et beau. Beau par l'étendue, le grand ruban des eaux du fleuve et les lignes générales, étrange par la multitude de murs blancs qui divisent les collines de By et de Thomery en une infinité d'alvéoles. C'est contre ces murs que la vigne à chasselas est disposée.

De Moret, la route nationale, après avoir franchi le pont et la porte de Bourgogne, monte sur la ligne de faîte entre Loing et Seine, domine un

---

1. 43ᵉ série du *Voyage en France*, chapitre XX.

instant la vallée de l'Orvanne dans laquelle dort le vaste et bel étang de Moret pour descendre dans la plaine de Montereau, par un long tracé rectiligne. A l'endroit où la chaussée croise le canal souterrain de la Vanne, se dresse une colonne de marbre rouge ; ce monument isolé fut élevé pour commémorer la rencontre de Louis XV et de Marie Leczinska, qu'il allait épouser et qui devait être aussi dédaignée et oubliée de son mari que la femme de Louis XIV l'avait été du Roi-Soleil.

II

LA VALLÉE DE L'ORVANNE

Entre Montereau et l'Orvanne. — Florian, Estelle et Némorin. — Le plateau du Bocage. — Au bord de l'Orvanne. — Esmans et sa source. — L'aqueduc de la Vanne. — La butte de Montmachoux. — Voulx. — Le château de Vallery et les tombeaux des Condé. — La forêt de Diant. — La bastide de Flagy. — Dormelles, futur Barbizon. — Où fut le château de Chailleau. — Une œuvre de Pierre Chambiges. — La fontaine du Grand-Ablac. — La montagne de Trin. — Les volailles et les chevaux du Gâtinais. — Retour à Moret.

By. Avril.

Je n'ai fait que traverser Montereau, dont j'ai étudié jadis le rôle industriel([1]) et où je reviendrai bientôt m'embarquer pour la descente de la Seine. Le train de la Compagnie des chemins de fer départementaux est prêt à partir pour escalader les plateaux, descendre dans les vallées et remonter chaque fois, accomplissant bravement son métier de montagnes russes et de *tor-*

---

1. 25ᵉ série du *Voyage en France*, chapitre XVIII.

tillard, comme on appelle ici ce chemin de fer qui rend de si grands services au Bocage.

La ligne se dirige par la vaste plaine de cultures vers le pied de coteaux d'aspect aride, aux formes molles, striés de plis où se dissimulent des champs bien soignés. Le train pénètre dans un de ces sillons et suit un tracé tortueux pour s'élever sur le plateau. Deux villages occupent le sommet des pentes : Ville-Saint-Jacques et Noisy-le-Sec. Le premier possède un vignoble assez étendu, l'autre décèle ses productions par les énormes amas de paille et les gerbiers qu'une réglementation prudente fait établir à une distance respectueuse des habitations. Peu d'arbres sinon des noyers, mais au sommet de la colline le petit bois de pins révélant la maigre valeur du sol et des remises à gibier animent l'étendue de ce pauvre plateau. Un parc occupe les abords de Ville-Saint-Jacques; le château de la Brosse précédé d'une grande ferme se détache sur le fond sombre des ramures. Les maîtres du domaine portent un nom bien fait pour ces lieux rustiques, évocateur de bergers et de bergères : celui de Florian. Et soudain je suis transporté par la pensée à ces campagnes des rives du Gardon, le pays de Malgoirès où le chevalier de Florian, colonel de dragons, fit vivre

les vagues figures d'Estelle et de Némorin (¹). Si le soleil était plus transparent, on pourrait s'y méprendre. Ces collines avec leurs bois de pins et leurs maigres chênaies sont un peu des garrigues, et Noisy-le-Sec, aride comme le dit son nom, remplit un creux semblable à telle combe de la Gardonnenque.

Le chemin de fer monte par des rampes raides et des courbes entre les bois maigres de ces âpres coteaux, surplombe Noisy-le-Sec et, au bruit de la petite locomotive qui halette, atteint enfin le plateau du Bocage. Les horizons sont bien beaux. Vers le nord on distingue Montereau à l'issue de ses deux vallées, dont une, celle de la haute Seine, semble se perdre dans l'infini. L'autre, où coule l'Yonne, est confuse. En aval large, riante, animée, celle de la grande Seine se divise entre les pentes recouvertes par la forêt de Fontainebleau et la pauvre et giboyeuse Brie de Valence et du Châtelet.

L'étroit plateau, sur lequel la voie ferrée court un instant, est sévère, peu d'arbres mais quelques noyers, vestige de la vaste noyeraie détruite par de rudes hivers, l'imprévoyance et l'abandon

---

1. Sur le site où Florian a placé les scènes de son idylle, voyez la 36ᵉ série du *Voyage en France* (Cévennes méridionales, chap. IV).

du village pour la grande ville. On ne fait que passer, la ligne tourne encore et descend rapidement dans une vallée très verte, toute frémissante des peupliers agités par le vent. Là coule l'Orvanne. La descente a lieu par un large pli latéral dans lequel sont le château et la ferme des Belles-Fontaines. Plus bas, entre les arbres, apparaît le bourg de Flagy.

J'abandonne ici le chemin de fer pour monter sur le mamelon boisé qui domine la combe des Belles-Fontaines, d'où j'espère avoir un panorama complet de la vallée. Je n'en ai qu'une partie, la rivière formant deux coudes, mais on découvre les riants bassins de Dormelles et de Flagy, puis les grands plateaux mamelonnés et boisés du Bocage et du Sénonais.

Sur un des points culminants, le gros village de Montmachoux est disposé en amphithéâtre jusqu'au sommet d'un tertre boisé. J'y vais par les hauteurs que traverse la route de Montereau. Une série de monticules donne un relief tourmenté à cette partie du Bocage. Peu d'habitations, car les eaux manquent et les villages ou hameaux se sont assis dans les creux, la nappe étant plus rapprochée de la surface. Cependant, quelques grosses fermes groupées sur un mamelon forment le hameau du Tertre-Doux en vue de campagnes immenses. L'aqueduc de la Vanne passe sous le sol ou franchit les plis sur des arcs. Vers le nord, un creux a de la verdure; il abrite le gros village d'Esmans, au milieu duquel jaillit une abondante et claire fontaine, assez puissante pour faire mouvoir cinq moulins et un atelier produisant des perles d'acier pendant le court trajet du ru qu'elle forme et qui aboutit à l'Yonne, au-dessous du barrage de Cannes-Écluse. Ce ruisseau vif et preste, ne tarissant jamais, alimenté par les pluies tombées sur le filtre naturel du plateau entre Yonne et Orvanne, est le dernier affluent de la grande rivière descendue du Morvan.

Ces belles eaux ont été dédaignées, ou plutôt oubliées par les ingénieurs de la ville de Paris, qui ont cependant fait passer à moins d'un quart de lieue du bourg le canal d'amenée des eaux de la Vanne. Il est vrai qu'il eût fallu refouler ce flot à l'aide d'une pompe, l'aqueduc étant bien plus haut que le point d'émergence, puis c'eût été la ruine pour cet aimable vallon.

Le canal, souvent invisible, se montre au jour derrière la ride d'Esmans et traverse une grande dépression que Montmachoux domine au sud. Un pont-aqueduc aux arcades aveugles et de lignes sobres enjambe ce large bassin couvert de cultures, il donne au paysage un caractère classique. Par un beau soir, quand le soleil dore cette longue muraille blanche sur laquelle se dessinent les arcs, on pourrait se croire dans la campagne romaine telle que nous la montrent les vieux peintres ; la grande ferme de Fresnes, assise au débouché du souterrain vers l'est, complète l'illusion.

La butte de Montmachoux domine tout le paysage ; le bourg, collé à ses flancs, étale en amphithéâtre ses toits fauves, semblant monter à l'assaut ; au sommet l'église, très lourde, flanquée d'un épais clocher à pignon, semble plaquée contre le bois qui couronne le sommet de la butte. Cela forme un beau décor dans cette contrée dont les lignes manquent un peu de netteté.

Malgré la déclivité du sol, le bourg est régulièrement construit ; comme à Flagy les rues se découpent en damier. Peut-être une forteresse domina-t-elle la colline ; à son abri on aurait construit une de ces « villes neuves » de Champagne, analogues aux bastides du Midi. Quoi qu'il en soit, Montmachoux est resté infime dans son beau cadre de hauteurs boisées, vestiges de la forêt de Diant.

Cette région surtout mérite le nom de Bocage par la multitude des massifs forestiers encadrant de vastes clairières, *essarts* peuplés de hameaux. Le nombre en est plus considérable peut-être sur le territoire de l'Yonne.

Entre les bois de Saint-Agnan, qui appartiennent à ce dernier département, et ceux de la Montagne, dépendant de Seine-et-Marne, une dépression cultivée forme une sorte de défilé parcouru par un chemin conduisant à Voulx, centre le plus populeux de la vallée de l'Orvanne et gardant dans son plan et son aspect l'allure d'une petite ville. A l'heure où j'y parviens, je ne retrouve plus l'impression d'autrefois; alors Voulx, à la fin d'un crépuscule, me parut une de ces vieilles cités fortes de jadis, gardant fière allure dans un corset de murailles désormais sans but. En plein jour, ces lambeaux de remparts sont bien chétifs, mais le bourg, par sa petite rivière d'Orvanne, ses beaux jardins, ses constructions amples et propres, est fort riant.

La vallée tout entière est aimable. Grâce à l'abondance des sources supérieures, aux fontaines qui naissent au bord de son lit, aux rus qui l'accroissent, l'Orvanne met beaucoup de fraîcheur dans ce pli du Sénonais et du Bocage. Sa grâce avait séduit un grand seigneur, le maréchal de Saint-André, qui vivait à l'époque de la Renaissance; il voulut, dans sa terre de Vallery, un de ces châteaux comme se plaisaient alors à en édifier les princes, mais ne put amener l'œuvre à bonne fin. Le château inachevé, où l'on voudrait voir la marque de Philibert Delorme, passa aux princes de Condé; ceux-ci l'habitèrent, ils ne poursuivirent pas la grande œuvre. De notre temps, le palais a été en partie détruit, mais un corps de logis est encore occupé et avoisine les ruines imposantes du château féodal que le maréchal avait voulu remplacer par une demeure plus majestueuse.

Un des possesseurs du domaine fut Henri II de Condé, le père du vainqueur de Rocroi et de Lens. Le prince fit bâtir l'église et voulut y reposer; son mausolée est une œuvre admirable. Jacques Sarrazin sculpta la statue de Henri II et quatre statues allégoriques. Jusque dans la première partie du dix-huitième siècle, Vallery fut habité par des princes de Condé; plusieurs ont été inhumés sous les dalles de l'église. Un des derniers possesseurs, le général de La Ferrière, y repose également.

Le pays avait de l'attrait pour ces grands chasseurs que furent les Condé. Une immense forêt le couvrait, aujourd'hui défrichée, mais ayant laissé d'innombrables bois, parfois étendus. C'était la forêt de Diant, où les étymologistes ont cru retrouver le mot celtique *dean*, c'est-à-dire forêt. A l'appui de cette hypothèse ils montrent un menhir haut de quatre mètres, voisin du village de Diant, et que les gens du pays appellent la *Pierre aux Couteaux*. L'essartage de la forêt a fait naître une foule de hameaux donnant beaucoup de variété au paysage. Les territoires de Blennes et de Diant surtout sont ainsi répartis en petits centres de fermes; beaucoup de noms de lieux indiquent l'ancien état du sol.

La vallée de l'Orvanne est la partie la plus riante et la plus fraîche de ce pays. La rivière, que vient d'accroître à Blennes la fontaine des Moines, coule entre des pentes revêtues d'arbres fruitiers et de vignes. Au-dessous de Voulx, le fond s'élargit; on a tiré parti de ces terres humides par des plantations de peupliers; les touffes de gui formant des boules sombres sur les branches, le lierre qui enlace les troncs, une végétation de grandes plantes odorantes au port monumental, détruisent la monotonie de ces alignements de troncs blancs. Sous ces arbres la rivière boit encore une jolie et puissante naïade, la fontaine de la Cave, va de moulin en moulin, frôle le village de Ferrotte que domine sur l'autre rive une grosse ferme, la Forteresse, assise au sommet d'un coteau à demi isolé. A l'écart, l'église de Thoury et le château de la Motte gardent un des passages de la rivière.

Ce paysage est très caractéristique : fond humide recouvert par une véritable forêt de peupliers, pentes cultivées dominées par des monticules où apparaissent le sable et le grès revêtus de bois. La plus grande surface couverte d'arbres, massif de pins, de bouleaux et de chênes, se nomme le bois de la Montagne.

Un village, Flagy, s'étend sur la rive gauche, curieux par son plan qui rappelle les bastides du Sud-Ouest : trois rues parallèles coupées de ruelles régulières, au centre une vaste place sur laquelle est l'église, haut édifice dont les parties les plus anciennes remontent au douzième siècle ; des tilleuls entourent le vénérable temple, un peuplier immense dresse sa gigantesque ramure sur le parvis. Une dérivation de l'Orvanne fait mouvoir un petit moulin. Ce petit centre, médiocrement peuplé, dut sans doute espérer d'autres destinées, il a été évidemment créé pour devenir une ville.

Par sa gare, Flagy est le point d'attraction de la basse vallée de l'Orvanne ; cette station relie les villages, Dormelles et Villecerf, à Montereau et Egreville, principaux marchés de la région. Il y a là de jolis sites ; l'un d'eux, Dormelles, escompte la visite future des artistes qui y créeraient un Marlotte ou un Barbizon. La route qui mène vers ce bourg ambitieux monte entre des champs plantés de quelques pommiers ou poiriers. Des remises à gibier accidentent un peu ces campagnes, assez nues sur les hauteurs. Dormelles est en amphithéâtre, appuyée à la butte élevée et rocheuse de Montaigu, revêtue de pins. Le village semble prospère, les constructions sont amples et propres, une belle mairie-école n'est pas trop écrasée par la haute et puissante tour de l'église, masse élégante de pierre grise. Ce monument intéressant, commencé au douzième siècle, remanié à la Renaissance, donne beaucoup d'allure à ce site, qui doit de la variété et du pittoresque aux rochers de grès émergeant sur les pentes. Ces blocs, parfois énormes ou monstrueux, entourés de chênes et de pins, hérissent les champs ; leur aspect à demi sauvage fait mieux ressortir la fraîcheur de la vallée, trop palustre peut-être. Sous un de ces amas de rochers, enveloppé de pruniers et de coudriers, une cavité a été aménagée en gîte par un mur dans lequel s'ouvrait jadis une porte. Au milieu d'une vigne quelques-uns de ces blocs arrondis semblent des blocs erratiques.

Au bas de cette pente, le gentil hameau de Chailleau entoure de ses maisons les ruines d'un château auxquelles aboutit l'allée majestueuse, faite de quatre rangées de tilleuls couverts de lierre, venant d'un château moderne. La ruine dresse au bord de l'Orvanne ses murs épais, gardant à chaque angle la base d'une tour en poivrière.

Le logis moderne a remplacé un des beaux palais des champs édifié par François Ier, œuvre de Pierre Chambiges et destiné à la duchesse d'Étampes. Rien n'a survécu de cette merveilleuse demeure, mais le mur cyclopéen qui fermait le parc a résisté au temps. De grands chênes ont crû dans les interstices de la pierre. Le buis, le lierre, les broussailles enveloppent cette sorte de rempart au pied duquel passe la route, encadrée, du côté opposé, par d'autres touffes de buis. Ces arbustes, à en juger par la grosseur des troncs, doivent être centenaires.

On pouvait sortir du parc par des portes percées dans l'épaisseur de ce mur. La plupart ont été obstruées, l'une d'elles conserve une forte grille. C'est une des entrées du château de Saint-Ange situé à mi-côte.

L'Orvanne s'accroît encore par le tribut de la fontaine du Grand-Abîme, née au hameau de

Pilliers et qui n'apporte pas moins de 50 à 60 litres à la seconde ; c'est la plus forte source de cette vallée où l'on en rencontre de si abondantes.

Le château de Saint-Ange, vaste et majestueuse construction du seizième siècle, domine le val en face d'une haute colline isolée, dite « montagne du Trin ». Dans la petite plaine, vers l'Orvanne, s'étend un immense jardin potager dont les murs, qui font songer à quelque place forte, sont des espaliers.

La rivière coule entre des pentes arides où les pyramides de genévriers s'élancent au-dessus de pelouses maigres.

Entre la colline de Saint-Ange et celle du Trin, est une sorte de large défilé où bifurquent les chemins reliant Moret et Montereau aux diverses parties du Bocage. Ce passage, qui dut être fréquenté de bonne heure, est occupé par un joli village, Villecerf, dont les maisons ont des baies encadrées de briques. Les cafés s'annoncent par la classique branche de genévrier balancée à l'extrémité d'une tige de fer.

Logis de paysans et villas ont la même coquetterie. Il est à remarquer, d'ailleurs, que dans ces vallées de l'Orvanne et du Lumain, où l'on ne voit cependant aucune source particulière de bien-être, les constructions sont presque partout élégantes. L'aisance est due à l'élevage des chevaux et à l'engraissement des volailles, industries qui ont pour centre Égreville. Par volailles, il faut entendre les poulets dits du Gâtinais, que l'on entretient avec du pain trempé dans du lait ; ce régime leur donne une chair à la fois blanche et ferme, et leur fait atteindre, aux halles de Paris, des prix très rémunérateurs. Quant aux chevaux, jeunes bêtes tirées du Morvan, du Nivernais ou de la basse Bourgogne, ils sont dressés en Gâtinais, où le sol léger, facile à travailler, permet de demander un labeur modéré. Conduits avec patience et prudence, ils sont revendus à quatre ou cinq ans, donnant un bénéfice de 400 ou 500 fr. par tête, dit M. Rayer dans son étude sur l'*Économie rurale de Seine-et-Marne*.

Au delà de Villecerf, la route de Moret continue à suivre le fond de la vallée, où la rivière, bien accrue par la fontaine du Grand-Abîme, décrit de nombreux détours. Le piédestal de la montagne de Trin oblige la chaussée à décrire un grand circuit que coupe l'ancien chemin escaladant le massif. Celui-ci traverse une aimable campagne d'où l'on a vue sur de grands horizons. Le panorama est célèbre dans tout le Bocage et le pays de Montereau ; on vante surtout la grandeur du tableau offert par le sommet d'une tour construite sur la montagne de Trin, à 145 mètres d'altitude, près de 100 mètres au-dessus de l'Orvanne.

De là, Dormelles prend une beauté plus mâle : bien campé sur son promontoire, au pied de la butte rocheuse de Montaigu, le village semble le cœur du paysage. Vers le nord, un étroit plateau masque la vue des plaines de Montereau. Au premier plan, tout petit, Montarlot se groupe au pied d'un monticule qui lui masque l'étang de Moret, étalant sa nappe bleue à l'extrémité d'un grand marais roselier.

Le chemin descend bientôt et va rejoindre la route, au pied de la colline où coule la fontaine de Dy, assez souvent à sec. Les flancs de la montagne de Trin se dressent abrupts et rocheux, le grès affleure sur plusieurs points. Cette roche est exploitée pour les pavés. On rencontre de ces carrières jusqu'au Loing, près d'Épisy.

L'Orvanne chemine maintenant entre des marais, plaine de roseaux dominée par une ligne de peupliers et des touffes de saules. Ce fut autrefois, sans doute, une partie de l'étang de Moret, peut-être encore les eaux y refluent-elles pendant les fortes crues. La route évite ces terres inondables et gravit une dernière côte d'où l'on aperçoit la vallée du Loing et Moret, si décoratif sur sa colline, grâce à son donjon et à son église. Pour toile de fond, les futaies sombres de Fontainebleau et la vallée de la Seine, où se montre, crûment, l'immense hall des usines de Champagne([1]), couvert de tuiles rouges.

A gauche dévalent les maisons blanches d'Écuelles entourant une jolie église. En amont, la vallée du Loing doit une grâce classique aux blancs arceaux de l'aqueduc de la Vanne traversant rivière et prairies. Au delà semblent fuir les eaux du Loing, dont le large lit régularisé, que franchit le viaduc du chemin de fer, forme un bassin bordé d'une triple rangée de bateaux.

Grâce à la belle ligne ondulée de la forêt de Fontainebleau, qui fait mieux ressortir les teintes douces des collines cultivées, ce paysage est d'un grand caractère, en même temps qu'il imprime une exquise sensation d'intimité.

Maintenant voici le Loing, large, errant par les prés, le canal bordé de grands peupliers, et bientôt, le pont de Bourgogne et Moret.

---

1. Voyez pages 189 et suiv.

III

NEMOURS ET LE LOING

Au long du Loing. — Montigny. — La route de Grez-sur-Loing. — Grez et ses peintres. — Villiers-sous-Grez. — Le bois de la Commanderie. — Nemours. — Une page de Victor Hugo. — Villégiature d'artistes dramatiques. — A travers la ville. — L'église et le donjon. — Le port aux sables. — Les carrières de Bonnevault. — Une ville morte : Larchant. — Les rochers de Chaintreauville. — Les sources de la Joie. — Au long du Loing. — La pierre du Sault. — La verrerie de Bagneaux. — Les friches de Poligny. — De Souppes aux sablières de Darvault.

Nemours, Mai.

La course au long du Loing est charmante, surtout quand on a parcouru les lisières de la forêt de Fontainebleau, superbes mais sèches avec leurs blocs de grès émergeant des sables. La fraîcheur des bords de la rivière, étroites prairies, longues files onduleuses de peupliers et de saules, est exquise. Aussi des colonies de Parisiens se sont-elles formées sur ce revers méridional de la forêt, ayant en face le bon soleil, en arrière l'ombre douce des bois, en bas le cristal du Loing et la vie active de la batellerie sur le canal, qui double à distance le ruban des eaux.

Deux coins, Montigny et Marlotte, eurent surtout la faveur. Le premier seul jouit vraiment de la gaîté des ondes, Marlotte est davantage sylvain. Un peu opéra-comique Montigny, ainsi étalé en amphithéâtre au pied de son église et se mirant dans le Loing ! La rivière, retenue par un barrage, reflète les parcs et les coquettes villas, plonge en bruissant, blanche d'écume, sur l'obstacle qui lui est opposé et s'apaise dans un chenal un instant régulier, ombragé de grands arbres. Sur le flot transparent s'en vont des barques, conduites à l'aviron ou guidées par l'aile blanche de la voile. Au milieu des flots, de jolies îles forment corbeilles de verdure. Cela est légèrement artificiel mais charmant.

Le rustique village d'autrefois s'est effacé sous les aménagements des vieilles demeures devenues séjours d'été pour les citadins, par la construction de maisons nouvelles et l'ouverture de boutiques ; c'est une résidence mondaine rappelant certaines stations du litoral, possédant, tout comme Marlotte et Barbizon, son salon de peinture et ses magasins d'objets d'art. Montigny serait exquis si la rivière était à tous, mais, à moins de posséder une barque et un point d'accès pour l'amarrer, il faut se contenter de contempler le Loing du haut de son pont, l'accès des rives est jalousement gardé par les propriétaires.

Aussi le chemin qui conduit à Grez se tient loin des bords ; il longe le pied de coteaux tapissés de vignes et d'arbres fruitiers. Le paysan a tiré parti de terres médiocres par la plantation de ces arbres et a même créé la culture maraîchère ; l'asperge vient à merveille dans les sols sablonneux où le pin seul donnerait des résultats. A ces causes de bien-être il faut ajouter la villégiature ; chaque année de nombreux Parisiens s'y installent et une colonie de peintres américains est fixée à demeure — comme à Auvers sur les bords de l'Oise, révélé par Daubigny [1].

Le village s'étend entre des pentes couvertes de plantations fruitières et la rivière, l'ombrage des arbres riverains rend le site délicieux ; un pont du quinzième siècle, un donjon et une église en partie romane font un tableau des plus pittoresques. L'éloignement même du chemin de fer — la gare de Bourron étant à plus d'un

---

1. 42ᵉ série du *Voyage en France*, chapitre XIX.

kilomètre — est un charme de plus pour les visiteurs que ne trouble pas la rumeur des convois.

La forêt de Fontainebleau se prolonge ici et jusqu'aux abords de Nemours par les vastes bois de la Commanderie, maigres taillis parsemés de quelques arbres de futaie. Je les ai traversés dans leur zone la plus étroite pour aller à Villiers-sous-Grez, long village bâti au pied de buttes sablonneuses et remplissant un bassin où prospère surtout la culture de l'asperge. Le lieu est très solitaire; ses monticules boisés de pins laissent apparaître l'arène blanche dont ils sont composés; la chaîne des rochers de grès qui vont se rattacher à ceux de Larchant, lui fait un cadre assez curieux.

Mais combien est morose la traversée des bois de la Commanderie, combien dure sous le grand soleil, malgré ses arbres, la large route de Nemours inflexiblement droite; combien il serait plus doux d'aller rejoindre le Loing à Fromonville et de remonter ce flot confondu avec le canal! La chaleur est si forte, que je ne me risque pas à allonger le chemin en rejoignant la rivière. Je voulais cependant voir le petit port où viennent s'embarquer les sables fins et blancs de Darvault, amenés par un chemin de fer Decauville. Mais je visiterai bientôt les carrières et Nemours m'offrira un port autrement animé.

En marche donc, malgré les rayons de midi tombant d'aplomb. Après une longue demi-heure voici enfin Nemours ou plutôt Saint-Pierre, qui possède la gare de l'agglomération et l'habituelle rangée d'hôtels, de cafés et d'auberges, car il y a deux communes pour constituer la petite ville(1). Il était temps, mon jeune fils Marcel qui, pour la première fois, me suivait dans ces pérégrinations, était suffoqué et renonçait à poursuivre. Aussi combien lui sembla doux l'hôtel hospitalier, avec la salle à manger bien fraîche et tranquille !

Après le repas, en route pour parcourir la ville, à laquelle Victor Hugo a consacré des pages dithyrambiques qui ont peut-être déterminé les interprètes de *Ruy Blas* et d'*Hernani* à choisir pour retraite une ville que le poète avait magnifiée avec tant de grandiloquence :

Nemours n'est pas dans la montagne, mais il a des collines et des ravins;
Nemours n'est pas dans la plaine, mais les lignes y sont tranquilles et l'horizon y est calme;

---

1. Nemours, 4 861 habitants ; Saint-Pierre, 905.

Nemours n'est pas dans la forêt, mais il a des arbres ;
Nemours n'est pas au bord de la mer, ni au bord d'un lac, mais il a de l'eau.

Et cela continue longtemps : si Nemours n'a pas un palais ruiné comme Heidelberg ou Tancarville, il a un vieux fort du treizième siècle ; s'il n'a pas une cathédrale comme Chartres ou Amiens, il a une magnifique église de campagne ; s'il n'y a pas de maisons sculptées comme à Nuremberg, Rouen, Vitré ou Hernani, s'il n'y a pas de place gothique comme à Francfort ou à Bruxelles, les maisons ont gardé la disposition du Moyen Age.

Et ce n'est pas fini :

Nemours a des rochers comme Fontainebleau, des ombrages comme Montmorency, une rivière comme Montfort-l'Amaury, une flèche comme Saint-Denis, des moulins comme Chauffontaines, des tanneries comme Louviers, des maisons au bord de l'eau comme Saint-Goar.....

Les bonnes gens de Nemours sont tout fiers de voir que le poète a trouvé tant de choses de France et d'ailleurs dans leur cité ; cette page de *France et Belgique* est reproduite dans une brochure imprimée à l'occasion d'un concours de gymnastique. On apprenait ainsi aux athlètes qu'il « faut être à Nemours jeune et amoureux et courir avec la joie des anges dans le cœur sur ses beaux gazons pleins de papillons et de fleurs, ou vieux et pensif et se chauffer au soleil sur le seuil des humbles maisons que baigne une eau endormie ».

Est-ce pour cela que Bressant, Cholet, Ad. Dupuis, Geoffroy, Worms et Mme Worms-Baretta, pour citer les artistes les plus connus, se sont retirés à Nemours, qui possède « tout à la fois le rayonnement des premières années et la paix des derniers jours » ?

Nemours serait écrasée sous l'éloge si elle n'était vraiment une petite cité aimable et riante. Le canal du Loing enveloppe toute l'agglomération ; un bras du Loing, les Vieux-Fossés, délimite la cité primitive, celle que Victor Hugo visita en 1844, avant que le chemin de fer eût fait naître les grands faubourgs. Ces Vieux-Fossés, bordés d'arbres sur une rive et dont l'autre côté a des maisons et des terrasses de jardins plongeant dans l'eau, forment une charmante « fabrique ». Sur une partie du parcours, aucun quai ne les borde ; des maisons aux grands toits, des lavoirs, des ombrages encadrent délicieusement l'étroit ruban des eaux.

La rue qui vient de la gare traverse toute la ville, atteint le port et se prolonge encore assez longtemps sur la rive droite, où de nouveaux quartiers se créent. Elle longe la place principale ornée de la statue du mathématicien Bezout et l'église dont Victor Hugo a parlé avec tant d'enthousiasme, « une de ces magnifiques églises de campagne qui sont, dans leur genre et toute proportion gardée, aussi rares, aussi complètes et on pourrait presque dire aussi belles que les cathédrales ».

Cet édifice, dédié à saint Jean-Baptiste, est un de ceux, assez fréquents dans le Gâtinais, où l'art ogival est encore admis par les maîtres de la Renaissance. Cette dernière époque a déployé toute sa somptuosité dans l'ornementation de la voûte, dont les clés pendantes sculptées méritent l'attention. De grandes verrières répandent une lumière douce dans ce vaisseau d'une belle envolée.

Le Loing est franchi près de l'église par un pont régulier dont les lignes rappellent le type de Perronnet, c'est en effet le grand ingénieur qui en fournit le plan. Napoléon voulant que Pie VII, venant en France pour le sacre, fût le premier à le franchir, le Pape, malgré sa fatigue, dut précipiter son voyage pour être là au jour et à l'heure fixés par la volonté de l'Empereur. Des parapets de cet ouvrage on a la vue la plus séduisante de

Nemours ; la rivière, large, bordée de constructions curieuses ou pittoresques, reflète de grands arbres et la haute silhouette du château, jadis siège du duché de Nemours. C'est une masse assez lourde, bien défigurée, mais ayant grande allure encore, grâce au puissant donjon carré qui se détache de l'ensemble. Quatre tours flanquent le massif corps de logis qui fut résidence royale, puis servit de siège aux autorités du bailliage de Nemours. Car la petite ville eut rang administratif avant la Révolution qui fit d'elle un de ses chefs-lieux de district. Quand Nemours devint simple chef-lieu de canton, le château ne fut plus qu'un édifice abandonné, dont une partie servit de prison, une autre de théâtre. En 1901, quelques habitants, désolés à la pensée que le vieux monument en qui s'incarne l'histoire de la cité pouvait être ruiné, le rachetèrent ; avec de modestes ressources ils l'ont restauré, un musée y a été installé, plus riche et intéressant qu'on ne pourrait le supposer en une ville aussi modeste. Les savants ou artistes locaux qui avaient réuni quelques collections en ont fait don.

On pénètre dans l'enceinte du château par une belle porte offrant tous les caractères du grand siècle. Aux abords, les rues sont assez vivantes ; les boutiques, nombreuses, montrent que Nemours est un rendez-vous pour les campagnes voisines. Centre plus commercial qu'industriel, mais devant beaucoup d'animation à l'exploitation des sables pour la verrerie dans les carrières de Darvault et de Bonnevault, dont sont tributaires la plupart des fabriques de glace et des cristalleries de France et de l'étranger. Si Nemours n'utilise pas ces sables, son port sert à leur embarquement pour les expéditions aux usines du Nord et de l'Est, à celles d'Angleterre, de Belgique et d'Allemagne. De lourds tombereaux viennent déverser leur contenu sur ce port, simple quai au long du canal, absolument insuffisant pour un trafic colossal. Le mouvement des sables sur la voie d'eau dépasse en effet 150 000 tonnes (¹).

On dirait de grands amas de neige, tant ce sable est éblouissant; son éclat est même insoutenable au soleil. En ce moment, un vapeur, de grands chalands, d'étroits montluçons se char-

---

1. En 1900 voici comme se répartissaient les principaux courants d'expédition des sables par les ports de Nemours et de Franconville, en dehors de Paris : Rouen (expéditions par mer), 32 157 tonnes ; Lille, 3 443 ; Escaudœuvres, 3 182 ; Cuinchy, 5 460. Ligne de l'Est : Varangéville, 2 503 tonnes ; Xures, 1 912 tonnes. Ligne du Centre : Montluçon, 24 728 ; Roanne, 22 362 ; Chagny, 2 425 ; Vierzon, 2 183 ; Bois-Bretaux (Le Creusot), 5 081. En outre, 869 tonnes furent dirigées sur Anvers.

gent. L'outillage du port est rudimentaire, pour dire mieux il n'existe pas, on amène le sable à bord à l'aide de brouettes poussées sur des planches reliant le bordage à la rive.

La plus importante carrière est à l'ouest ; nous y allons alors que le soleil a perdu de sa force ; il faut suivre la longue rue de Paris en passant devant la statue de nymphe qui représente la source de Chaintreauville offrant son onde aux habitants de Nemours ; après la gare, la route s'élève lentement et traverse de maigres taillis. A l'embranchement du chemin conduisant au hameau de Pigelet est un dépôt de sable amené des carrières par une petite voie ferrée ; les tombereaux viennent y prendre leur charge. Les bois croissent sur un sol sablonneux où les blocs de grès, parfois en beaux amas, apparaissent entre les pins.

En suivant les rails, nous avons atteint les carrières ouvertes dans la colline, près du hameau de Bonnevault. Le site est curieux, sorte de bout du monde terminé par les immenses déblais blancs formés des couches inutilisables. Ces terres des assises supérieures sont décapées pour permettre d'atteindre la couche arénacée, très puissante, où les wagonnets viennent s'emplir. Certains amas renferment des blocs de grès solides, dalles ou concrétions souvent semblables à des ossements de cétacés gigantesques.

Ailleurs, les bancs exploités sont un conglomérat friable, solide en apparence ; on exploite ce grès en morceaux ; il est envoyé au port sous cette forme de blocs, le broyage en sera facile au moment de l'emploi.

Les carrières sont voisines de Larchant, village qui forme un des sites les plus curieux du Gâtinais. L'érosion du plateau a laissé une sorte de bassin en forme de conque entouré de roches de grès bizarrement entassées. Dans ce creux, face aux bois de la Commanderie, est Larchant, autrefois ville forte, des parties de l'enceinte sont encore debout çà et là. Un incendie détruisit la cité à la fin du dix-huitième siècle; depuis lors il n'y a plus qu'un pauvre bourg ; une belle église en dit l'importance passée. Cet édifice, dont les sculptures sont de grande valeur, est dominé par une tour, ruinée dans la partie supérieure ; à la base s'ouvre un porche admirable par son ornementation.

Larchant, malgré son éloignement des gares, reçoit d'assez nombreux visiteurs, attirés par ses rochers de grès aux formes étranges. Blocs isolés ou empilés étonnent par leur volume ou la singularité de leur forme. Les habitants ont donné des noms à ces fantasmagories ; Satan joue un grand rôle dans ce baptême : il y a la marmite du Diable, roche évidée portée sur trois piliers, et la roche au Diable. Naturellement on montre la classique caverne aux voleurs, excavation où des bandits se seraient cachés. Le soleil et les vents en désagrégeant la roche ont produit ces curiosités qui ressemblent quelque peu, avec la grandeur en moins, aux blocs de granit du Sidobre et à ceux d'Huelgoat [1].

D'autres rochers se montrent autour de Nemours, sur les deux rives du Loing ; une des promenades favorites des habitants a pour but les beaux groupes de grès de Chaintreauville formant un joli paysage, grâce aux arbres qui les enveloppent. Dans ce site sont les sources de la Joie, achetées par la ville de Paris et conduites à l'aqueduc de la Vanne, comme celles du Lunain, eaux très pures provenant des pluies tombées sur le plateau du Gâtinais et filtrées par les sables.

L'érosion a creusé des ravines dans l'épaisseur

---

1. Sur le Sidobre, voyez la 38ᵉ série du *Voyage en France*, chapitre Iᵉʳ ; sur les rochers d'Huelgoat (Finistère), la 5ᵉ série, chapitre XI.

du plateau, sur leur flanc la roche apparaît partout ; elle donne à la plaine supérieure un peu morne l'attrait imprévu de ces bizarreries, découvertes lorsqu'on parvient à la lèvre d'un de ces vaux. Chevrainvilliers, Ormesson, Faÿ-lès-Nemours, ont ainsi sur leur territoire plus d'un coin digne de visite ; cela, il est vrai, manque un peu de fraîcheur. Au contraire, la vallée du Loing, avec sa rivière doublée par le canal, possède la verdure puissante et grasse des arbres aquatiques et des prairies que les rochers des rives font mieux ressortir.

Les roches sont étendues sur une plus grande surface vers la rive droite ; elles apparaissent en escarpement dans la vallée et les plis adjacents creusés dans les vastes bois de Nanteau. Ces amoncellements, ces murs de grès, ces monolithes sont l'orgueil des habitants ; une sorte d'obélisque naturel dressé à l'entrée d'un ravin, la pierre de Sault, est signalé au passant par une inscription. Sur l'autre rive montent les fumées d'une usine, la verrerie de Bagneaux, installée au bord du canal qui lui amène ses charbons, à proximité des carrières de sable pur qui lui permettent de fournir des verres extra-blancs, très réputés dans le monde industriel. Les cylindres et les globes produits par la verrerie de Bagneaux, ses verres à lunettes, ont fait connaître le nom du petit village.

Ici les grès commencent à faire place à la belle roche calcaire de Château-Landon. Bagneaux possède de nombreuses carrières ; sur la rive opposée, Poligny renferme aussi des exploitations. Cette dernière commune a sur son territoire de grands espaces rocailleux, les *friches* de Poligny, vastes de 112 hectares, renfermant d'étranges amas de rochers dont quelques-uns sont débités en pavés. Les archéologues ont beaucoup étudié cette région où ils ont relevé des traces de l'industrie préhistorique : deux polissoirs sont signalés dans les cantons dits la Forêt et la vallée de l'Avocat. Des cavités entre les roches attirent les curieux. Le village de Poligny, assis au fond d'un petit bassin d'érosion, avoisine ces pierres singulières.

Jusqu'à Souppes, la vallée du Loing est pour ainsi dire sciée dans le plateau ; elle ne s'élargit qu'en amont de ce gros bourg populeux qui vit par l'exploitation des carrières, la navigation et la production du sucre[1], et que le croisement du chemin de fer de Montereau à Château-Landon

---

1. Sur Souppes et Château-Landon, voyez la 25ᵉ série du *Voyage en France*, chapitre XVIII.
La population de Souppes atteint 3 362 habitants en 1901.

avec la grande ligne du Bourbonnais contribue à animer.

Les pentes du plateau du Bocage tombent, très raides, sur la rive gauche du Loing. La petite ligne de Montereau et les chemins profitent de courts vallons d'érosion pour pénétrer dans l'intérieur de ce pays. Une de ces routes conduit à Lorrez-le-Bocage à travers des campagnes monotones où les villages sont entourés de hameaux égrenés au long des chausssés dont Égreville est le point de rayonnement, véritable cœur économique du pays, plus que les chefs-lieux de canton.

Mais je ne retourne pas à Égreville (¹), je vais rentrer à Nemours par la route de Sens, que bordent les carrières de sable de Darvault. Par les villages gris de Chaintreaux et de Remauville, je gagne Préaux, bien petit centre avoisiné par des hameaux assis au flanc de ravins aboutissant au Lunain. Cette poignée de maisons semble s'écraser sous une vaste église où l'art roman impose encore ses lignes à l'ogive naissante. Le clocher est flanqué d'un puissant contrefort carré surmonté d'une sorte de vigie défensive portée sur des mâchicoulis; le très vieil

---

1. 25ᵉ série du *Voyage en France*.

édifice se dresse au milieu du cimetière et sert peu au culte.

De Préaux à Nemours, on traverse les vastes bois de Nanteau, au milieu desquels la ferme de Saint-Louis exploite une clairière étendue. Cette propriété de M. le comte de La Tour-du-Pin devrait être un exemple pour les parties à sol maigre ou sablonneux du Bocage et du Gâtinais. Le terrain est si pauvre, qu'on ne pouvait trouver fermier, même à 25 francs l'hectare. M. de La Tour-du-Pin y tenta la culture de l'asperge en amendant la terre par les gadoues tirées de Paris, les engrais chimiques et le fumier. Il dépensa 1800 francs par hectare ; mais en 1890, dit M. Rayer, on obtenait 50 000 kilogr. d'asperges et la récolte se vendait à raison de 50 centimes par kilogramme.

La grande production du domaine, c'est encore le gibier : pendant que je rentre à Nemours, je rencontre sans cesse dans les bois des groupes de faisans et de faisandeaux venant jusque sur la route.

Sous les taillis perce souvent la roche ; au flanc des monticules, les terriers de lapins se devinent par les traînées blanches du sable que les rongeurs ont ramené en creusant leurs gîtes. Plus on approche de Nemours et plus cette nature sablonneuse s'affirme. De hautes buttes sont même exploitées industriellement sur les deux versants. Au sud, des tombereaux viennent charger la blanche arène pour la conduire au port de Nemours ; au nord, un petit chemin de fer partant du hameau de Darvault amène les sables au port de Fromonville. Sur ce dernier versant, la colline est très abrupte et, grâce à sa couronne de pins, ne manque pas d'allure.

Du côté du sud, les carrières ont moins d'intérêt que celles de Bonnevault. L'exploitation est plus facile, il n'y a qu'à enlever un épiderme peu épais de roche friable sous laquelle on ramasse la masse blanche pulvérulente. Au nord, sables et grès sont extraits à l'aide de carrières souterraines. Ces exploitations se prolongent jusqu'au flanc et dans les creux des collines recouvertes de pins et de chênes.

La route atteint Nemours en passant au pied d'une haute butte couronnée d'arbres ; là était jadis un ouvrage de défense : le Châtelet. Ce n'est plus qu'une plate-forme d'où la vue est intime et charmante sur le Loing, la ville dominée par son château et sur les faubourgs.

IV

NAVIGATION SUR LA SEINE

Le remorqueur *Saint-Mammès*. — Montereau. — Où *faut* l'Yonne. — L'Yonne, la petite Seine et la haute Seine. — Notre train de bateaux. — La descente du fleuve. — D'écluse en écluse. — Saint-Mammès et son port. — Un peuple de mariniers. — Les bateaux sur le Loing. — Une énumération à la façon d'Homère. — Les prix du remorquage. — En longeant la forêt de Fontainebleau. — Notre train d'un demi-kilomètre. — Dans l'écluse de Champagne. — A bord du *Marcel*.

Écluse de la Cave. — A bord du *Saint-Mammès*. Mai.

J'écris ces lignes à l'avant du *Saint-Mammès*, remorqueur de 200 chevaux de force, où la compagnie de touage et de transport de la haute Seine m'a donné une cordiale hospitalité, la cabine et la table du patron. Je vais mettre deux jours à descendre le fleuve ; le chemin de fer me ferait accomplir le trajet de Montereau à Paris en une heure. Mais j'ai voulu assister à la vie de la Seine, à l'activité fiévreuse qui règne sur ses eaux et rappelle la puissante organisation des voies navigables allemandes ([1]).

Le *Saint-Mammès* est amarré au quai de Montereau, au-dessous du confluent de la Seine et de l'Yonne; les flots sur lesquels il repose sont ceux de cette dernière rivière; le mélange ne s'est pas fait encore. Des deux cours d'eau, le plus puissant est cependant celui qui perd son nom, l'Yonne. Plus large, plus abondante, elle semble continuer son cours, tandis que la Seine débouche latéralement et se jette réellement dans le grand courant venu du Morvan.

D'ailleurs, l'animation est autrement considérable sur l'Yonne : là passent les bateaux de ou pour la Saône et le Rhône, le canal du Nivernais et le Centre, tandis que la Seine conduit seulement au cul-de-sac de Troyes. Aussi les mariniers n'ont-ils que dédain pour ce pauvre tronçon de notre système de voies navigables; c'est la « petite Seine »; au-dessous du confluent, c'est la haute Seine.

La pointe qui forme musoir entre Seine et Yonne, et sur laquelle le chemin de halage descend par un tracé en courbe, porte la statue de

---

1. L'auteur a parlé de la navigation fluviale allemande dans son livre *L'Europe centrale et les réseaux d'État* (Paris, Berger-Levrault et Cie).

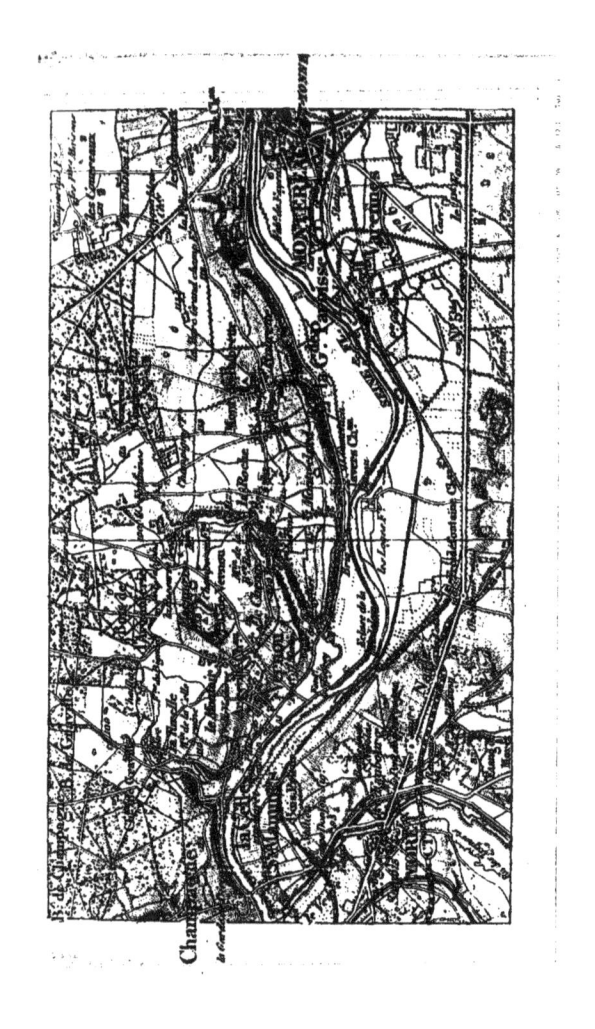

Napoléon, érigée en souvenir du vainqueur de la bataille de Montereau, succès éclatant mais inutile. L'Empereur n'est pas oublié ici ; j'ai logé à l'hôtel du Grand-Monarque, dans la chambre même où le « petit caporal » aurait passé la nuit. C'est la chambre 7 ; elle porte cette inscription :

NAPOLÉON Ier - MONTEREAU - 18 FÉVRIER 1814

La pièce renferme deux lits, au-dessus desquels sont des couronnes dorées [1].

Un autre souvenir est celui de Jean sans Peur. Le pont porte une inscription rappelant le meurtre du duc de Bourgogne ; sur le quai du Petit-Pont, une des auberges a pour enseigne le nom tragique du prince [2].

Notre train se forme ; le *Saint-Mammès* doit recueillir en chemin les neuf bateaux qui composeront son convoi à la descente, alors que le nombre de péniches à la remonte est de quatre, cinq et même six quand les eaux sont favorables. Nous amarrons un bateau chargé de bois venant de Coulanges-sur-Yonne, un autre prend ensuite

---

1. Cette tradition est très combattue : les historiens locaux disent que Napoléon passa la nuit au château de Surville. Il aurait simplement occupé le Grand-Monarque pour y donner des ordres.

2. Sur Montereau, voyez la 25e série du *Voyage en France*, chapitre XVIII.

la remorque; son chargement est composé de perches venant du canal de Bourgogne.

La rivière s'anime, un toueur se prépare à remonter l'Yonne jusqu'à Laroche, avec son convoi de péniches et de lourds bateaux destinés au canal. Une gabare vient s'attacher au quai ; elle arrive de Saint-Mammès ; le patron, à qui l'on demande l'état des eaux, répond en secouant la tête :

— Il y a du courant, j'ai monté avec huit chevaux, ça se mordait pas la queue !

Nous voilà bientôt prêts à partir, la sirène éveille les échos endormis des jolies collines de la rive droite. Et la lourde machine s'ébranle, suivie par ses deux bateaux. Voici la gare d'eau où le petit chemin de fer de Château-Landon amène des matériaux de construction ; en face, deux grandes briqueteries souillent le flanc des collines ; au-dessous, la campagne devient riante et fraîche. Le grand pont à treillis du chemin de fer franchi, on voit la nappe claire des eaux encadrée dans la verdure des prairies et des moissons. Sur la rive gauche, s'élance la haute tour de l'église de Varennes, flanquée de puissants contreforts dont un se termine par le toit effilé d'une tourelle. En face, une église trapue, se confondant avec le château de la Grande-

Paroisse, est entourée de quatre ou cinq maisons. La Grande-Paroisse, qui donne son nom à la commune, n'est qu'un hameau; le véritable village, Rubrette, est plus loin, vers les pentes d'un mamelon : le « mont » de Rubrette.

Une île partage le fleuve ; au-dessous est l'écluse de Bassecour, le *Saint-Mammès* y pénètre avec ses remorques ; nous pourrions tenir à douze grands chalands. La hauteur des eaux a permis d'abattre la moitié des fermettes du barrage et diminue le niveau à atteindre pour la sortie, aussi ne mettons-nous que vingt et une minutes pour l'éclusée ; quand le barrage est fermé, il en faut quarante. Cette manœuvre est bien longue pour moi, si les équipages y sont accoutumés. La lente descente du convoi entre les parois de l'écluse produit une impression singulière : on croit être attiré dans un gouffre. Enfin la porte s'ouvre, le fleuve apparaît de nouveau ; j'y suis témoin d'une pêche jusqu'alors ignorée : un corbeau, descendant comme une flèche sur le flot, enlève un poisson dans son bec ; j'appris ainsi que ce noir oiseau ajoutait cette déprédation à celles dont il est coutumier.

Nous voici repartis sur un beau bief, large et tranquille, dessinant une courbe harmonieuse. La Seine semble aller finir contre une colline que le chemin de fer longe en corniche au-dessus du charmant petit château de Tavers et de son beau parc. En face, l'ample ferme des Loges ; ses grands hangars, ses tas de paille, ses énormes gerbiers sont au milieu de prairies où pacagent des troupeaux de vaches à la robe lustrée.

Le fleuve, continuant ses majestueux replis, va lécher les hauteurs de sa rive gauche. Là sont le barrage et l'écluse de la Madeleine; les fermettes sont baissées, nous passons dans l'autre bief sans avoir à subir l'emprisonnement, mais entre les portes un vapeur, le *Furet,* est obligé de s'écluser.

Maintenant c'est délicieux. A gauche, la rive est une terrasse couverte de verdure; à droite, une verdoyante petite plaine s'étend jusqu'aux coteaux de Vernou, dont le village étage ses maisons blanches à la base du « mont » isolé, dressé à plus de 100 mètres au-dessus de la rivière. De ce coté, le chemin de halage, tout blanc, borde le flot; en face, le fleuve est resté quelque peu sauvage, des arbres se penchent et se mirent dans l'eau. Ce placide paysage est gâté par une raffinerie de pétrole qui a bordé le rivage d'estacades où viennent s'amarrer des bateaux-citernes.

Au milieu de la Seine, une drague est ancrée, l'équipage du *Saint-Mammès* échange un bonjour avec celui de la machine. Derrière celle-ci, un chaland sert de résidence aux dragueurs ; il a été transformé en élégante habitation ayant quatre fenêtres à l'arrière ; sur une galerie jouent des enfants. Et l'on se prend à envier le sort de cette famille isolée entre le ciel et l'eau, ayant sous les yeux un aimable paysage, qui devait être autrement doux encore avant qu'un gigantesque talus de la voie ferrée eût barré le vallon tranquille. Au pied de ce terrassement, l'église de La Celle ne semble qu'un grand toit porté sur des murs bas percés de belles fenêtres ogivales et flanqués d'une lourde tour carrée.

Il y a là un port aux bois considérable, où l'on amène les bûches et les troncs venus des vastes futaies ou taillis qui prolongent la forêt de Fontainebleau au nord de la Seine, dans une Brie au sol maigre.

Le paysage grandit : à gauche, la colline de Saint-Mammès vient mourir en pente douce sur le flot, de petites vignes et des vergers la tapissent ; à droite, au contraire, les versants déjà raides ont été transformés en véritables falaises par les travaux du chemin de fer qui les entailla ; d'immenses murs de soutènement retiennent des roches fendillées. Les trois travées de fer d'un pont franchissent le fleuve devant le petit bourg de Saint-Mammès, port le plus vivant de toute la haute Seine.

Par lui-même, Saint-Mammès ne saurait guère faire vivre la batellerie, mais là débouche le Loing, qui prête sa vallée au tronc commun des canaux reliant la Seine à la Loire, ce canal du Loing qui se bifurque à Montargis en canal d'Orléans et canal de Briare. Le mouvement sur cette voie est énorme; Saint-Mammès, placée à l'entrée, au point où le halage isolé des bateaux circulant sur le canal fait place aux trains de la haute Seine, est devenue la résidence de toute une population de mariniers. Les patrons, les chauffeurs, le personnel des remorqueurs et des toueurs constituent la plus grande part des habitants de ce joli petit centre, si pittoresque par ses anciennes et irrégulières constructions à toits moussus et aux grands porches. Des villas modernes, un petit château encadré de pavillons percés de hautes fenêtres accroissent le caractère de cette façade sur le fleuve. Comme dans la plupart des villages voisins, l'église semble écrasée sous un comble immense; son clocher, sans caractère, porte le coq classique. La mairie possède un bizarre campanile revêtu d'ardoises.

La vie est sur les rivières. Seine et Loing sont bordés de bateaux en rangs serrés et de chantiers de construction ; une grande grue se dresse au-dessus du Loing ; elle peut soulever 10 000 kilogr. ; sur la petite rivière, dont le lit régularisé jusqu'aux abords de Moret constitue le canal, les files de bateaux rappellent les ports des canaux du Nord.

On distingue tous les bateaux de types si divers qui naviguent sur la Seine et ses affluents, canaux ou rivières. Voici les toues ou flûtes, longues de 30 mètres et larges de 5, embarcations d'assez minable allure auprès des péniches du Nord, coquettes, peintes, vernies et parées, avec leur jolie cabine aux fenêtres d'un blanc éblouissant. Les flûtes sont les bateaux des canaux du Centre ; ils amènent surtout les pommes d'Auvergne venues sur wagons jusqu'à Montargis et, là, chargées sur le canal pour être conduites au port Saint-Paul, à Paris, d'où le nom de « pommes de bateaux » sous lequel elles sont connues. Cette année (1903), si la pomme d'Auvergne a manqué, si l'on a dû s'adresser à l'Italie, le même procédé de transport final a été employé.

Les flûtes étaient jadis prédominantes sur le canal du Loing, mais les péniches, plus longues et larges (38^m,50 sur 5^m,10) et d'une capacité plus grande, 350 tonnes au lieu de 250, rempla-

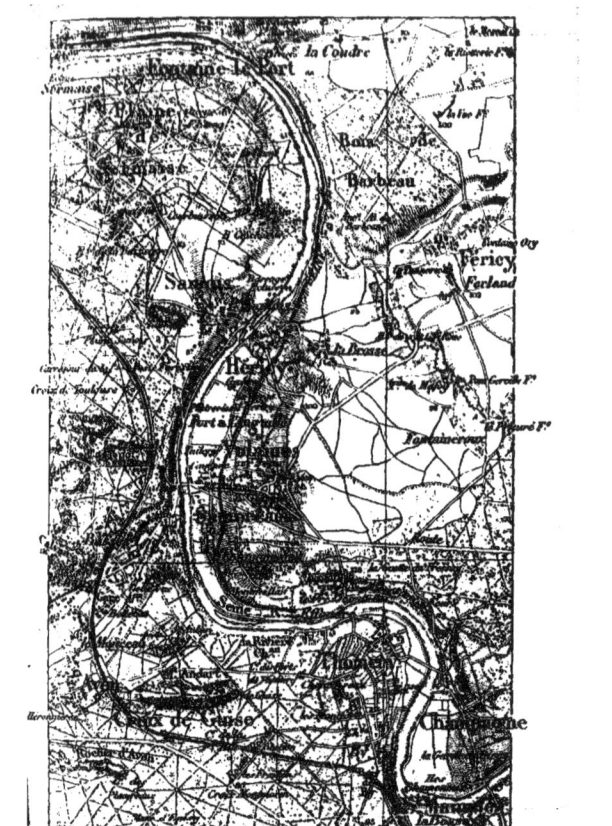

cent peu à peu ces engins primitifs ; la transformation des canaux en voies à grande section permet l'arrivée des péniches jusqu'à Roanne et jusqu'à Chalon-sur-Saône. Avec ces péniches on voit monter en Bourgogne les types de bateliers du Hainaut et de la Flandre, entourés d'une nichée d'enfants blonds. A côté de beaux bateaux, tenus avec une propreté hollandaise, contrastent les massifs engins chargés de charbon de bois et assez semblables à des jonques, qui viennent du Morvan par le canal du Nivernais. Ce sont des géants auprès des « berrichons » ou « montluçons » longs de 28 mètres, larges de 2^m,50 seulement, construits pour la navigation du canal du Berry, voie d'un gabarit minuscule. Ces bateaux sont les plus pittoresques de la Seine par leurs dimensions médiocres et les petits ânes servant au halage, logés dans une lilliputienne écurie au milieu du « montluçon ».

J'aurais voulu visiter ces différents types de transporteurs, mais je n'en ai pas le temps : rapidement, le convoi que nous devons emmener s'est formé ; nous laissons un de nos bateaux de bois à Saint-Mammès, mais nous donnons la remorque à trois péniches, un réservoir à pétrole et quatre petits « berrichons » accolés deux à deux.

Grâce au vapeur, les trains peuvent faire le voyage en deux jours, alors que chaque bateau livré à ses seuls moyens de remorquage mettrait un temps infiniment plus long. Une péniche paye 78 fr. de traction entre Montereau et Paris, prix qui descend à 39 fr. pour le bateau de 30 mètres; les bateaux de type intermédiaire payent de 49 fr. à 59 fr.

Saint-Mammès sert ainsi d'escale à tous les types d'embarcations; tous ceux qui circulent sur la Seine et les canaux, sauf les chalands à grand tirant d'eau de la basse Seine, se montrent dans le port. A ceux déjà cités il faudrait ajouter les margottats, les flûtes spéciales au canal de l'Ourcq, les « chalonnaises » et d'autres encore. Chaque jour trente bateaux à la montée et autant à la descente sont remorqués en cinq ou six convois; la ligne spéciale de Lyon conduit en moyenne six grands chalands par jour.

La sirène a retenti, le *Saint-Mammès* quitte la jolie bourgade qui lui a donné son nom, les nombreux bateaux qui remplissent le Loing ont disparu au regard. Nous descendons moins vite, car le convoi est lourd désormais. Là-bas, sur une falaise verdoyante, voici l'aimable village de By, où vivait Rosa Bonheur, le grand peintre animalier qui rendit la vie rustique avec une grâce si robuste. Le hameau est entouré d'une multitude de murs blancs, découpant le coteau en longues cases. Ce sont les murs d'espaliers où l'on cultive le fameux chasselas de Fontainebleau, qui mériterait mieux le nom de Thomery, bourg que l'on voit surgir au loin.

Au-dessous de By, la Seine décrit un coude très prononcé que dessine notre flottille, d'une prodigieuse longueur maintenant : 500 mètres ; le *Saint-Mammès* la conduit à une vitesse réduite mais majestueuse. Sur la rive droite, le méandre est rempli par une plaine s'élevant doucement vers les collines ; elle est occupée par une usine qui deviendra sans doute énorme, le quart seulement est construit, déjà immense. C'est une succursale du Creusot[1] ; la grande usine bourguignonne a installé au bord de cette maîtresse artère fluviale des ateliers pour la construction des machines électriques.

Un embranchement relie l'usine au chemin de fer, un port longe le fleuve. Il sera bientôt bordé de chalands destinés à l'usine ; en ce moment un seul est amarré, c'est un de ces

---

1. Sur le Creusot, voyez la 25ᵉ série du *Voyage en France*, chapitre III ; sur Champagne, le chapitre XII du présent volume.

curieux bateaux appartenant aux potiers de Neuvy-sur-Loire, en Puisaye, et qui s'en vont, chargés de poteries diverses, tout le long de la Loire et des canaux pour écouler les marchandises ([1]).

Le village de Champagne confine à l'usine ; ce petit coin, si rural jadis, va devenir une ruche ouvrière. Le calme n'en est pas troublé encore, le village semble rire entre son coteau boisé et le fleuve retenu par un barrage. L'écluse est bordée d'une allée de marronniers. En face, les collines de Thomery sont creusées de carrières ou divisées par les murs d'espaliers ; au fond, les superbes futaies du parc des Pressoirs du Roi sont un admirable fond de tableau.

Je n'ai pas le loisir d'admirer, je veux voir comment nous allons entrer dans l'écluse avec nos 500 mètres de flottille, alors que la longueur utile de l'ouvrage est de 172 mètres seulement et l'ouverture de 11^m,50. L'opération est rapide cependant, chacun à bord des neuf bateaux et du remorqueur connaît son rôle ; en peu de temps nous voici deux à deux entre les murs, les portes d'amont se referment, on

---

1. Sur les potiers et les bateliers de la Puisaye, voyez la 1re série du *Voyage en France*, chapitre VII.

ouvre les vannes à l'aval et il semble que nous enfonçons lentement dans un gouffre.

Quand la hauteur d'eau dans l'écluse est au niveau du bief inférieur, on ouvre les portes d'aval, l'hélice tourne lentement et le *Saint-Mammès* s'en va ; derrière lui, un à un, les bateaux reforment leur file.

Nous allons passer sous le pont de Champagne, ouvrage considéré comme un écueil par les mariniers ; ses deux piles sont placées de telle façon qu'elles constituent un danger redouté ; l'une d'elles, qui vit bien des naufrages, sert de poste d'amarrage à un remorqueur de la compagnie Havre-Paris-Lyon, le *Cyclope,* ayant derrière lui un train de lourds chalands. Plus loin avance à grand bruit de chaîne roulant sur les tambours, un toueur, la *Ville-de-Joigny,* remontant quatre péniches.

Le paysage devient d'une grande beauté. A gauche, Thomery occupe un promontoire étrangement strié pas ses innombrables murs d'un blanc éblouissant et tapissés de vigne(¹). Le bourg est au-dessous, très coquet, entouré de nombreuses villas bâties à la lisière de la forêt de Fontainebleau ; il descend d'un côté jusqu'au

---

1. Sur la culture de la vigne à Thomery, voyez le chapitre X.

bord de la Seine, dans laquelle il mire de jolies maisons. Sur l'autre rive est le château des Pressoirs du Roi, belle demeure adossée à la colline boisée et dont la tradition fait un des séjours de Henri IV et de la belle Gabrielle. Le site a été gâté par le chemin de fer qui a coupé les allées et les pelouses et sépare aujourd'hui le château du fleuve. Combien les Pressoirs, où je fus si cordialement accueilli il y a tantôt trente ans, étaient plus charmants dans leur demi-solitude!

La Seine est superbe : les eaux, larges et immobiles, s'étalent entre de hauts talus boisés, les ramures viennent jusqu'au flot. La forêt de Fontainebleau semble plonger du haut de sa terrasse. Jusqu'à Samois elle déroule ses frondaisons; sur l'autre rive, Samoreau égrène ses demeures. Un moment la forêt s'écarte pour encadrer Samois, ses villas coquettes, ses jardins. L'aimable bourg descend au fleuve où le Petit-Samois aligne une façade d'hôtels et de maisons blanches contre lesquelles grimpent les glycines. L'île verdoyante d'Héricy semble flotter sur l'onde. Plus bas s'ouvre une écluse où nous recommençons la fastidieuse descente vers le bief inférieur.

La Seine a plus d'ampleur : de nouveau elle frôle la forêt, dans la partie nommée la plaine de Sermaise, en décrivant une courbe immense et régulière. Elle borde Fontaine-le-Port, qui forme une gentille fabrique; les maisons du petit village dévalent au-dessous d'une tour d'église, singulière par le pignon surmontant chacun des pans.

Au-dessous de Fontaine-le-Port, un pont en fer de six travées franchit la Seine, séparée de la forêt sur sa rive gauche par une bande étroite de prairies et de cultures; là se trouve une belle ferme-modèle, aux constructions commodes et amples.

Le chenal est devenu presque rectiligne; la Seine ouvre une perspective profonde jusqu'au pied des hauteurs de Bois-le-Roi; le paysage s'est animé. A droite, une petite falaise porte les bois du Buisson de Massoury; à gauche, autour de Bois-le-Roi, une grande clairière de culture forme coin dans la forêt. La jolie habitation des Vallées, assise entre la falaise et les arbres, se mire dans la nappe claire de la Seine, élargie en amont du barrage de la Cave.

Nous devons nous armer de patience, un toueur occupe l'écluse avec un convoi de péniches. L'une d'elles, portant le nom bizarre d'*Émolument*, vient d'Hem-Lenglet sur le canal de la Sensée, dans le Nord.

Pendant que le train montant se livre aux douceurs de l'éclusée, j'admire le cadre harmonieux dans lequel se trouve la Cave : les hauteurs de Bois-le-Roi et de la forêt, les verts coteaux de Chartrettes, le parc ombreux de Sermaise. Je suis arraché à ma contemplation par un des mariniers de notre convoi, dont la cordiale physionomie m'avait frappé. Apprenant dans quel but je me trouvais à bord avec l'agent de la compagnie de remorquage, descendu de Saint-Mammès pour me faire les honneurs du déjeuner, le patron du *Marcel* venait m'inviter à prendre le café dans sa cabine et à boire quelques chopes de bière du Nord. Ou plutôt, selon l'usage de Béthune, port d'attache du *Marcel*, nous commençâmes par la bière pour finir par le café et le traditionnel verre de genièvre.

V

LA SEINE DE LA CAVE A CORBEIL

La cabine du *Marcel*. — Une famille de mariniers. — Chartrettes. — Le château de Vaux-le-Pénil. — Traversée de Melun. — Éclusage. — Le château des Vives-Eaux. — Les usines de Ponthierry. — Seine-Port. — Le vignoble des Roches. — Une nuit au Bas-Coudray. — Un matin de brume. — Le plus grand port du fleuve : les Bas-Vignons. — Les sablières. — Traversée de Corbeil. — Le port de Petit-Bourg.

Corbeil, à bord du *Saint-Mammès*. Mai.

La cabine du *Marcel* est minuscule et charmante, faite de hêtre et de bois blanc aux veines superbes, du saule me dit-on. Ces lambris clairs encadrent une cheminée renfermant une de ces cuisinières noires et brillantes, chères au cœur des ménagères flamandes. Du sable blanc et fin est répandu sur la surface de ce poêle. Deux lits à courtepointe rouge, des fleurs, une cage où gazouillent des serins, des armoires bien garnies de vaisselle, composent le mobilier ; c'est merveille que tout cela puisse tenir dans un espace aussi exigu.

La famille, outre le père et la mère, fière de nos éloges pour la tenue du charmant logis, comprend trois enfants à la mine éveillée, aux cheveux blonds. Les parents se désolent de ne pouvoir les mettre à l'école, mais ils le feront bientôt; il y a, dans les grands ports fluviaux du Nord, des établissements spéciaux où les enfants des mariniers sont reçus pour un prix de pension modique. Souvent aussi les grands-parents restés au pays gardent les petits-enfants.

Le *Marcel* rentre à pleine charge; il a conduit du charbon à Nemours et ramène près de 350 tonnes du merveilleux sable blanc de Bonnevault. La cargaison n'est point destinée aux verreries, le sable sera acheté par les ménagères du Nord pour recouvrir les planchers après le nettoyage minutieux du samedi.

Il faut nous arracher aux délices du salon du *Marcel;* pendant que nous faisions honneur au buffet de l'hôtesse, le *Saint-Mammès* a conduit toute la flotte dans l'écluse; un bateau du canal latéral à la Loire chargé de chaux hydraulique de Beffes ([1]) s'est joint à la file. Nous avons donc dix véhicules à remorquer désormais.

Souvent on prend ici des bateaux chargés de

---

[1]. 26e série du *Voyage en France*, chapitre V.

bois de la forêt ; un vaste port est couvert de longues files de bûches empilées. En arrière, quelques villas égayent le site; on me montre celle d'Olivier Métra, le musicien qui repose dans le cimetière de Bois-le-Roi.

De coquettes habitations bordent un moment la Seine, les plus charmantes s'étendent entre le fleuve et la forêt, au milieu de vertes pelouses. L'une d'elles, curieuse par son immense comble à trois rangées de fenêtres et sa façade de bois, a été apportée de Beauvais par morceaux. Cette vieille demeure dépaysée possède une jolie porte ogivale et une rangée de fenêtres à meneaux.

Au delà c'est la solitude; de nouveau la forêt de Fontainebleau descend jusqu'au rivage ; en face, les bois du joli village de Chartrettes ne sont séparés du fleuve que par une bande étroite de prairies. Malgré le lourd convoi, nous avançons rapidement sur le flot calme où se mire la lourde masse du château de la Rochette. Au fond apparaît la façade superbe du château de Vaux-le-Pénil, et les flèches de Melun s'élancent dans les airs. Bientôt nous sommes devant Vaux. Le château se relie à la Seine par une admirable avenue ; une pelouse entretenue avec un soin inouï descend en pente douce. Un jardinier conduit en ligne six femmes chargées d'expurger

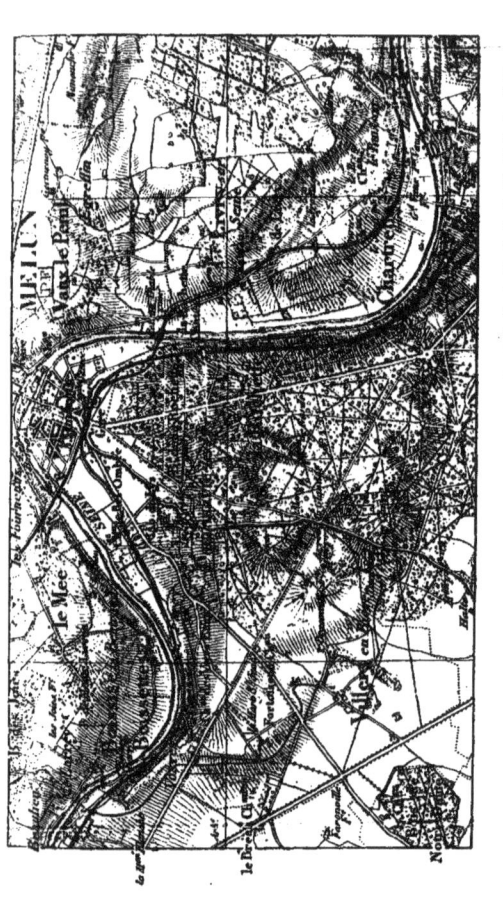

le gazon des pâquerettes et autres herbes qui peuvent rompre le velours du ray-grass. Sur le chemin de halage, six ânes tirent un convoi de trois « montluçons » voguant de conserve vers les canaux du Berry.

Nous atteignons Melun ; la jolie ville se montre un peu rébarbative de ce côté, la pointe de l'île est couverte par les murs massifs de la maison centrale, semblable à une forteresse du vieux temps. Le convoi s'engage entre le maussade édifice et la caserne de cavalerie, presque aussi lugubre, passe sous le pont et va s'écluser en dessous de la ville. Le barrage met la rumeur de ses eaux frémissantes dans un quartier placide, dont les quais sont bordés d'allées ombreuses. Dans le bief, je reconnais avec surprise un remorqueur du type du Rhin et de la Meuse maritime. Il vient, en effet, de Hollande, où il fut acquis pour faire le remorquage en Seine; l'entreprise n'a pas réussi encore.

Nous ne restons pas à Melun, aussitôt l'éclusée achevée, le *Saint-Mammès* reprend sa route ; il passe sous le haut viaduc du chemin de fer et pénètre dans un bief d'une solitude inattendue. Malgré la proximité de la ville, les villas sont rares de ce côté et elles se dissimulent dans la verdure. A peine le château de Bel-Ombre montre-t-il un coin de sa façade blanche. Au-dessus, les élégantes maisons de Dammarie-les-Lys s'éparpillent à l'entrée de la forêt.

Ce passage est délicieux par la végétation opulente et variée des rives, surtout vers un parc planté d'arbres d'essences diverses, mariées avec une science et un goût parfaits ; les hêtres pourpres, immenses, font mieux ressortir le moutonnement des autres espèces, résineux, peupliers, tilleuls, érables et 'ormeaux. Ces admirables végétaux encadrent un château assez modeste, auquel un procès retentissant a donné la notoriété : les Vives-Eaux, domaine de la famille Humbert. Le château fait face à l'exquis petit village de Boissettes, composé surtout de villas entourées de parcs et de jardins.

D'une péniche qui descendait à gré d'eau, un appel est fait au *Saint-Mammès :* on demande la remorque ; notre nouveau convoyé, le *Corot,* emporte des poteaux pour les mines du Nord. Avec nous il pénètre dans l'écluse des Vives-Eaux d'où sortait une péniche brabançonne venant de Willebroeck ; sur le pont sont des femmes de ce blond invraisemblable que l'on rencontre aux pays flamands.

J'ai le temps de me promener un instant sur le mur d'écluse pendant l'opération d'abaissement du plan d'eau et d'aller admirer notre flottille au complet. Décidément les « montluçons » sont les plus pittoresques de ces véhicules si variés de formes et de teintes. Malgré leur exiguïté, ils comportent de véritables ménageries. Au milieu, dans l'écurie, les deux petits ânes indispensables, puis des poulets, des chiens, des chats ; l'un des bateaux a même une corneille et un faisan doré. Une des marinières a installé une table et un réchaud sur le toit et repasse avec activité.

A terre on n'est pas moins laborieux. Le mois de mai est sans doute la saison officielle de peinture pour les ponts et chaussées : à Melun nous avons pris à bord un employé qui va d'écluse en écluse distribuer des pots de blanc et de noir pour peindre tous les engins : barres, passerelles, poteaux d'amarrage, etc. Et aussitôt commence la toilette annuelle.

Les éclusiers des Vives-Eaux ont reçu leur part ; déjà ils renouvellent les teintes effacées quand nous reprenons la route et livrons passage au remorqueur *le Rapide* de la compagnie H. P. L., remontant un train de chalands du type bourguignon, fort noirs et laids.

Nous allons plus lentement avec notre convoi au complet ; la longue file de bateaux descend

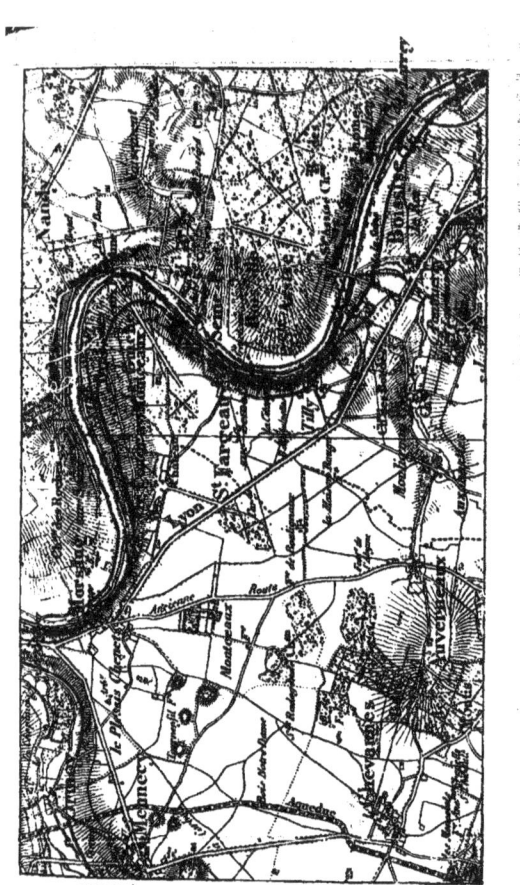

majestueusement dans une campagne d'une beauté grave et douce. Voici Boissise-la-Bertrand et Boissise-le-Roi, bordant les deux rives, riants par leurs chalets émergeant des arbres. Un hameau, Beaulieu, est un groupe de villas se mirant dans la Seine et dominées par une somptueuse végétation de grands arbres tapissant un coteau. L'industrie est venue troubler ces calmes asiles, des voies ferrées et des plans inclinés apportent aux appontements de la Seine la pierre meulière des carrières voisines. Sur la rive gauche, un de ces chemins de fer possède des locomotives et va chercher la pierre à Orgenoy, près de Saint-Sauveur-sur-École.

De hautes cheminées se montrent, surgissant vers le hameau de Ponthierry, bâti au bord de la petite rivière d'École. Deux grandes usines, une sucrerie et une fabrique d'eau de Javel, ont fort souillé le paysage par leurs déjections blanches et les amas de charbon. C'est dommage, car la Seine est bien belle ici : large et calme, elle reflète le décor du hameau de Tilly, étalé sur une pente très verte.

Les manufactures ont fait de Ponthierry, simple écart de Pringy, le port le plus considérable de la Seine entre Montereau et la limite de Seine-et-Oise. En 1899, il en était sorti plus

de 107 000 tonnes; il en entra près de 16 000 ([1]).
Les houilles, les betteraves, le sable, la meulière, le bois, font la presque totalité de ce trafic.
Un petit chemin de fer amène à quai les pierres
extraites dans les carrières de Pringy.

Sur la rive droite, au-dessous du beau château de Saint-Assise, deux yachts sont en ce
moment amarrés, un vapeur tout blanc, un voilier tout noir, peinture passablement éraillée.
On me les signale comme une curiosité; ce sont
les petits navires qui constituaient cette flotte
des Humbert dont on a tant parlé à l'époque
du fameux héritage des Crawford; les deux bateaux ont en ce moment assez lamentable mine.

Le convoi, continuant sa route, suit un grand
coude du chenal; la file de bateaux décrit une
courbe harmonieuse. D'un côté, s'étend le bois
de Saint-Assise; de l'autre — à gauche — le plateau du Gâtinais finit en falaise entaillée par la
voie ferrée; au-dessus, s'aligne Saint-Fargeau,
précédée par une église à triple toit en pignon,
un pour chaque nef. La haute tour serait belle
si elle avait une flèche au lieu d'une toiture à
double versant. Les lignes de ce paysage, assez
sèches, s'adoucissent et s'harmonisent plus loin,

---

1. En 1904, le mouvement est descendu à 57 353 tonnes.

à l'écluse de la Citanguette, grâce aux bois épais qui couvrent les collines et encadrent le gracieux village de Seine-Port, peuplé de villas. Le site parut appelé un moment à devenir une ville de luxe, sorte de Trouville séquanais : à la fin du second Empire, des spéculateurs lancèrent Seine-Port comme la plus adorable des villégiatures parisiennes.

Les coteaux s'entr'ouvrent pour laisser passer le ru de Balory, joli ruisseau descendu du plateau de Cesson. Ces hauteurs s'accidentent ; sur la rive droite elles s'escarpent, la pente raide est couverte d'un petit vignoble divisé en deux assises par un banc de rochers parfois creusé de cavernes. On y récolte le « vin des Roches », réputé à Corbeil et dans le pays de Melun. Sur bien des points, le rocher affleure ; on l'a débité en moellons qui ont servi à établir des terrasses jadis fort belles par leur parure de pampres. Hélas ! le phylloxéra a ruiné en partie le minuscule et pittoresque vignoble.

Ces beaux rochers prolongent leurs assises apparentes jusqu'aux abords du château des Roches, où la forêt de Rougeau enveloppe les pentes et en masque l'ossature ; ils sont parfois très beaux par leurs cavités et leurs formes hérissées.

Le crépuscule est venu, depuis que nous avons dépassé Ponthierry. A cette heure, les rives du fleuve sont adorables : une buée légère monte et forme écharpe aux berges rocheuses et boisées, des chants de rossignols s'élèvent, le miroir mat du fleuve reflète un ciel doux et pommelé et de jolis villas. Au loin, dans la demi-obscurité qui s'accroît sans cesse, apparaissent les maisons de Morsang et le château de Coudray, tout blanc entre les ombrages mystérieux de son parc. Le clocher de Morsang pointe, très sombre, dans le ciel, où s'allument les premières étoiles.

Un bruit d'eau frémissante domine les trilles des oiseaux et le bruit régulier de l'hélice du *Saint-Mammès*. C'est le barrage du Coudray. Sept heures et demie sonnent à une horloge d'église ; nous ne pouvons plus espérer atteindre Corbeil avant la pleine nuit, car il faut encore franchir l'écluse. Nous passerons la nuit au Bas-Coudray.

La compagnie du touage m'a fait préparer un lit dans la cabine du remorqueur pour le cas où nous ne pourrions accoster Corbeil. C'est le propre logis du patron et de son second, mais comme il y a une auberge sur la rive, j'y vais prendre gîte, afin de laisser à mes excellents hôtes la jouissance de leur chambre.

Nous ne franchirons l'écluse que demain, malgré l'avance que donnerait le passage ce soir, mais en aval, sous le barrage, le courant et les remous sont violents, des accidents sont à craindre, aussi restons-nous dans le bief supérieur. Sur chaque bateau on voit briller les lumières familiales.

Je trouve un excellent accueil à l'auberge tenue par un marinier qui s'est brisé la jambe dans une manœuvre et n'a pu se résigner à perdre de vue la chère rivière sur laquelle le travail lui est désormais interdit. De sa maison du bord de l'eau il voit passer sans cesse les convois, s'emplir et se vider l'écluse ; les camarades d'autrefois viennent prendre le café ou boire leur chopine chez lui, et il peut se croire encore sur la péniche qu'il conduisait naguère.

Je vais bientôt me coucher, car le départ est fixé à 4 heures, on doit frapper à ma porte à 3 heures et demie. Le passage des trains me réveille avant le jour ; j'allume la bougie et vois que le moment du départ est venu, pourtant on ne m'a pas appelé. Rapidement je m'habille pour courir au port ; un brouillard épais enveloppe la campagne et le fleuve, on ne peut distinguer l'autre rive. Nous voici bloqués ! Il faut attendre l'éclaircie ; sur cette partie de la Seine, où les bateaux se pressent, la moindre tentative de marche pourrait amener une catastrophe.

Pourtant le *Saint-Mammès* entre dans l'écluse avec tout son convoi, la porte d'amont se ferme, le plan d'eau s'abaisse, ainsi emprisonnée la flotte attendra que le brouillard se dissipe. En aval, on distingue confusément des masses étranges et sombres, c'est un toueur suivi de son convoi attendant notre évasion pour nous remplacer.

Peu à peu la lumière se fait, le barrage dont le murmure nous berçait montre ses eaux blanchissantes. A 6 heures et demie, il fait assez clair pour que le patron donne l'ordre du départ. La porte est ouverte, nous voici lancés sur le bief de Corbeil, un des plus longs — près de 10 kilomètres de barrage à barrage. La Seine est rétrécie, aussi le courant est-il rapide, il y a des vagues. Sur la rive droite, la campagne s'élève en pente à peine sensible; à gauche, ce sont des berges hautes et rocheuses, où le calcaire surgit parfois en falaises érodées, creusées, envahies par la verdure. C'est une étroite arête séparant la Seine de la vallée travailleuse où coule l'Essonne.

Le paysage prend bientôt un caractère franchement industriel : voici un port énorme rempli de bateaux de tous types ; de nombreux vapeurs, remorqueurs ou porteurs se montrent entre les rangs serrés des péniches qui dressent leurs mâts, ornés de la courte flamme rouge et bleu du syndicat des bateliers, en une forêt donnant l'illusion d'un port maritime ; il y a plus de cinquante de ces bateaux, répartis de chaque côté de la rivière ; les berges constituent d'immenses chantiers où s'empilent les bois destinés à la papeterie d'Essonnes, car c'est elle qui amène ce mouvement. Elle fait venir environ 500 bateaux par an, dont 250 remplis de charbon. Pour charger ou décharger, quatre grandes grues à vapeur roulant sur rails sont en action ; elles aident à vider rapidement les chalands et à verser leur contenu dans les wagons que des locomotives conduiront à l'usine. Un tunnel creusé sous le coteau met celle-ci à proximité. Ce port des Bas-Vignons est le seul de la Seine qui puisse rappeler les ports fluviaux de l'Allemagne[1].

Le mouvement est donc énorme, mais le trafic se fait surtout à l'entrée ; il est infime, pour ne pas dire nul, à la sortie : les Bas-Vignons ont

---

1. Sur les ports fluviaux de l'Allemagne, voyez l'*Europe centrale et ses réseaux d'État*, par ARDOUIN-DUMAZET. Un volume, Paris, librairie Berger-Levrault et Cie.

chargé seulement 1 107 tonnes en 1900 et en ont déchargé 271 204. C'est, de beaucoup, le mouvement le plus considérable de toute la Seine fluviale, en dehors des ports de Paris, bien entendu ; cette activité est le fait de la papeterie d'Essonnes et de ses industries annexes, la houille en est la part principale : en 1900, le canal de Lens, à lui seul, a acheminé 75 846 tonnes sur les Bas-Vignons; celui de la Deule, 58 575; l'Escaut près de 10 000. En tout, 147 002 tonnes de charbon. En 1904, ces chiffres étaient bien accrus : l'entrée atteignait 267 925 tonnes et la sortie 124 621.

Sur la rive droite, de vastes sablières creusées dans la plaine de Saintry sont pour la Seine un autre élément de trafic. La terre qui couvre la couche sablonneuse a été rejetée en cavalier; un chenal creusé par des dragues permet aux chalands de pénétrer dans le bassin que ces mêmes dragues approfondissent sans cesse. Jusqu'à Paris on trouve ces exploitations, représentant de puissants capitaux et qui ont peine à alimenter les chantiers de construction de l'énorme ville.

Les coteaux de Saintry sont tapissés par un vignoble soigneusement tenu, faisant face à Corbeil, dont les hautes cheminées et les grandes usines ont quelque peu détruit le caractère pittoresque d'autrefois.

Nous passons à travers la ville sans nous arrêter, aucun de nos bateaux n'a la moindre marchandise pour cette travailleuse cité dont le port est cependant très actif. Corbeil semble bouder son fleuve; sauf par son quartier de la rive droite, tranquille faubourg, elle n'a pas de façade sur le rivage. Mais le pont est d'une réelle élégance, la grande arche centrale surtout, avec sa clé de voûte écussonnée.

Aussitôt le pont franchi, on découvre un paysage franchement industriel : d'énormes manufactures bordent le fleuve, ce sont les fameux « grands moulins de Corbeil », avoisinés par une sorte de donjon féodal qui n'est autre qu'un élévateur à grains. Des câbles vont de cette similiforteresse à un ponton pour servir au levage des sacs de blé destinés à être transformés en farine. En face, des terrasses très ombreuses et fleuries bordent la Seine.

Encore des usines. L'une d'elles fut une filature, elle est devenue une annexe de la papeterie d'Essonnes et borde tout le port de cette commune; le mouvement est modeste, 8 000 tonnes à peine, alors que Corbeil, grâce à son moulin et aux houilles nécessitées par ses industries, reçut 130 072 tonnes et en expédia 77 034 en 1904. Le charbon entre pour un quart environ dans ce trafic. Le groupe industriel de Corbeil-Essonnes, avec son port des Bas-Vignons, représente donc un mouvement de près de 600 000 tonnes par la voie navigable. Bien des rivières réputées animées n'ont pas une activité comparable. C'est un trafic supérieur à celui du Rhône entre Lyon et Arles.

VI

FONTAINEBLEAU

Comment naquit Fontainebleau. — Rendez-vous de chasse. — Aspect de la ville. — Le château. — Rapide visite. — La cour des Adieux. — La cour de la Fontaine. — La cour Ovale. — Les galeries. — Le parc et les jardins. — Les eaux. — La treille du Roi. — Les monuments de Fontainebleau. — Avon, son église. — Les maraîchers.

Fontainebleau, Avril.

Comme Versailles, Fontainebleau doit l'existence à son château. Si la première de ces villes était au sein de marais dont Saint-Simon a fait un tableau si fâcheux, la seconde se forma dès le Moyen Age, au milieu de bois alors très sauvages, entrecoupés de clairières rocheuses ou sablonneuses, retraite des reptiles et des fauves. La présence des souverains pouvait seule faire vivre une cité en un tel site. La royauté n'est plus, mais la ville a survécu; on vient chercher à Fontainebleau les souvenirs du passé, des merveilles d'art et les paysages forestiers qui doivent surtout leur réputation au voisinage de Paris.

Le tracé des grandes routes d'Orléans, de Sens et de Lyon, se séparant à la sortie de la ville, avait d'ailleurs donné quelque importance à la bourgade royale en en faisant un lieu de relais très fréquenté. Cet avantage est maintenant médiocre, les routes ayant été abandonnées

par suite de la création des chemins de fer. Fontainebleau y a perdu l'arrêt des voyageurs, les lignes ferrées qui la desservent sur chaque rive de la Seine sont parcourues par des trains rapides qui dédaignent la jolie ville, même une partie des express filent sans s'arrêter. Fontainebleau est surtout desservie par les convois de banlieue qui en font un faubourg de Paris.

Le désir de ne pas toucher au parc a fait établir le tracé loin de la ville, une chaussée d'une demi-lieue sépare celle-ci de la gare. Jusqu'à ces dernières années, des omnibus et des voitures de place amenaient les visiteurs au château, maintenant un tramway électrique, venant de Valvins aux bords de la Seine, conduit jusqu'au château. Il suit un des bas côtés de la superbe avenue ombreuse, bordée de villas, avant de parcourir la grande rue, large, coquette et proprette, où toute la vie urbaine semble se confiner. En dehors de cette voie, il n'y a que des artères silencieuses peuplées de gens tranquilles ayant adopté Fontainebleau pour son calme et le voisinage de la forêt. L'été, cette population s'accroît beaucoup; comme Versailles, la ville est devenue un centre de villégiature.

Elle n'a pas l'aspect majestueux de l'autre cité royale, mais par sa rue maîtresse elle est plus pimpante. Aucun des souverains qui se plurent dans cette clairière de la grande sylve : François I*er*, Henri IV ou Napoléon, n'a tenté de faire de la ville une partie du décor; elle ne fut pas dotée de larges voies ombragées et de monuments; en somme, elle se fit seule, selon les nécessités du moment, et c'est merveille qu'elle soit aussi avenante et gaie.

Elle vit uniquement, il est vrai, de la villégiature et du tourisme, l'industrie y est nulle, la banlieue n'est que forêt, sauf autour d'Avon où la fraîcheur du sol et l'abondance des eaux ont permis de créer de riches jardins maraîchers. Il n'y a donc pas ici le commerce habituel des petites villes avec les campagnes, Paris est trop près, Melun et Montereau, mieux desservies par les chemins de fer, attirent davantage les paysans. La forêt elle-même n'a pas fait naître de scieries ou de fabriques, l'essence dominante, le chêne, a moins d'importance à ce point de vue que le sapin, dont le rôle économique est si considérable dans les Vosges, le Jura et les Alpes.

Fontainebleau doit donc tout à son palais et à sa forêt. Ils lui valent une foule sans cesse renouvelée où l'élément étranger est, sinon prépondérant, du moins nombreux. Les Anglais viennent y chercher le souvenir de leur grand ennemi, Napoléon, devenu pour eux l'objet d'un culte national. La chute de l'Empereur se déroula ici. Cet événement capital dans l'histoire des temps modernes a relégué dans la pénombre les autres faits notables dont Fontainebleau fut le théâtre. Auprès de l'abdication de l'homme extraordinaire, ces événements sont de médiocre importance, il est vrai.

Il ne faut pas chercher à Fontainebleau la majesté du château de Versailles, son palais le cède en splendeur architecturale à Chambord et à Blois. Tel qu'on l'aperçoit de la ville, l'édifice est d'un aspect sévère, dû à la teinte grise des matériaux dans beaucoup de parties, murailles sombres aux ouvertures encadrées de briques rouges. Le plan manque d'unité, chaque époque a accru les constructions sans trop s'occuper de la physionomie générale. Rien ne prépare à la surprise que fait éprouver la partie élevée par François Ier et Henri II, souverains mieux servis par les artistes de leur temps que ne le fut Henri IV, qui s'attacha cependant avec tant de passion à développer le château et embellir le parc.

La cour des Adieux, qui se présente la première, appelée cour du Cheval-Blanc jusqu'au moment où elle fut le théâtre de l'émouvante séparation entre Napoléon et ses soldats à la veille du départ pour l'île d'Elbe, est flanquée de longues bâtisses ternes contrastant avec la richesse de décoration du pavillon central, auquel donne accès l'escalier à double évolution, si longtemps célèbre par les difficultés de construction que surmonta avec bonheur l'architecte Lemercier. Plus majestueuse est la cour de la Fontaine, ouvrant sur l'étang où se réunissent les eaux vives qui attirèrent les souverains dans cette partie de forêt dont la fraîcheur contraste avec l'absolue aridité du reste des bois. C'est le rendez-vous favori d'une partie des visiteurs; ils viennent par tradition jeter du pain aux carpes légendaires.

Les bâtiments les plus remarquables par leur architecture entourent la cour Ovale qui dessine le plan du palais primitif, ou plutôt du palais de François Ier. Ce prince ayant enrobé sous les belles lignes de ses constructions le donjon féodal de Louis VII, à peine devine-t-on quelques traces de l'édifice antérieur à la Renaissance. Les logis des premiers souverains, notamment les appartements de saint Louis et la chapelle ont été si profondément modifiés par les artistes du roi-chevalier, que l'œil exercé des archéologues peut seul les identifier. La façade sur la cour Ovale est la plus monumentale. Après la banalité de la cour des Adieux, on éprouve une heureuse surprise devant cette architecture grandiose. Les bâtiments, ornés de deux rangs d'arcades, sont reliés par une terrasse dans laquelle s'ouvre la porte Dauphine, appelée aussi le Baptistère, parce que Louis XIII fut baptisé sous ce dôme aux lignes sévères, un des types les plus purs de ce que l'on pourrait appeler le style

Henri IV et dont on trouve d'autres spécimens accomplis à l'hôtel de ville de Lyon et au château de Vizille.

A l'intérieur, Fontainebleau est un des plus intéressants de nos palais historiques, non seulement par les événements qui s'y sont déroulés, mais encore par la splendeur de la décoration et les objets mobiliers. Les souvenirs de Napoléon dominent, ils retiendraient plus que tout le reste le flot des visiteurs, si l'on ne devait suivre en troupeau le guide débitant sa leçon d'une voix monotone. Dans le « salon rouge », un guéridon fort simple surprendrait par sa mesquinerie en un tel cadre, s'il n'avait servi à l'Empereur pour signer l'acte par lequel il renonçait au trône.

Il serait fastidieux d'énumérer toutes les salles du palais, simples appartements ou galeries d'apparat comme celle de François Ier et surtout celle de Henri II, une des œuvres les plus parfaites et les plus splendides qui nous soient restées de cette période éclatante de l'art. Partout les sculptures, les tableaux, les meubles retiennent le regard, mais on jouit assez peu de ces merveilles : implacable, le guide mène sa théorie de visiteurs, exigeant la même allure de la part de l'artiste et de l'homme de goût que de celle du vulgaire badaud.

Les jardins et le parc ne sont pas soumis à cette discipline de marche accélérée, on peut errer et reposer sans crainte au bord de ces eaux étincelantes, dans ces parterres fleuris, sous les ombrages solennels des majestueuses allées. Ces promenades furent inconnues de François Ier, de Henri II et de Henri IV, les grands créateurs de Fontainebleau. Louis XIV fit détruire les parterres où s'étaient plu ses prédécesseurs pour les remplacer par la disposition géométrique de Le Nôtre. Le grand architecte des jardins a d'ailleurs tiré un admirable parti du terrain et des pièces d'eau; le parterre qu'il dessina est d'un effet imposant.

D'autres parties du domaine ont subi des métamorphoses, l'une d'elles est devenue un jardin anglais établi sur l'ordre de Napoléon, cédant aux goûts de son temps. Là jaillissait la fontaine Bleau qui aurait donné son nom à la ville; elle disparut dès le temps de Henri IV par suite des travaux de ce roi. Un élégant pavillon émerge au milieu de l'étang des Carpes, qui borde cette charmante promenade. Le jardin de Diane complète les massifs de verdure dont le palais est immédiatement entouré.

Le parc est peu varié, une longue ligne d'eau, le canal qui s'étend sur 1 200 mètres, est le seul reste des nappes dont Henri IV avait orné son domaine. De chaque côté s'étendent des pelouses traversées par des avenues bordées d'arbres et parsemées de bosquets. Sur la rive nord, une des plus merveilleuses allées que l'on puisse voir conduit jusqu'aux limites du parc. Les ormes, qui font une impénétrable voûte de verdure, sont plus de deux fois centenaires : ils furent plantés par Le Nôtre.

Si le parterre a l'étang des Carpes comme attraction pour le public, le parc possède la treille de chasselas. Le mur qui le sépare de la ville sur une longueur de 1 400 mètres est palissé de vignes, c'est la fameuse *treille du Roi*. Là commença la culture du raisin en espalier qui a fait la fortune de Thomery. La légende veut que les premiers plants aient été tirés de Cahors par François Ier; elle est fort sujette à caution.

Le chasselas de la treille du Roi jouit d'une grande réputation, tant à cause de son origine que pour sa qualité. Les grappes, chaque année vendues aux enchères, atteignent des prix élevés. La production varie de 2 000 à 3 000 kilogrammes ; elle atteignit 4 000.

A côté de son palais et des jardins, la ville

offre peu d'attractions aux visiteurs, ses monuments sont élégants mais de modeste intérêt. L'hôtel de ville décore aimablement la grande rue ; le carrefour appelé place Denecourt, par lequel on accède dans le jardin de Diane, est orné d'un monument élevé à Rosa Bonheur, dont la brillante et laborieuse carrière s'écoula près de la ville, dans sa retraite de By. Le médaillon de cette femme de génie est sur une des faces du piédestal, les autres sont couvertes de bas-reliefs reproduisant dans le bronze quelques-unes des œuvres les plus célèbres du grand peintre animalier. Une statue de taureau, d'après ce maître, se dresse au-dessus de l'édicule.

Fontainebleau a élevé un monument à l'infortuné président Sadi Carnot, qui avait choisi le palais pour résidence d'été. Devant la sous-préfecture, sur une colonne servant de fontaine, est le buste de l'illustre peintre Decamps, qui se tua pendant une course à cheval dans la forêt. Enfin la statue, d'ailleurs médiocre, du général Damesme, fils de Fontainebleau et victime des journées de Juin, a été érigée sur la place centrale.

A l'extrémité du parc, la petite vallée où coule le ru sorti des bassins est franchie par le beau viaduc courbe qui porte le chemin de fer de Lyon. Du haut de cet ouvrage, le voyageur ne devine pas Fontainebleau; à peine, s'il est prévenu, peut-il distinguer furtivement un peu du miroir éclatant du grand canal. Un bourg assez étendu emplit à moitié le val, c'est Avon, dont le nom est ajouté à celui de la gare; celle-ci étant sur le territoire d'Avon. Avant d'atteindre la Seine, le ru longe encore le grand hameau de Changis dépendant de la même commune.

Grâce aux eaux de Fontainebleau et à l'humus lentement accumulé dans le vallon, Avon et Changis ont des terres fraîches, meubles et fertiles que l'industrie des habitants a transformées en riches jardins maraîchers et en pépinières. Il y a là des exploitations fort importantes dont les produits sont en grande partie dirigés sur Paris.

En somme, Avon est un faubourg de Fontainebleau, recevant un grand nombre des Parisiens qui viennent passer les mois d'été à proximité de la forêt. Il n'a d'intérêt que par sa situation à l'entrée du parc, mais l'église mérite une visite. Elle existait déjà alors que Fontainebleau n'était pas né. C'est un édifice roman de modestes dimensions, où l'on remarque de nombreuses pierres tombales, notamment celle de Monaldeschi, l'écuyer de Christine de Suède, que cette reine, hôte du palais de Fontainebleau, fit assassiner avec des raffinements de cruauté. Un porche assez bizarre, ne rappelant aucun style connu, protège l'entrée ; sous cet abri sont les sépultures de Bezout, le mathématicien auquel Nemours a élevé une statue, et de Daubenton, le naturaliste collaborateur de Buffon.

Le village touche aux bâtiments où l'on a installé l'École d'application de l'artillerie et du génie, institution à laquelle Fontainebleau doit encore de l'animation lorsque la saison des excursions a pris fin. Les dépendances de l'école s'étendent jusqu'à la ville, où sont les logements du général, des officiers-professeurs et des élèves.

VII

L'ÉCOLE D'APPLICATION DE L'ARTILLERIE ET DU GÉNIE

Origines de l'École d'application. — L'École à Metz. — Les premières années de Fontainebleau. — Avant la réforme. — Un couvent militaire. — Les cours. — Le manège. — Passion du cheval. — Sapeurs et artilleurs. — Les Héronnières et le quartier Henri IV. — Après la réforme. — Section technique. — Décadence de l'équitation. — Les peintures du champ de manœuvres.

Fontainebleau. Avril.

A dix ans d'intervalle je reviens visiter l'École de Fontainebleau. Quand j'y fus reçu pour la première fois, cette grande institution n'était qu'un prolongement de Polytechnique, où l'on formait des lieutenants pour l'artillerie et le génie. Maintenant les études sont de durée moins longue, les élèves ont déjà passé par le régiment. Durant une année ils ont vécu, à côté du soldat, de la vie des officiers; bientôt avec le service de deux ans ils auront fait une année comme simples soldats avant de devenir élèves-officiers.

La première méthode avait duré cent dix ans.

En effet, le 11 mai 1795, ou mieux le 22 floréal an III de la République française, la *Gazette nationale* ou *Moniteur universel* promulguait le décret par lequel la Convention créait à Châlons une école d'application d'artillerie.

Cette année-là, et la suivante, on ne cherchait pas à préparer de très hautes études. L'École polytechnique n'existait pas encore sous ce nom; on voulait simplement donner aux sous-officiers d'élite le moyen de se perfectionner dans la conduite des batteries. En somme, cette première école était semblable à l'école actuelle de Versailles. Au mois de septembre suivant, l'École polytechnique ouvrait ses cours ; deux années plus tard, elle remplaçait par cent de ses élèves la fournée habituelle de sous-officiers à l'École de Châlons. L'École d'application était définitivement fondée. Elle n'a guère varié dans son organisation ; comme tant d'autres œuvres de la Révolution, elle eut la bonne fortune de survivre aux transformations amenées par cent années de secousses politiques et guerrières.

Dès l'organisation, il fut décidé que les élèves-officiers sortis de l'École polytechnique « ne pourraient être reçus lieutenants en second dans l'artillerie qu'au concours et d'après les certificats de leurs chefs, qui constateront leurs qualités morales et physiques, ainsi que leur civisme ». Le chef de brigade Vincent fut placé à la tête de l'École de Châlons. Il était assisté par le chef de bataillon Andréossy, les capitaines Bigot et Hulot, l'examinateur Laplace, le professeur de physique et chimie Labbé, les professeurs de mathématiques Alais et Maussurat-Longpré, les professeurs de fortifications Rousseau et Baillet.

A peine le décret du 22 floréal an III était-il promulgué que les cours fonctionnaient déjà avec une régularité et une clarté dont on ne peut s'empêcher d'être surpris. Pendant sept ans l'École de Châlons fournit aux armées de la République les officiers d'artillerie dont elles avaient besoin. Mais le 12 vendémiaire an XI (14 octobre 1802) les consuls — ou plutôt le général Bonaparte, premier consul — décidèrent la fusion de l'École d'application de l'artillerie avec l'École d'application du génie. Celle-ci, créée à Mézières en 1748, avait été dissoute en 1792 et reconstituée en 1794 à Metz. La réunion des deux académies d'armes savantes eut donc lieu dans la noble cité lorraine. Napoléon s'intéressa beaucoup à cette institution; il lui donna pour commandant le général La Martinière.

Jusqu'en 1870, Metz resta le séjour de l'École d'application; après la guerre, Fontainebleau fut

choisi pour reprendre les traditions de Châlons
et de Metz.

L'École d'application de Metz a laissé une
légende, moins par les brillants officiers sortis
de ses murs que par l'existence assez gaie qu'on
y menait. La population messine fut de tout
temps guerrière; elle adorait son école; les
jeunes officiers, aux jours de folie bruyante, y
trouvaient indulgence et complicité. Les échappés de Polytechnique pouvaient y jeter leur
gourme. A Fontainebleau, rien de semblable,
la calme et bourgeoise population de l'aimable
ville ne se prêterait pas volontiers à l'exubérante
gaieté de ces grands étudiants militaires. D'ailleurs, la disposition des locaux de l'école, peu
propice à la camaraderie, et le voisinage de
Paris ont donné à Fontainebleau un caractère
bien particulier. Autant Saumur est vivant,
fébrile même(¹), autant la cité sylvaine s'est
peu fondue avec l'École d'application. Sauf aux
heures où ceux des élèves qui n'ont pas de logements officiels se répandent par les rues pour
aller dans les pensions et gagner les appartements où le sous-lieutenant fait l'apprentissage

---

1. Sur l'École de Saumur, voyez le chapitre XVIII de la
16ᵉ série.

de la vie, on ne voit guère d'artilleurs ni de sapeurs de l'école à travers Fontainebleau.

Même avec le nouveau régime, les choses n'ont pas beaucoup changé ; d'ailleurs, celui-ci n'a pas encore une année d'existence et ne peut avoir produit de transformation.

Il n'est peut-être pas sans intérêt de comparer l'école d'hier et celle d'aujourd'hui. Je retrouve une de mes *vies militaires* du *Temps* dans laquelle je disais mes impressions sur celle-là, les voici ; elles me permettront de mieux faire comprendre ce que sont les changements récemment survenus :

« Les élèves sont encore traités en lycéens. Alors que le saint-cyrien, promu sous-lieutenant, devient aussitôt indépendant, loge en ville, rentre et sort à sa guise, le polytechnicien reste un écolier. Il a quitté les salles d'étude de la Montagne-Sainte-Geneviève pour d'autres salles d'étude, les dortoirs pour une chambre de cénobite dans un bâtiment de sévère et monacal aspect. Il est vrai que l'équitation, la conduite des batteries, la construction des travaux de campagne et les tirs le conduisent au grand air. C'est la seule compensation à ces deux années de rude labeur où l'officier n'a encore de son grade que l'uniforme et la solde.

« En somme, l'élève de l'École d'application est un simple conscrit. Polytechnique l'a bourré de chiffres et de formules mathématiques, mais ne l'a point transformé en soldat. En arrivant à Fontainebleau, il a tout à apprendre, depuis le pas cadencé jusqu'au tir. Il devra être successivement fantassin, servant, conducteur, écuyer, pointeur. Il sera soumis à une discipline sévère comme au régiment. Tout cela, on le devine à la première visite à Fontainebleau. Le saint-cyrien, fantassin ou cavalier, arrivant au corps, est déjà dégrossi ; il a conscience de sa part d'autorité, son allure est assurée. Rien de semblable chez l'artilleur et le sapeur de première année : ce sont de grands collégiens. La vie active de Fontainebleau ne tarde pas, il est vrai, à leur donner un peu d'assurance. A l'arrivée au corps, les bleus et les « ceusses qui sont de la classe » verront réellement en eux le « lieutenant ».

« Rien dans l'aspect du bâtiment principal de l'école ne fait naître l'idée d'un aussi dur apprentissage. Ce sont les Héronnières, partie du domaine du château jadis affecté aux chasses. Elles s'élèvent dans un des beaux sites du parc, non loin du Parterre et du Grand-Canal, au milieu de grands arbres et de belles pelouses. Les bâtiments encadrent une vaste cour remplie de fleurs et d'arbustes. On se croirait dans une institution religieuse pour jeunes filles sans les silhouettes d'officiers aperçues à travers la grille.

« Si l'on pénètre dans l'école, cet aspect change. Çà et là, contre les murs des édifices de service, des canons, des affûts, des projectiles. Dans les bâtiments principaux, des amphithéâtres semblables à tous les amphithéâtres, des salles d'étude comme toutes les salles d'étude, des tableaux noirs encore couverts d'épures, de dessins de canons ou de machines, de tracés de redoutes, de tranchées, de casemates. Chaque étage abrite une promotion. De midi à quatre heures et demie, les professeurs se succèdent en chaire pour faire naître dans ces jeunes esprits la vocation qui fera de quelques-uns des Reffye, des de Bange ou des Séré de Rivière. La plus grande partie préférera à ces gloires sévères le commandement des batteries, plus grisant que les veilles du laboratoire ; aussi, les exercices du terrain de manœuvres dans la cour des Héronnières ont-ils autrement de succès que les leçons les plus savantes.

« Davantage encore cependant sont courues les leçons du manège. On a souvent plaisanté les marins pour leur rage d'équitation. Chez eux c'est une manie, — en somme, inoffensive ; mais les artilleurs y mettent une passion véritable. Tous les triomphes du polygone ne valent pas à leurs yeux une belle reprise de manège, la gloire d'arriver premier dans un *rallye-paper* ou l'honneur de figurer dans un quadrille de carrousel. A Saumur, où les artilleurs forment un groupe spécial d'apprentis instructeurs, on plaisante un peu cette fureur du cheval ; au fond, il y a un brin de jalousie envers ces polytechniciens capables de lutter avec des cavaliers nourris dès l'enfance dans la science du baron d'Aure. Il ne faut pas railler cette passion, elle est pour beaucoup dans l'entraînement de nos batteries ; sans elles, on ne verrait pas les promesses des batteries à cheval suivant les escadrons de cuirassiers, de dragons et de légère dans leurs *raids* les plus audacieux.

« La partie de l'École d'application où se forment les cavaliers est au delà des Héronnières, dans un autre coin de parc : c'est le carrousel. Aux vieilles écuries on a ajouté des manèges vastes et clairs où les reprises ne sont pas moins sérieuses et suivies qu'à Saumur. Derrière le carrousel, en pleine forêt, sont les « carrières », où se poursuit l'enseignement de l'équitation. La forêt elle-même, avec son polygone et ses belles allées propices aux longues chevauchées, complète l'instruction équestre de l'officier et le met en état d'enseigner à son tour aux recrues du régiment où il sera versé.

« Voilà donc le polytechnicien d'hier, rival de ses camarades de Saumur ; mais ce n'est pas uniquement pour tenir sa place dans un *steeple-chase* militaire qu'il est venu à Fontainebleau, il lui faut aussi devenir un artilleur. Je ne parle pas du génie ; le futur sapeur apporte moins de passion à l'équitation, science peu utile pour lancer des ponts ou définir le système polygonal. Les deux « années » réunies à Fontainebleau n'ont guère de commun dans les exercices que la marche, l'école du soldat, le maniement des armes, le tir à la cible, toutes choses de première importance pour des instructeurs. Mais l'artilleur doit encore apprendre le métier de canonnier à pied, savoir à fond « servir » une pièce, la mettre en batterie, la pointer. Il faut connaître l'art de placer les pièces de montagne sur les mulets de bât, décharger ceux-ci, installer le canon sur son affût, gravir des escarpements. Sans valoir les Alpes, ni même les Cévennes, la forêt, avec ses rochers bizarres de grès et ses ravins énormes, est une assez bonne école. En somme, pour toute cette partie de l'instruction, le sous-lieutenant d'artillerie est un soldat transformé à tour de rôle en moniteur pour démontrer sa connaissance du règlement et de la théorie.

« Il faut encore pouvoir construire une batterie de siège, manier ses énormes pièces, les pointer, les tirer. L'officier d'artillerie doit être aussi un topographe, et de nombreuses séances ont pour but de lui apprendre le levé du terrain. Même, chaque année, sapeurs et bombardiers vont dans l'Est poursuivre leurs études d'arpenteurs et étudier sur place la construction des forts et les principes des camps retranchés. Ce n'est pas la partie la moins importante des études, l'attaque et la défense des places incombant surtout aux deux savantes armes.

« Pour le visiteur, la partie la plus intéressante de l'école est certainement le polygone, machiné comme un théâtre afin de donner aux pointeurs l'illusion — oh! bien vague — de la réalité. On y figure une charge de cavalerie par le développement d'un rouleau de toile blanche; des panneaux, des mannequins, du vieux matériel représentent des lignes d'infanterie, des tirailleurs, des batteries, cela se mouvant parfois au moyen de trucs fort ingénieux; sur ces buts mobiles les pointeurs apprennent vite à diriger le tir.

« Même le polygone représente parfois la mer! Cette large trouée à travers la forêt est pour un jour baptisée océan, une sorte de grande machine montée sur roues simule la flotte ennemie ; avec de la bonne volonté — beaucoup — l'illusion est complète. Les artilleurs doivent chercher à percer le vague cuirassé ainsi désigné à leurs coups. Il y a des procédés fort curieux pour aller frapper un navire en pleine coque en pointant sur l'avant.

« On comprendra qu'il faille deux ans pour faire un officier d'artillerie quand, à ces longs exercices pratiques, on aura joint les études sur la balistique, la construction du matériel, les explosifs et bien d'autres choses encore. Le mot d'arme savante est donc justement appliqué à l'artillerie.

« Le grand inconvénient de Fontainebleau, c'est la trop grande dissémination de l'école. Les élèves de première année sont casernés au quartier Henri IV, les cours et les exercices à pied ont lieu aux Héronnières, le manège est au carrousel, le champ de manœuvre de cavalerie dans la forêt, le polygone fort loin : tout cela fait perdre beaucoup de temps en allées et venues. On s'est habitué cependant à ces imperfections, et la vie de l'école y a peut-être gagné en pittoresque, les différentes divisions finiront même par prendre un caractère hiératique qui serait fort regretté si jamais on s'avisait de grouper ensemble tous les services.

« Les élèves de première année sont logés au château dans le quartier Henri IV. Quelques-uns sont seuls, la plupart ont un *binôme*, c'est-à-dire un camarade choisi parmi ceux avec lesquels on avait, à l'École polytechnique, les meilleures relations. Aucune catégorie ne préside au choix; le sapeur du génie peut avoir un artilleur pour *binôme*, même l'artillerie de marine, les *bigors* — sans doute de *bigorneau* — se mêle à l'artillerie de terre. A ces rapports de logis se borne la fusion; dans l'ordre de l'école on forme de chaque catégorie, sapeurs, *bigors* ou artilleurs, des brigades de vingt élèves placés sous les ordres d'un capitaine instructeur.

« En deuxième année, la liberté est plus grande. L'État, toujours généreux, manquant d'ailleurs de logement, laisse les élèves s'installer en ville à leurs frais. On se groupe pour louer une maison avec jardin, si l'on ne veut pas du banal garni, et l'on a dès lors une ombre d'indépendance; on prend pension en ville au lieu d'être astreint aux tables encore lycéennes du mess où, deux fois par jour, la première année se réunit pour les repas. Le soir, on a le café Henri IV, rendez-vous des deux promotions, établissement bien plus calme que ne le ferait croire la présence de tant de jeunes officiers.

« L'existence à l'École d'application est donc fort remplie ; de toutes nos grandes écoles militaires celle-ci est la seule où l'on ne rencontre pas de traditions bruyantes. La guerre de 1870 en nous faisant perdre Metz a rompu le lien avec l'artillerie d'autrefois. On travaille sérieusement à Fontainebleau, vers la fin du séjour surtout, aux approches de l'examen pour le classement de sortie qui a une influence considérable sur la carrière des officiers, sans compter les facilités de choisir sa garnison. Les premiers numéros peuvent aller à Versailles ou à Vincennes, tandis que les moins favorisés devront se contenter de Castres ou de Vannes.

« Après les examens, la vie de l'école prend fin, du moins pour les élèves de deuxième année qui vont bientôt rejoindre leur régiment ; elle est close par un grand carrousel, — comme pour bien affirmer le titre ambitionné de cavalier. »

Telle était donc l'École d'application de Fontainebleau il y a deux ans encore. J'ai voulu la revoir dans la voie nouvelle qu'elle suit désormais, qu'elle continuera à suivre si les résultats répondent aux espérances. Je dis *si*, car les avis sont bien partagés à ce sujet et nombre d'officiers n'ont pas encore d'opinion sur l'avenir de la réforme.

Celle-ci a pour base la suppression d'une année d'études. Au lieu de venir apprendre à Fontainebleau l'art d'instruire les recrues et d'y faire leur apprentissage de la vie militaire, ils vont d'abord passer une année dans les régiments d'artillerie et du génie où ils se familiarisent avec l'existence du régiment. Comme il n'y a qu'une année d'école, on a pu loger tous les officiers, mais on leur donne plus de liberté ; il serait singulier de faire des lycéens avec des sous-lieutenants qui ont déjà vécu de la vie de garnison.

Les études, naturellement plus condensées, ont un caractère plus pratique, mais, comme on doit aller vite, on ne saurait arriver à une préparation suffisante pour faire des ingénieurs militaires complets, capables d'édifier une forteresse ou d'usiner un canon. On y a remédié par la création d'une section spéciale dite section technique, à laquelle sont appelés des officiers déjà anciens : *vieux* lieutenants ayant sept ans de grade, *jeunes* capitaines de deux ans possédant des dispositions spéciales. Ces officiers reçoivent une instruction professionnelle étendue. L'ancien hangar aux manœuvres a été transformé en atelier, une vingtaine de machines-outils mises en mouvement par une machine à vapeur sont à la disposition des futurs ingénieurs. Après six mois de leçons théoriques et pratiques, les officiers sont envoyés dans les usines qui fabriquent le matériel pour l'armée. Jusqu'ici l'artillerie seule possède cette organisation ; bientôt le génie, lui aussi, aura sa section technique.

Cela n'est qu'un essai. Dans l'esprit des réformateurs, l'idéal serait de constituer une sorte d'école de hautes études mécaniques où l'on appellerait de bonne heure les jeunes officiers bien doués. Ce serait là qu'on puiserait pour le corps spécial d'ingénieurs militaires dont la création a été proposée si souvent.

L'équitation a perdu aussi de son importance. Le cours spécial qui faisait double emploi avec Saumur n'est plus, on a conservé seulement le cours préparatoire pour les vingt-cinq ou trente officiers envoyés chaque année à Saumur afin de devenir instructeurs pour le service à cheval. Cela ne s'est pas fait sans éveiller des tristesses, il y avait plus d'un écuyer parmi ces jeunes gens et le plaisir de sauter élégamment des obstacles devant un public mondain entrait pour beaucoup dans la satisfaction d'appartenir à l'École de Fontainebleau.

Sauf ces changements, je retrouve l'école telle que jadis. J'ai de nouveau parcouru le musée, curieuse collection de machines et d'engins, d'armes portatives, de canons, de caissons, d'affûts et de fourgons. Parmi les objets réunis est une machine construite par Conté à l'âge de quatorze ans. Une sorte de musée spécial est consacré à la fortification, à l'attaque et à la défense des places; la part la plus large est faite aux systèmes de Cormontaigne et de Montalembert.

Une partie amusante de l'école est le champ de manœuvres, en partie entouré par des paysages brossés à grands traits : campagnes très variées avec leurs collines, leurs champs, leurs bois, leurs rivières, des villages, sur lesquels les artilleurs pointent leurs pièces avec conviction. Une « marine », la plus grande peut-être qui existe, figure la rade de Toulon; un cuirassé y flotte, offrant lui aussi un but aux pointeurs!

VIII

LA FORÊT DE FONTAINEBLEAU

La forêt. — Sa transformation à l'époque moderne. — Les déserts conquis par le pin sylvestre. — Les reboisements. — Les futaies. — Le chêne-Roi. — Le chêne rouvre, sa part dans le peuplement. — Le hêtre. — Le bouleau. — Les premiers semis de pins par le naturaliste Lemonnier. — M. de Bois d'Hyver. — La formation des chaînes de rochers due à l'érosion. — Monts, rochers, platières, vallées, gorges. — La faune. — Le gibier. — Chasse de la vipère. — Les carrières autrefois. — « Pif, paf, pouf ». — Les bûcherons. — Les désastres atmosphériques. — Le revenu de la forêt. — Les incendies. — Les voies de communication. — Les Sylvains Denecourt et Collinet.

Fontainebleau. Mars.

Plus que le château, la forêt attire les visiteurs à Fontainebleau. Elle le doit à la variété et aussi à l'étrangeté de ses paysages. Les rochers de grès, qui affectent sur tant de points autour de Paris des formes capricieuses et offrent de si belles chaînes et des entassements si colossaux, n'ont nulle part autant de grandeur d'aspect que dans l'antique forêt de Bière, qui a changé son nom contre celui de la ville. Aussi la forêt fut-elle célèbre de bonne heure ; si Arthur Young la signale seulement pour ses chasses giboyeuses, d'autres auteurs anciens célèbrent ses déserts, ses abîmes, ses chaos. A lire ces récits d'autrefois, on est tenté de sourire ; mais en même temps qu'il faut tenir compte de l'état d'esprit de nos pères, traitant d'effroyable tout site un peu sauvage, il convient de savoir que la forêt avait un aspect bien plus bouleversé que de nos jours. Les gorges, les vallons, les chaînes de rochers étaient nus, on avait sous les yeux de véritables déserts de grès et de sables. Les forestiers et aussi la nature ont gagné ces parties dénudées en les couvrant d'un épais manteau de pins sylvestres. 5 000 ou 6 000 hectares — dont plus de 3 000 en futaie exclusivement résineuse — c'est-à-dire plus du tiers de la surface totale, ont été ainsi conquis. Des gens qui vivent encore ne reconnaîtraient pas la forêt, tous les espaces vides sont couverts de pins ; ces arbres accroissent chaque jour leur habitat, partout où ils trouvent la lumière éclatante dans laquelle ils se plaisent, on les voit apparaître, comme spontanément. En peu d'années ils ont modifié un paysage ; ainsi les hauteurs qui enceignent les gorges d'Apremont, si farouchement belles dans leur nudité quand on les contemplait des sommets de Barbizon, laissent à peine apercevoir çà et là quelques taches blanches de rochers ; elles présentent l'aspect d'un cirque tapissé de sombre verdure. Les peintres sont navrés de cette invasion du pin sylvestre, arbre peu varié de dimensions et de formes et qui ne saurait lutter avec le chêne et le hêtre pour la physionomie ; aussi la transformation est-elle vue d'un mauvais œil par les artistes et par les touristes qu'attiraient des panoramas sauvages.

Je ne partage pas ces animosités. Si le pin est monotone, il a sa beauté. Ses futaies donnent toute leur valeur aux masses de grès, plus que les autres essences. Sous leur ombre légère la roche se mordore d'une délicate patine de lichens et de mousses. Les anciens *déserts* deviennent de fort belles choses à mesure que les pins grandissent ; on peut en juger en comparant les gorges de Franchard et le fond des gorges d'Apremont, réduits à l'absolue nudité par les incendies, avec la gorge du Houx qui a gardé sa parure.

C'est de l'horreur encore, si l'on veut, mais cette horreur religieuse dont parle le poète. Par contre, le pin, dans les parties horizontales, est assez morose ; il a besoin des pentes bouleversées pour prendre son allure héroïque.

D'ailleurs, les forestiers veillent ; s'ils ont adopté le pin partout où les autres essences ne sauraient végéter, ils recourent au chêne, au hêtre, au charme et au bouleau pour les cantons où ces arbres peuvent croître avec vigueur. Ils préparent ainsi à nos descendants de nouvelles futaies feuillues, pour remplacer celles du Bas-Bréau, du Gros-Fouteau, de la Tillaie, des Ventes à la Reine et d'autres encore qui voient tomber de trop grande vieillesse leurs arbres séculaires. En cela ils maintiennent l'aspect ancien de la forêt qui fut surtout celui d'une futaie de chênes, du moins dans la partie centrale, car vers les lisières on préférait le taillis, où le gibier cher à nos anciens rois trouvait un abri favorable.

Le chêne est donc le roi de la forêt, bien qu'on ne le trouve pas sans mélange sur des espaces aussi vastes que ceux où le pin règne en maître. Dans une étude qu'il a consacrée à la forêt, M. l'inspecteur Reuss évalue à 50 %, sur l'ensemble de la surface, comparativement aux autres essences, la quantité de chênes ayant de 10 centimètres à $1^m,30$ de diamètre, à 1 mètre du sol. Toutefois, le chêne perd un peu de sa prédominance si l'on envisage le volume, c'est-à-dire le cube du bois à exploiter. Il compense cette infériorité par la valeur. L'espèce dominant à Fontainebleau est le chêne rouvre ; il semble que le sol et le climat soient l'aire naturelle de cet arbre, joyau de nos forêts françaises. C'est à cela que les forestiers attribuent la longévité remarquable du chêne rouvre dans cette région, où il dépasse souvent cinq cents ans d'âge. La dimension diamétrale n'atteint pas celle de chênes signalés en d'autres forêts où les centenaires ont survécu, mais le chêne de Fontainebleau l'emporte pour certains usages par la qualité de son bois qui, faiblement accru d'année en année, est de composition très dense et régulière, ce qui le fait rechercher par les industries du meuble et la batellerie.

Si le chêne rouvre est à l'état spontané à Fontainebleau, il n'en est pas de même du chêne pédonculé, dont la présence est attribuée à l'ensemencement à l'aide de glands tirés d'autres bois. Spontané aussi le hêtre, bien moins répandu et qui ne saurait être comparé, pour la grandeur, le diamètre et la beauté du port, à celui des forêts du Hainaut, du Valois et du Maine. M. Reuss dit que cette essence ne trouve pas dans le Gâtinais les conditions nécessaires pour atteindre toute la force dont elle est susceptible. Aussi ne rencontre-t-on pas à Fontaine-

bleau les industries que fait naître le hêtre en
d'autres points : traverses pour chemin de fer à
Villers-Cotterets et à Compiègne, saboterie à
Bersé, boissellerie à Perseigne([1]).

Le hêtre de Fontainebleau ne fournit pas de
bois d'œuvre, on l'exploite pour bois à brûler.
Cependant les forestiers s'efforcent de le développer à cause de la rapidité de sa croissance et
de l'abri qu'il offre aux autres essences. On en
rencontrerait beaucoup plus si les jeunes sujets
n'étaient rongés par les cerfs et autre gros gibier.

Le charme et le bouleau, qui contribuent pour
un vingtième au peuplement de la forêt, complètent la liste des essences principales. Le bouleau
donne de la variété à la sylve par son tronc blanc
et son feuillage léger ; on le rencontre surtout
dans les parties rocheuses, où il naît naturellement, surtout sur les cendres après les incendies qui dévorent trop souvent les pinèdes. Les
autres arbres sont plutôt l'exception, sauf le châ-
taignier qui obtient en ce moment la faveur des
forestiers pour son aptitude à couvrir les rochers.
Si le revenu en argent de cette dernière essence

---

1. Sur les forêts de Villers-Cotterets et de Compiègne, voyez
la 42e série du *Voyage en France*, chapitres IV à VII; sur celles
de Bersé et de Perseigne, la 1re série, chapitres XXVI et XXVIII.

est médiocre, elle a l'avantage d'échapper à l'incendie.

La surface de la forêt s'est donc accrue en parties couvertes. On a évalué à 3 000 ou 4 000 le nombre d'hectares jadis chaos de rochers ou déserts de sable que l'on a pu regarnir. Le pin a été le grand artisan de ce repeuplement; les premiers sujets furent semés par les soins de Lemonnier, premier médecin de Louis XVI et remarquable naturaliste. Il tira des semences de Riga et commença ses essais en 1786 par le reboisement du petit mont Chauvet; les arbres qu'il sema ont donné naissance à toutes les pineraies de la forêt; les graines recueillies et utilisées par les forestiers — dont le plus ardent fut M. Marrier de Bois d'Hyver, inspecteur de 1830 à 1848 — ou emportées par les vents, ont profondément transformé l'aspect de ces vastes bois. Rares sont aujourd'hui les espaces où l'on ne voit que bruyères ou genévriers. Par le seul effet des semences transportées naturellement, on peut prévoir le moment où des « points de vue » ménagés sur les lieux élevés on ne distinguera plus les taches blanches ou grises des rochers, on ne verra que des ondulations couvertes de futaies de teintes variées selon l'essence dominante, l'éloignement ou les jeux de lumière.

Dans son état actuel, la forêt, malgré les parties défrichées pour l'installation des champs de tir et de manœuvre, a donc un peuplement très dense : 360 hectares seulement sur 16 880 ne sont pas soumis au régime forestier.

Cette vaste étendue présente une grande diversité d'aspect, due aux formidables érosions qui, se produisant du sud-est au nord-ouest, ont enlevé la couche calcaire analogue à celle qui recouvre la Brie et la Beauce; ces courants diluviens ont mis à nu les grès et les sables en creusant des ravines aux berges abruptes dont les parois de grès se sont éboulées plus tard en formant les chaos de blocs qui sont la grande curiosité de tant de sites de la forêt. Les parties calcaires épargnées par le grand cataclysme sont les plus fraîches aujourd'hui. Ces collines, où les arbres feuillus croissent avec vigueur, sont les *monts*, tandis que les arêtes étroites, contournées, disloquées, rappelant en petit certaines montagnes des Alpes, sont les rochers.

Chaque aspect particulier a donc reçu des bûcherons, des veneurs et des forestiers, un nom se rattachant à la structure du sol. A côté des monts et des rochers il y a les *platières*, bandes ou tables, où le grès offre une surface absolument horizontale. De même, les dépressions sont des *vallées* lorsqu'elles ont une forme régulière et sont revêtues de bois ; les *gorges* sont les parties très accidentées, hérissées de rochers où se multiplient les bizarreries. Il faut connaître ces termes pour comprendre les descriptions du vaste massif.

La forêt frappe par sa solitude et son silence. On y chercherait en vain le ruisseau jaseur, bondissant sur les pierres, faisant entendre sa voix de cristal. Cette absence d'eaux vives a éloigné la plupart des hôtes ordinaires des bois : ni chant de rossignol, ni trille de fauvette, mais de temps en temps le mélancolique coucou, le roucoulement de la tourterelle, le sifflement du merle, se font entendre. Près de la ville et des postes forestiers ou sur les lisières, on rencontre le pinson ; la grive fréquente le voisinage des genévriers.

Les quadrupèdes sont nombreux encore, mais depuis 1870, époque où la forêt cessa d'être terrain de chasse souveraine, la quantité en a bien diminué, au grand avantage des jeunes arbres qui n'ont plus autant à souffrir des « abroutissements » des cerfs et des daims. Un récit de voyage, publié vers 1830, disait qu'il est difficile de voir ailleurs un plus grand nombre de cerfs, de daims et de sangliers. Sous le second Empire,

FORÊT DE FONTAINE[
et bois particuliers limi

DE FONTAINEBLEAU
particuliers limitrophes.

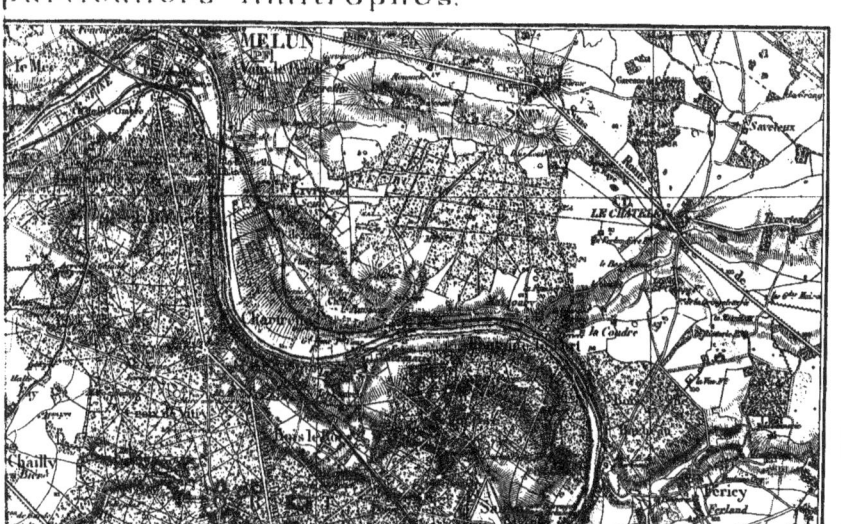

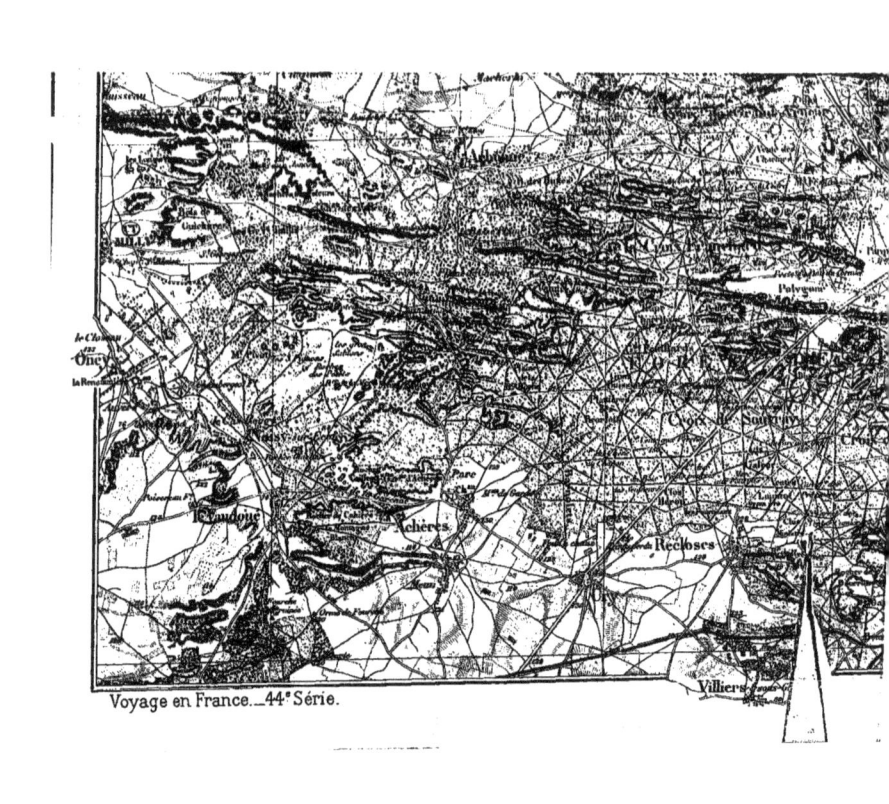

Voyage en France._44ᵉ Série.

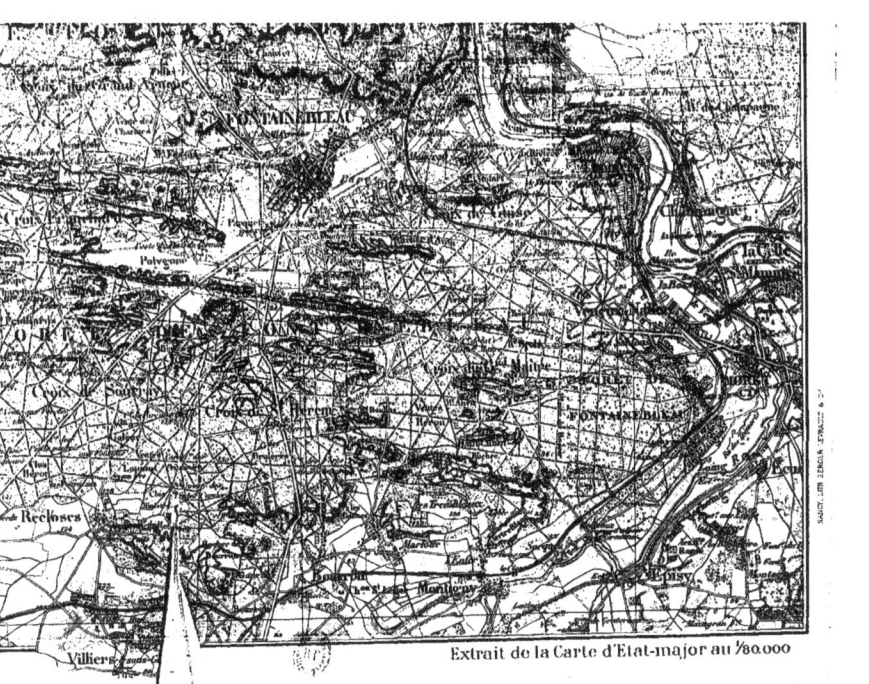

Extrait de la Carte d'Etat-major au 1/80.000

Labédollière énumérait soixante cerfs, quatre-vingts biches, soixante chevreuils, trente daims. Chiffres bien au-dessous de la vérité, car on se plaignait fort des dégâts de ces animaux et, depuis la chute de l'Empire, les adjudicataires de la chasse en ont abattu beaucoup, au point que l'on a pu constater une amélioration considérable dans le régime des jeunes bois; cependant, M. l'inspecteur Reuss, dans une notice publiée en 1901 par le *Timber trades journal*, estime de 300 à 400 le nombre des cerfs, biches et faons; des daims subsistent, mais bien raréfiés; quant aux sangliers, s'ils sont encore chassés, la quantité en est fort réduite. Les grands animaux ont été refoulés surtout à l'ouest.

Lièvres et lapins ont subi le même sort; ces derniers, dont on sait le rôle néfaste pour l'avenir des bois, sont l'objet de destructions constantes qui réduisent au minimum les déprédations. Il en est des quantités encore, cependant on les aperçoit assez rarement, comme les autres hôtes forestiers. J'ai parfois couru des journées entières dans la forêt sans rencontrer grand ou petit gibier, alors que je me suis souvent trouvé en présence de cerfs et de biches dans la forêt de Compiègne et même à Meudon.

L'effroi des promeneurs était jadis la vipère,

autrefois abondante dans les parties rocheuses. Fréquente encore dans les carrières de pavés abandonnées, elle a diminué, en nombre; la multitude des touristes a fait reculer ce reptile qui n'aime pas le voisinage de l'homme, et un système de primes a amené la destruction de milliers d'individus de l'espèce — c'est le serpent que je veux dire ! La chasse se continue chaque année, les 35 centimes donnés par tête de vipère encourageant les recherches. En 1902, le département de Seine-et-Marne a consacré 1 207 fr. 85 à ces primes ; 3 451 vipères ont été détruites, dont 3 129 dans vingt et une communes de l'arrondissement de Fontainebleau. Cette poursuite amènera sans doute la fin d'une engeance peu dangereuse d'ailleurs, car elle occupe les parties de forêt où l'on ne pénètre guère depuis que les carrières de pavés ont été fermées.

Cet abandon imposé des carrières est une autre cause de solitude pour la forêt, dont le calme est si complet en dehors des cantons où se fait l'exploitation des bois. Quand toutes les routes de France étaient pavées, on devait extraire partout les matériaux résistants. Aucune région n'était plus riche, à ce point de vue, que la forêt de Fontainebleau. La multitude de blocs isolés faciles à débiter rendait le travail commode, aussi le massif tout entier était-il saccagé. Les rochers les plus remarquables étaient débités sans pitié, on ruinait toute la beauté de ces amoncellements et de ces arêtes. Le mal était d'autant plus grand que la roche est inégalement résistante : tantôt elle se désagrège sous le marteau, tantôt elle se débite, mais est incapable de résister à l'écrasement ; pour trouver un pavé, il fallait parfois détruire un bloc. Les carriers avaient des termes curieux pour dire la qualité de la roche, les onomatopées *pif, paf, pouf,* représentant le son du marteau selon que la pierre était dure, molle ou friable, étaient d'usage constant.

On jugera du dégât causé par les carrières à l'aide de ces chiffres : en 1840 déjà, 800 000 pavés étaient expédiés de la forêt ; il y eut jusqu'à mille ouvriers. Actuellement, il en reste à peine cinquante, exploitant des bancs situés à la périphérie. Nul ne regrette la disparition de cet élément dévastateur, non seulement il enlaidissait le paysage, c'était encore une menace pour les populations voisines ; en 1830, les carriers insurgés voulaient attaquer les forestiers. A ces inconvénients il faut ajouter la mutilation des arbres et le ravinement des chemins par le passage des chars.

L'adoption du macadam, l'emploi du pavé de bois dans Paris, les effets du cyclisme et de l'automobilisme qui amènent la suppression des dernières chaussées pavées, ont été la cause finale de la fermeture des carrières, industrie malsaine, car la poussière de grès introduite dans l'organisme faisait périr les ouvriers entre quarante et cinquante ans. Les chemins de fer ont d'ailleurs permis d'amener dans les villes des matériaux meilleurs que les pavés de Fontainebleau, tels que les granits porphyriques de Cherbourg et des Vosges. Dans la région de Paris même, il est des bancs de grès très puissants, au bord de l'Essonne[1] et de l'Yvette, dont l'exploitation a pris une extension considérable. Telles sont les causes qui ont amené le silence dans la forêt en faisant taire *pif*, *paf* et *pouf*.

Le travail des coupes de bois reste donc la seule industrie humaine de la grande forêt, encore est-il moins actif qu'en d'autres sylves. On ne touche pas aux réserves artistiques, sinon pour recueillir les arbres tombés de vieillesse ou frappés par les ouragans. Les pinèdes sont trop jeunes encore pour être exploitées, on ne

---

1. Voyez chapitre XVIII du présent volume.

le fait qu'à la révolution de soixante-douze ans. C'est ce qui explique pourquoi l'on rencontre si peu de chantiers de bûcherons.

D'ailleurs, la forêt porte le poids de deux grands désastres qui ont causé d'incalculables dégâts, je veux parler du verglas du 23 janvier 1879 et du terrible hiver qui vint, à la fin de l'année, mettre le comble au fléau. En janvier 1879, les arbres furent couverts d'une telle épaisseur de glace, que les branches rompirent, ne laissant qu'un tronc frappé à mort. Les pins surtout, dont les aiguilles offraient au verglas les moyens de former des glaçons énormes, furent particulièrement éprouvés ; ceux qui avaient survécu ne purent résister à l'hiver suivant, du moins le pin maritime, très répandu alors ; tous les sujets furent gelés, comme cela avait lieu en même temps en Sologne (¹). On peut dire que de ces milliers d'arbres pas un ne fut épargné. Si des pins maritimes se rencontrent encore çà et là, entre les colonnades de pins sylvestres, ils sont dus à des graines enfouies au moment du grand hiver.

Cette catastrophe a frappé toutes les essences,

---

1. Sur ce désastre de la Sologne et la reconstitution des bois de cette contrée, voyez l'étude très complète contenue dans la 1ʳᵉ série du *Voyage en France*, chapitres VIII à XI.

sauf le bouleau qui supporte bien d'autres frimas dans les pays du Nord. Le pin sylvestre aussi souffrit peu du froid, bien qu'il eût été décimé par le verglas. Les châtaigniers périrent presque tous ; le chêne pédonculé ne fut pas plus épargné. Le moins malade a été le chêne rouvre, que M. Reuss appelle « l'ossature de la forêt ». Mais lui-même a souffert dans sa croissance, comme l'homme se ressent dans l'âge mûr des maux de l'enfance.

Les dégâts furent tels, que l'on eut à recueillir plus de 300 000 mètres cubes de bois brisés ou gelés ; ce nettoyage dura jusqu'en 1882, arrêtant l'exploitation régulière. Aussi a-t-on pu, sans surprendre personne, commémorer cette époque de ruines par un édicule, la croix de Franchard ([1]), évoquant le souvenir de ces cataclysmes dont la forêt éprouve encore les effets, puisque la moins-value des coupes annuelles atteint 50 000 fr., tant sont nombreux les arbres ayant perdu de leur valeur vénale.

Ces diverses causes expliquent pourquoi la forêt de Fontainebleau donne un revenu inférieur par hectare à telle autre partie de notre domaine

---

[1]. L'inscription placée à la croix de Franchard dit que 500 000 stères de bois furent détruits.

forestier. Pendant les années 1889 à 1898, le revenu annuel moyen fut, brut, de 504 000 fr. en chiffre rond et, net, de 400 000 fr. Le revenu brut à l'hectare atteint donc 29 fr. 91 et le revenu net 23 fr. 75. Si l'on ne tient pas compte de la section artistique, où l'on ne fait aucune coupe (1 616 hectares) et des 300 hectares occupés par le service de la guerre, le produit net est relevé à 28 fr. 17.

Aux fléaux qui sont venus s'abattre sur la forêt et réduire ainsi le rapport, il faut ajouter le feu. Les pinèdes offrent une proie facile aux incendies, devenus plus fréquents avec l'invasion sans cesse croissante de la forêt par les promeneurs. En 1904 encore, de grandes étendues ont été ravagées. Chaque été voit des sinistres; en 1897, 350 hectares furent envahis par les flammes. Non seulement les pins souffrent davantage de ces conflagrations, mais ils éprouvent le plus de dommages par les bourrasques du sud-ouest, si violentes dans ces parages. En février 1900, un coup de vent en a renversé 12 000.

Ces maux n'ont pas lassé la persévérance des forestiers; ils continuent à gagner tous les vides par des plantations et poursuivent les tentatives en vue d'augmenter le peuplement en bois feuillus, dont le développement serait si désirable. La forêt, d'ailleurs, ne sera jamais considérée au point de vue unique du revenu, mais bien comme un parc national. Si l'on ajoute aux produits divers des bois les sommes dépensées par les innombrables visiteurs de Fontainebleau, attirés par les sites de la forêt, ses futaies de chênes, ses rochers, ses gorges, on pourrait estimer qu'aucune autre sylve n'est d'un rapport aussi considérable.

Nulle part au monde on ne trouverait en grande forêt de facilités de circulation comparables à celles dont on jouit à Fontainebleau. Le voisinage de Paris a fait tracer de longues voies, routes de terre ou lignes ferrées, à travers le massif; les chasses royales ou impériales ont nécessité l'ouverture d'avenues superbes; une de ces chaussées, la route ronde, qui entoure à distance la ville de Fontainebleau, a 24 kilomètres de développement. Les routes nationales, départementales ou vicinales s'étendent sur 105 kilomètres. La longueur des routes de chasse atteint 1 700 kilomètres, mais une faible partie seulement (76 kilomètres) est empierrée ou pavée. Il est vrai que les eaux de pluie s'infiltrent si vite dans ce sol sablonneux qu'il n'y a jamais de boue et partant pas d'ornières.

A ce réseau officiel est venu s'ajouter tout un système de sentiers pour touristes, œuvre de deux hommes qui se sont voués à la connaissance de la forêt et n'ont laissé ignorés ni une roche, ni un passage, ni un arbre ayant quelque allure. Ce sont Denecourt et Collinet, auxquels on a donné le surnom de Sylvains.

Denecourt fut le premier. Il avait, au début de la monarchie de Juillet, des fonctions très modestes : portier-consigne d'une caserne de Fontainebleau. Révoqué en 1832 pour ses opinions politiques, il continua à habiter la ville ; possesseur d'une petite fortune accrue de sa retraite, il employa ses loisirs à parcourir la forêt, à rechercher les arbres remarquables par leur âge, leur forme et leur venue, les roches bizarres ou colossales, à pénétrer entre les blocs pour découvrir les passages et les grottes. Jusqu'à sa mort, en 1875, c'est-à-dire pendant quarante-trois ans, le Sylvain a poursuivi son exploration, reliant toutes ses découvertes à l'aide de sentiers minutieusement jalonnés de marques bleues ou rouges. Il consacra ses ressources à cette tâche à laquelle des artistes, des littérateurs, des amis de la forêt et la ville contribuèrent par des subsides. Chaque arbre remarquable, chaque rocher reçut un nom emprunté à l'histoire, à l'art, à la littérature, à la forme de l'objet. Cette multitude de parrainages fait honneur à la fécondité d'imagination de Denecourt.

A sa mort, il avait créé 150 kilomètres de sentiers tracés avec beaucoup d'habileté et de goût. Son œuvre lui a survécu, car depuis 1865 il avait associé à ses travaux un ancien conducteur principal des ponts et chaussées, M. Collinet, qui a continué sa tâche et créé plus de 150 kilomètres de sentiers nouveaux. Celui-ci a hérité du titre de Sylvain et, l'utilité de l'œuvre s'affirmant de plus en plus, a obtenu de la ville une participation annuelle de 2 000 fr. aux frais d'entretien des sentiers. Denecourt avait vu ses efforts récompensés d'une façon touchante. Dès 1845, d'illustres écrivains, parmi lesquels Hugo, Lamartine, Béranger et George Sand, lui avaient offert un album ; en 1870, les artistes et les admirateurs de la forêt firent graver par Carrier-Belleuse une médaille en argent qui fut solennellement offerte à Denecourt. Quand il mourut, la ville fit placer un médaillon en bronze sur sa tombe. Une des places de Fontainebleau est la place Denecourt et le même nom a été donné à la tour que le Sylvain avait édifiée sous le titre de « Fort-l'Empereur » sur l'un des points culminants de la forêt; là encore un médaillon retrace la figure broussailleuse de l'Homme de la Forêt.

Si grande que soit l'œuvre des deux Sylvains, elle est imparfaite encore. Il resterait, dans les parties éloignées de la ville, bien des indications à fournir aux touristes pour leur permettre de parcourir la forêt, les noms de carrefours et d'étoiles qui sont placés sur les poteaux ne peuvent être utiles qu'aux visiteurs munis d'une carte. Des renseignements sur la direction générale de chaque voie par rapport à Fontainebleau et aux villages qui entourent le massif seraient très précieux. Il y a là une tâche intéressante pour le Touring-Club.

IX

LA FORÊT VERS BARBIZON

La Croix-de-Paris. — Les vieux chênes. — Le *Pharamond*. — Au Bas-Bréau. — Barbizon. — Millet et Théodore Rousseau. — La colonie d'autrefois, la colonie d'aujourd'hui. — Bois-le-Roi. — La vallée Creuse. — Les rochers du Cuvier-Châtillon.

Barbizon. Mai.

Sur le chemin de Barbizon. — Un des sentiers des Sylvains nous offre son sol uni par le passage de promeneurs innombrables. A cette heure matinale nous en profitons, sans avoir les ennuis de la foule qui, parfois, donne à cette partie de la forêt un faux air de bois de Boulogne. La piste va parallèlement à la route, assez loin pour que l'on n'ait pas le voisinage et le bruit des voitures et des automobiles qui portent vers Barbizon les touristes fortunés ou hostiles à la marche. Le tracé se tient à flanc d'ondulation, des éclaircies habilement choisies offrent des vues immenses sur le grand bassin au fond duquel on distingue les édifices de Fontainebleau. De là on lit, comme sur une carte en relief, la topographie accidentée de la forêt, on reconnaît ses *monts*, ses rochers, on devine les *gorges* et les *vallées*, on peut dire, par la présence ou l'absence des pins, que telle partie a été balayée par les courants furieux laissant à nu la couche des grès et que telle autre a conservé des lambeaux calcaires. Ces vallonnements de teintes nettement tranchées, selon l'essence d'arbres et les lignes régulières de rochers, constituent un tableau très varié, d'une saisissante grandeur.

Le sentier rejoint et coupe la route à la Croix-de-Paris et s'en va entre des massifs où le hêtre forme de merveilleuses cépées. Ces arbres sont beaux surtout vers la Croix-Louis-Philippe. Autour de ce carrefour, les sujets se dressent, élancés et vigoureux; à travers leur ramure la lumière du soleil filtre très atténuée, à peine quelques flèches d'or atteignent-elles le tapis de mousse. Le hêtre est à Fontainebleau plus beau que le chêne, s'il n'est guère répandu, et que le sol soit peu favorable à la qualité de son bois; tantôt il étend des bras vigoureux, tantôt il forme des cépées puissantes de plusieurs brins dont chacun a la grosseur d'un arbre. Ce n'est pourtant pas à eux que vont les visiteurs, mais aux

chênes antiques auxquels les sylvains Denne-
court et Colinet ont donné des noms. Voici, à
l'extrémité d'un sentier, un des ancêtres de l'espèce, le *Pharamond*. Arbre cinq fois centenaire,
dit-on, il a « subi des ans l'irréparable outrage ».
Son tronc, attaqué par la carie, à demi vide,
supporte une languissante ramure de maîtresses
branches monstrueuses. Ce chêne est plus vénérable que beau. C'est d'ailleurs le caractère de
la plupart des géants forestiers de Fontainebleau,
ils n'ont ni la vigueur ni la puissance de tronc
d'autres chênes de nos forêts.

La végétation devient rabougrie au delà du
Pharamond. Voici de nouveau les grès, les
sables, les genévriers, les pins sombres. Les
sentiers, capricieusement tracés entre les amoncellements ou les hérissements de roches, montent vers une crête et, soudain, apparaît le
paysage plus vaste et singulier que véritablement saisissant et grandiose des gorges d'Apremont, val régulier de forme, extrêmement varié
par les roches qui le hérissent, blocs gris qui,
dans les parties érodées par le vent, semblent
saupoudrés de neige. Jadis des pins masquaient
cette solitude, un incendie a détruit ce rideau;
d'autres résineux naissent, mais il faudra longtemps encore pour rendre aux gorges toute leur

parure. Les arbres échappés au désastre sont hauts, d'un port hiératique, et tranchent par leur teinte sombre avec les hêtres qui s'avancent jusqu'à la lèvre. Le fond est couvert d'une herbe grisâtre trouvant difficilement à vivre sur l'arène de grès désagrégé.

Les visiteurs sont nombreux dans ce canton de la forêt; un sentier bien tracé, courant au milieu des rocs, permet de parcourir les bords de l'étrange abîme.

Un chemin passant entre deux buttes hérissées de grès descend au Bas-Bréau par le carrefour de l'Épine. On est alors dans la partie la plus belle de la forêt, la zone des vieux chênes, des grandes cépées, des fourrés de houx et d'autres arbustes. C'est la région que découvrirent Millet et Théodore Rousseau, qu'ils firent connaître et aimer. Les géants sylvains dont les ramures les séduisirent sont encore debout; les artistes ont demandé grâce pour eux, l'exploitation des bois s'est arrêtée ici, les arbres ne meurent plus que de vieillesse. Aussi combien de moignons où la sève monte à peine; que de cimes découronnées, que de troncs creux ou rongés! En dépit de cette décrépitude, les chênes montent hauts et droits; quelques-uns, robustes encore, dominent puissamment la futaie.

Ces ruines végétales seraient partout ailleurs un contresens et ne feraient guère honneur aux forestiers qui les conservent au lieu de préparer l'espace à d'autres arbres qui, à leur tour, deviendraient dominateurs. Mais leur conservation est une pensée pieuse : ces ancêtres ont une part brillante dans l'histoire de la peinture paysagiste, ils furent témoins et acteurs dans l'une de nos périodes artistiques les plus fécondes ; nous leur avons dû cette belle école de maîtres rompant avec les formules du paysage historique et ouvrant en quelque sorte à l'art un monde nouveau.

Le nom de Millet est celui que l'on associe le plus souvent à Barbizon et à la forêt. Cependant, le grand peintre du réalisme rustique ne s'inspira pas de la splendeur sylvestre. Son gîte était à l'orée des bois ; certes, il aimait les futaies de chênes et les amoncellements de rochers qui lui rappelaient, sans doute, ses falaises de Gréville et son plateau rocheux de la Hague ([1]) ; mais c'est dans la plaine de Bière, vaste, placide et très rustique qu'il alla chercher ses sujets de tableaux. On ne peut donc pas le considérer comme un des membres de l'école de Barbizon,

---

1. Voyez la 6ᵉ série du *Voyage en France*, chapitre VI.

celle-ci fut surtout forestière et Millet resta le paysan de la glèbe.

D'ailleurs tous ont disparu, peintres sylvains et peintres rustiques. Rousseau et Millet dorment de leur dernier sommeil dans le cimetière de Chailly-en-Bière. Les maisons qu'ils habitèrent sont maintenant entourées de villas; les auberges, où tant de pinceaux transformèrent panneaux et murailles, ont fait place à des hôtels tenant de la guinguette et du caravansérail suisse, où, chaque dimanche, une foule bruyante accourt que ne sollicita point le culte des maîtres. La plupart de ces gens s'inquiètent fort peu de souvenirs d'art; s'ils connaissent les peintures de Barbizon, c'est parce que l'*Angelus* de Millet, artiste mort pauvre, s'est vendu quelque million.

Devant cette marée montante de gens de plaisir et d'amateurs de pique-nique, la peinture a fui et le hameau jadis si profondément agreste est devenu un coin quelconque de la banlieue parisienne. Le passé est rappelé par des plaques apposées sur les murs : « Ici vécut et mourut Millet — Ici Barye — Ici Diaz de la Peña. » A l'entrée de la forêt, un rocher a reçu un médaillon retraçant les traits de Rousseau et de Millet.

Le tramway à vapeur de Melun a accru cette invasion, les artistes ont cédé la place, rares sont ceux qui tiennent bon encore. Et les gens de l'endroit ne le regrettent qu'à moitié ; les habitants sont devenus logeurs ; chaque été ils se réfugient dans quelque partie étroite de leurs demeures pour louer le reste aux Parisiens épris de villégiature.

Les peintres que l'on voit encore sont des gentlemen corrects, fort éloignés du sans-façon de leurs illustres prédécesseurs, dont une complainte de rapins disait :

> Les peintres de Barbizon
> Ont des barbes de bison !
> Ah ! grands dieux, quel'barbe y'zont
> Les peintres de Barbizon !

Malgré l'absence d'eaux courantes et de fraîche verdure, Barbizon gardera sans doute cette clientèle ; la futaie du Bas-Bréau est à coup sûr la plus belle partie de la forêt, les coteaux couverts de blocs de grès offrent toutes les curiosités des parties accidentées de cette sylve fameuse. Les promeneurs qui craignent les grandes marches trouvent dans le Cuvier-Châtillon et les gorges d'Apremont des buts d'excursion suffisant à donner une idée des paysages forestiers du grand massif.

Barbizon, malgré le départ de sa colonie, grandit donc encore. Il garde les maisons de paysans aux contrevents verts, rappelant la belle époque où Charles Jacque étudiait les moutons et les poules de ses hôtes, pendant que Barye rendait avec tant d'intensité les secrets de la vie chez les fauves, que François, Gérôme, Huet et nombre d'autres venaient tenir compagnie à Millet et à Théodore Rousseau dans la très simple auberge du père Ganne ; mais entre ces logis agrestes tapissés de vignes à la façon de Thomery, s'intercalent des chalets à charpente apparente, évoquant à la fois la Normandie et les bords du Rhin.

De Bois-le-Roi à Barbizon. Mars. — Bois-le-Roi, malgré le manque d'eau vive et de fraîcheur, devient un centre de villégiature de plus en plus fréquenté ; vers le rebord de la terrasse dominant la Seine, les villas naissent. Le site est plutôt sévère, le cadre à demi circulaire formé par la forêt est trop régulier. Cependant le voisinage du fleuve et celui des grandes futaies attirent les Parisiens, quelques artistes chassés de Barbizon par l'invasion des philistins, qui ont si bruyamment transformé l'asile des grands paysagistes, y ont planté leur tente. Peut-être devront-ils fuir à leur tour s'ils ont la malechance d'attirer l'attention sur la clairière occupée jadis par un village peuplé de bûcherons et de carriers, et aujourd'hui déjà fort civilisé, puisque la lumière électrique éclaire ses rues et les chemins qui relient les villas.

La forêt, aux abords, est médiocrement accidentée et son peuplement n'est pas comparable aux futaies du Bas-Bréau et de tant d'autres cantons de la grande sylve. On y trouve cependant un des rares réservoirs d'eau de la contrée, la mare aux Évées, voisine d'un autre bassin stagnant plus petit, la mare à Beauge. Une couche d'argile tapissant une cuvette retient les eaux pluviales. Jadis cette région était fort humide. Les forestiers du temps de Louis-Philippe virent là un inconvénient pour la végétation ; ils entreprirent des canaux, des fossés, un réseau complet de rigoles, qui ont eu pour résultat d'enlever toute fraîcheur au sol et de détruire un des côtés pittoresques de cette zone.

Il faut dépasser la route de Melun à Fontainebleau pour trouver des mouvements de terrain et les rochers qui sont la caractéristique du Gâtinais et plus particulièrement du petit pays de Bière. A l'entrée sous bois, une vieille route pavée bordée de sapins forme avenue entre les taillis. Puis, c'est une piste entre des futaies qui deviennent très belles au carrefour des Longues-Vallées. Les chênes, superbes de port, ombragent des amas de rochers moussus entre lesquels buissonnent les houx luisants. Il y a là tout un coin adorablement sauvage ; si les blocs n'ont pas la bizarrerie de forme et d'aspect d'autres parties de la forêt, ils sont d'un grand effet décoratif au milieu de la verdure.

Le chemin de la Vallée-Creuse, que je suis pour gagner Barbizon, s'élève sur une ride couverte de beaux arbres. Ces pentes, nommées les monts de Fays, montrent une vigoureuse végétation. Bois et sous-bois contrastent avec des parties voisines que le pin sylvestre seul peut garnir. Cela tient à la nature du sol ; l'érosion, qui a enlevé les calcaires de la Beauce, jadis étendus sur tout le pays de Bière et qui mit à nu les grès et les sables des couches inférieures, a épargné certaines parties qui durent former des îles entre les torrents furieux. Il y a donc là une couche de terre végétale favorable à la végétation du chêne, du hêtre et du charme, essences peu amies des terrains sablonneux. Comme je l'ai dit en résumant l'aspect de la forêt, forestiers et bûcherons ont appelé ces calottes calcaires des *monts*, tandis que les arêtes ou collines hérissées de grès sont des *rochers*.

Après la petite plaine en voie de reboisement qu'avoisine le carrefour du Cabinet-de-Monseigneur, la forêt devient plus sauvage : on commence à découvrir des blocs de grès, des creux montrent à nu la roche, des amas de pierre maigrement tapissés de mousse révèlent les anciennes carrières où l'on préparait jadis les pavés pour Paris et les routes. La solitude a remplacé les chantiers bruyants ; entre ces vestiges d'une activité disparue, le chemin se fait sentier, devient déclive et bientôt on découvre un de ces sites étranges qui rendirent Fontainebleau célèbre. C'est une sorte de grand cirque rempli, sur les pentes et dans le fond, par un nombre prodigieux de gigantesques blocs de grès aux formes fantastiques : aiguilles, masses arc-boutées formant des cavernes ou des pertuis. Entre ces monolithes se dressent des genévriers énormes, les plus grands peut-être qu'il y ait en France ; ils ont un faux air de cyprès d'Orient croissant entre des débris de mausolées cyclopéens ; des chênes rabougris étendent leur pauvre ramure chargée de lichens ; des bouleaux échevelés dressent leur tronc blanc. Chaque pas montre un rocher ou un végétal étrange. Entre ces pierres géantes, ces arbres grêles ou souffreteux, se déroule le sentier, bien tracé, que rejoignent d'autres pistes battues par les pieds des promeneurs. Quand la vue peut s'étendre, on découvre en entier ce cirque fantastique auquel on a donné le nom de Cuvier-Châtillon.

Le chemin atteint une autre partie de la forêt, plane, sillonnée de voies nombreuses et débouche sur la vaste clairière circulaire, dite carrefour de l'Épine, traversée par la route de Paris à Lyon. Du centre de ce rond-point cruellement exposé au soleil, on voit la pente raide du rocher de Cuvier-Châtillon, avec la nette cassure du bord et les éboulis monstrueux de la partie déclive. Du côté opposé, voici enfin de grands chênes, une futaie digne de ce nom; je reconnais le Bas-Bréau.

X

MARLOTTE ET LES GORGES DE FRANCHARD

Le polygone. — La croix de Saint-Hérem. — Les réserves artistiques. — De Bourron à Recloses. — Recloses et ses rochers. — La culture des asperges. La croix de Souvray. — Les Grands-Feuillards. — Dans la grande pinède. — Les rochers de Milly. — Les Hautes-Plaines. — Arbonne et ses sables. — La Roche qui Pleure. — Les gorges de Franchard. — La route du Cèdre.

Vers la croix de Saint-Hérem. Juin. — La route de Nemours qui s'en va droit au sud, un moment la plus fréquentée de la forêt, conduit au grand champ de manœuvre et de tir qui a permis à Fontainebleau de posséder une importante garnison, accrue chaque année par les régiments d'artillerie qui viennent effectuer leurs feux.

Ce polygone, fort étendu mais étroit, s'allonge au pied de la ride rocheuse de la Salamandre où sont accumulées les curiosités naturelles qui attirent tant de visiteurs. Cette trouée entre les bois donne au passant quelque idée de ces villages de féerie surgis en pleine steppe, grâce à l'imagi-

nation de Potemkine, pour illusionner la grande
Catherine. L'artillerie a construit des décors de
poutrelles et de toiles peintes simulant des villages sur lesquels les artilleurs apprennent à régler leur tir. L'aqueduc de la Vanne accroît ce
mirage par ses arcades blanches courant au long
de la Salamandre, entre les blocs de grès aux
formes bizarres et les pins sylvestres dont les
troncs rougeâtres portent très haut le panache
sombre.

Au delà du champ de tir, la solitude se fait.
La chaussée, large, bien entretenue, va entre des
futaies où les hêtres surtout sont de venue superbe. Parfois la vie apparaît dans ces massifs
silencieux, des bûcherons abattent les pins, on
entend des roues grincer au fond des laies ; ce
sont les chars qui amènent à la route les troncs
d'arbres abattus.

Un grand rond-point est dessiné dans une des
parties les plus belles des bois, à la croisée de
la route circulaire tracée pour permettre aux voitures de suivre la chasse à courre. Au milieu du
carrefour, la croix de Saint-Hérem rappelle un
des événements de l'histoire contemporaine qui
ont le plus frappé les esprits : la rencontre de
Napoléon et du pape Pie VII en 1805, quand ce
dernier vint en France pour procéder au sacre

de l'Empereur. Le souverain pontife, qui devait revenir à Fontainebleau comme prisonnier quelques années plus tard, était alors reçu triomphalement, bien que son voyage eût été décidé malgré lui et organisé sans beaucoup d'égards pour son âge et sa fatigue. A peine lui laissa-t-on le temps de respirer. Comme je l'ai dit déjà ([1]), l'Empereur voulait qu'il passât le premier sur le pont que l'on venait de construire sur le Loing, à Nemours; pour que la cérémonie eût lieu à la date fixée, on pressa le voyage. Le pape était harassé de fatigue, quand, à son arrivée à la croix de Saint-Hérem, il fut rejoint par un cortège venu à sa rencontre : plusieurs voitures de la cour devant lesquelles Napoléon se tenait à cheval en costume de chasse. Le souverain descendit pour saluer Pie VII et l'invita à prendre place à côté de lui, dans une des voitures impériales.

Ce carrefour, entouré d'arbres superbes, se prête merveilleusement à ces grandes scènes ; aussi la croix de Saint-Hérem a-t-elle joué d'autres rôles dans plusieurs des événements qui eurent Fontainebleau pour théâtre. Les touristes y passent indifférents pour se rendre soit à Marlotte, soit dans les deux cantons de la Vente-à-la-

---

1. Voyez page 44.

Reine et de la Gorge-aux-Loups, classés dans les réserves artistiques pour leurs beaux arbres autant que par les étranges rochers qui hérissent ces abords de la vallée du Loing.

La Gorge-aux-Loups est à Marlotte ce que le Bas-Bréau est à Barbizon. Elle eut, elle a encore ses fidèles, Henry Murger y venait souvent pendant son séjour à Marlotte, aussi les sylvains Denecourt et Collinet ont-ils baptisé quelques arbres ou rochers de noms empruntés à la *Vie de Bohême*. Le massif rocheux finit au-dessus de Marlotte et de Bourron par de beaux escarpements d'où la vue est charmante sur la vallée du Loing.

De Bourron à Arbonne. 26 mars. — Il a plu cette nuit, le soleil se lève pâle, l'air est très vif et frais quand nous descendons à la gare de Bourron. Deux chemins s'offrent pour monter à Recloses, l'un par le fond de la gorge, l'autre s'élevant sur le plateau par un détour. Nous choisissons celui-ci dans l'espoir de découvrir des horizons. La petite plaine sablonneuse que l'on parcourt au début n'offre guère de vue, le chemin s'en va entre des pins trop serrés, souffreteux, renfermés entre des barrières de planches ou des treillages. Tous ces bois, qui sem-

blent faire partie de la forêt quand on examine
la carte, sont domaines particuliers produits
par les semis pour mettre en valeur des sables
infertiles. La grande sylve est ainsi festonnée,
sur une grande partie de son pourtour, par les
pinèdes et les taillis souvent jalousement clos à
cause de la chasse.

Le chemin de Recloses, se détachant de celui
de Villiers-sous-Grez, passe sous le chemin de
fer de Malesherbes et s'élève par une pente
douce entre des bois où se mêlent les pins et les
chênes. Çà et là quelques blocs de rochers couverts de mousse s'entassent entre les arbres, les
talus sont fleuris de violettes. Une trouée se fait :
voici la plaine de Recloses, doucement inclinée
vers le sud, couverte de vignobles parfois remarquablement entretenus et de champs d'asperges.
A droite, un abîme se creuse, tapissé d'un fourré
d'arbustes, les étoiles de la pervenche le cons-
tellent d'azur, des pinsons emplissent les bosquets de leurs chants.

Recloses, village très propre, est assis sur le
front de rochers dominant le vallon. Chose rare,
sur cette lisière de la forêt, il y a de l'eau, des
bornes-fontaines la versent abondamment aux
ménagères. Elles sont alimentées par un château
d'eau, orgueil du bourg ; les habitants signa-

lent comme une curiosité dont ils sont fiers, ce grand cylindre de tôle porté sur un piédestal circulaire de maçonnerie, dressé lui-même sur un plateau de grès, dalle bosselée, creusée en petits bassins arrondis où les eaux de pluie s'amassent. Au-dessous, le front de rochers s'est écroulé jusqu'au fond de l'énorme ravin de la vallée Mavoisine, dans lequel un puits abondant a pu être foré et d'où l'eau est refoulée jusqu'au réservoir à l'aide d'une pompe.

Ce grand pli d'érosion, que des pentes rocheuses dominent jusqu'à Bourron, était, il n'y a pas bien longtemps, un de ces déserts qui firent la célébrité de la forêt de Bière. Les plantations de pins l'ont transformé en une grande corbeille de verdure sombre, ouvrant sur la large vallée du Loing dont les rangées de peupliers tranchent avec la tonalité sévère des pins sylvestres. Au fond, les hauteurs du Bocage gâtinais, que l'éloignement rend vaporeuses, font un rideau à peine ondulé.

Nous avons regagné la forêt en traversant le vieux cimetière de Recloses entourant une antique église, très simple à l'extérieur, mais dont la nef et l'unique bas-côté ont de belles voûtes à nervures. Au delà, s'étendent des champs fertiles ; on y cultive surtout la pomme de terre et l'asperge, renommées pour leur qualité. Des taillis bordent cette grande clairière, bande de valeur médiocre précédant la futaie domaniale délimitée par un bornage de hautes pierres. Les arbres sont de vigoureuse venue de ce côté. Une longue allée s'ouvre dans la forêt, allant rejoindre la « route Ronde ». Non loin de la lisière, une étoile majestueuse est le point de jonction d'autres chemins forestiers très droits, aux profondes perspectives.

Jusqu'aux Mares-aux-Fourmis dont nous cherchons vainement les vasques, nous continuons à suivre la percée entre les grands hêtres. Maintenant nous suivons la route du Nid-aux-Corbeaux ouverte entre des cépées de hêtres élançant hauts et droits leurs brins qu'une légère patine de mousse bronze du côté de l'ombre; à la cépée fait suite une jeune futaie de même essence. Ici le hêtre n'a pas l'aspect vigoureux et frais des hêtraies croissant sur un sol plus riche : troncs et rameaux ont je ne sais quoi de ramassé, avec ces formes qui plaisent aux peintres, si elles navrent les forestiers.

Dans ce canton, le peuplement est fort varié; les hêtres bientôt font place à des parties de bois où les pins et des sapins se mêlent à eux. A travers cette futaie, la route d'Orléans prolonge son large sillon de macadam blanc liséré par les trottoirs gazonnés ; d'un côté, la croix de Souvray arrête la perspective ; de l'autre, la large percée se profile vers Ury et semble sans fin.

Nous continuons à nous diriger vers Arbonne, à l'aide de la carte et des poteaux fixés aux carrefours. De ce côté il y a quelques beaux arbres. Il ne faut pas sourire de cette phrase ; en somme la forêt de Fontainebleau est très irrégulière et les arbres de réelle majesté sont en nombre médiocre. Voici cependant un hêtre superbe par son tronc puissant et court au-dessus duquel la ramure s'arrondit, régulière. A un carrefour se dressent des cépées ; l'une d'elles a sept brins à la base, se ramifiant plus haut.

Le regard seul est sollicité ; pas un murmure dans ces bois sans fin, pas un chant d'oiseau, pas un frôlement. Les futaies semblent mortes et ce silence pèse étrangement. Soudain, un corps brun file avec rapidité, d'autres suivent, c'est un troupeau de biches que notre passage met en fuite. Nous sommes en effet dans la partie de la forêt où les grands ruminants ont été peu à peu refoulés par l'affluence des touristes. Nous avançons prudemment dans l'espoir de retrouver les jolis animaux, quand un cocorico retentissant se fait entendre. Nous avons atteint le poste forestier des Grands-Feuillards. La basse-cour des gardes est pleine de rumeurs. Derrière la maison verdoie le grand espace concédé aux forestiers pour l'entretien de leur bétail. Les biches que nous avons vues étaient sans doute attirées autour de l'enclos par l'appétissant tapis des plantes cultivées, dont les grillages leur interdisent l'entrée.

Autour du rond-point où la maison forestière se baigne de soleil, sont de beaux hêtres, peut-être les *grands feuillards* qui donnèrent leur nom au canton : « faye, fayard, foyard, feuillard » sont les termes les plus en usage pour désigner cette essence que les anciens, comme nos botanistes, appelaient *fagus*.

Au nord-ouest toujours, la route de Joinville nous ouvre son avenue où, bientôt, les hêtres et les chênes font place aux pins sylvestres. Les troncs gris montent, réguliers; à mi-hauteur, l'écorce, rugueuse et grise, devient d'un roux doré recouvert par places d'une fine pellicule bleuâtre. De ces rameaux à teinte vigoureuse partent les ramilles empanachées d'aiguilles.

Cette colonnade infinie dressée au-dessus d'un tapis de mousse à teinte de bronze saisit par son calme et sa majesté. Mais bientôt elle paraît monotone, d'autant plus que la vie animale est absente. Chose singulière, bien qu'un souffle assez puissant agite les arbres, leur frémissement ne se traduit par aucun bruit. On n'a pas, dans ces pins de Fontainebleau, trop serrés, le murmure émouvant des grands pins maritimes des Landes ou de ces pinèdes qui se détachent avec tant de vigueur sur le ciel bleu des rivages méditerranéens.

Enfin le spectacle change, le sol se relève en une ride recouverte de rochers, les plantations régulières font place à des arbres moins élancés, paraissant s'arc-bouter pour se tenir accrochés à la pierre où ils trouvent à peine des interstices leur permettant de chercher la maigre couche d'humus nécessaire à leur vie. Nous sommes dans la zone tourmentée où les convulsions géologiques ont laissé des traces autrement saisissantes que la trouée dans les pins, aperçue il y a un instant, œuvre de la bourrasque terrible de février 1900 qui renversa douze mille de ces arbres.

Le chemin, s'élevant entre de pauvres taillis, est parvenu sur un ressaut et nous a amenés en vue d'un paysage étrange. C'est une longue arête, sans arbres sinon quelques jeunes bouleaux encore défeuillés; le sommet et la pente sont couverts de milliers et de milliers de blocs de grès que l'on dirait semés régulièrement. Tous sont énormes, plusieurs cyclopéens; la face le plus longtemps exposée au soleil est d'un blanc de neige. Les alternatives de rayons, de froid, d'humidité rongent la roche friable, les vents enlèvent les parties désagrégées et laissent à nu la pierre, dans toute sa blancheur. Au pied se creuse un vallon allongé; le fond est un lit de sable blanc, très large, sans un brin d'herbe, sans une broussaille. De distance en distance, de petites tourelles jalonnent ce singulier thalweg de fleuve sans eau.

Là-dessous, cependant, coule une onde claire, pure et fraîche, mais enfermée dans des conduites de fonte. C'est l'aqueduc de la Vanne, abrité du soleil par cette couche de sable et décelé par les tourelles.

Nous voici de l'autre côté de l'étrange ravin, un des sentiers dus à Denecourt monte dans ces « rochers de Milly », entre les blocs à surface éblouissante, aux côtés gris, presque noirs, formant parfois de petites cavernes. Sur le sommet du coteau, une *platière,* les blocs ne sont pas moins nombreux; de volume plus considérable, ils ont souvent des auréoles jaunes ou de rouille produites par l'oxyde de fer.

Entre deux ravins s'allonge une croupe couverte d'un gazon rêche; des troncs coupés rez terre révèlent qu'il y eut là une futaie de pins, sans doute détruite par un de ces incendies qui créent à nouveau le désert si patiemment conquis. Les forestiers recommencent la lutte, cette fois ils ne s'adressent pas à une essence aussi inflammable, ils ont planté des bouleaux encore bien bas et frêles, à peine perceptibles dans leur poquet.

De cette crête gazonnée, appelée les Hautes-Plaines, la vue est très étendue. Les bois descendent des rochers et couvrent de grands espaces dans la plaine; d'étroites arêtes rocheuses s'avancent en promontoires dans ce lac de verdure sombre formée par l'énorme pinède; à la pointe de l'une d'elles est dressé un petit édifice, la chapelle de Notre-Dame de Grâce, sous laquelle la vallée de l'École s'étend verdoyante, profonde, peuplée de villages. Les coteaux de la rive gauche sont hérissés de buttes de grès, rondes ou aiguës, qui me rappellent d'une façon étrange les petits monts de basalte surgissant des plateaux du Velay[1].

Ces grands horizons disparaissent; par un chemin entre les sables nous voilà descendus dans les pinèdes. Un instant on voit se dresser

---

1. 34ᵉ série du *Voyage en France*.

la pyramide du rocher d'Arbonne, faite de blocs entassés ; de là-haut on distinguerait un coin de paysage étrange, de véritables dunes d'un blanc éblouissant, amas que le vent a modelés comme ceux des bords de la mer. Ce sont les Gros-Sablons ou sables d'Arbonne.

Le sentier atteint une route bien entretenue, conduisant de Fontainebleau à Arbonne. Une église simple, dont l'abside est percée de trois baies ogivales, s'encadre à droite et à gauche d'une rangée de maisons de teinte fauve. Nous sommes dans le calme village d'Arbonne.

Les gorges de Franchard. 29 mars. — Assez morose pendant longtemps est le chemin d'Arbonne aux gorges qui firent en partie la réputation de la forêt. Des pins, encore des pins, couvrant un sol revêtu de fougères et de bruyères avec des parties humides où croissent les lêches et les joncs. Toujours le même silence. Cependant des piles de bois indiquent que la vie bûcheronne s'exerçait hier encore, mais c'est dimanche aujourd'hui, les ouvriers ne sont pas venus.

Le paysage change enfin, la chaîne des rochers de Franchard apparaît entre les pins. On croirait une pente revêtue de neige, tant les blocs de grès sont éblouissants et rapprochés. Ce chaos fut un moment superbe, il n'est plus que curieux et laid, en somme. Des pins, des hêtres, des chênes enveloppaient les rochers. Sous l'ombre propice, les mousses, les fougères et le lichen revêtaient les pierres de leur velours de bronze ou de leurs palmes vertes. Les incendies, surtout celui de 1897, ont détruit la futaie protectrice, calciné les végétaux qui ornaient la roche, et celle-ci, exposée au soleil et au vent, s'en va en poussière blanche.

Un sentier monte entre ces pierres auxquelles manque le charme des vieilles choses et qui ne se couvrent pas de la patine sombre ou colorée donnant tant de beauté aux amoncellements de granit de Bretagne et du Limousin, aux parois calcaires du Périgord, des Causses, du Jura et des Alpes dauphinoises. Contournant les blocs, il atteint le sommet de l'arête. De là on découvre un vallon semblable à celui de Milly, plus rocheux encore, car les deux versants sont également couverts d'amas de grès. Cela est d'une nudité absolue. Pas un arbre, pas de verdure, en ce moment du moins où la végétation commence à peine. C'est un désert morne qui n'a même pas l'étendue pour lui. Pourtant ce ravin pierreux est célèbre, ce sont les gorges de Franchard.

Le feu a détruit tout ce qui faisait la beauté du site; il lui reste son étrangeté. Cela est à voir, car on ne rencontrerait pas ailleurs semblable vallée.

Une « cavalière », c'est-à-dire une route pour les chevaux, suit le fond des gorges, à côté d'un sentier plus ferme créé par Denecourt à l'usage des piétons. Cette piste se bifurque, gravit les pentes et monte à un passage entre deux roches formant auvent, où l'on parvient par d'étroits couloirs. Du plafond de chacune d'elles suinte un peu d'humidité, après les pluies ce sont des gouttes. De là ce nom de « Roche qui Pleure », donné à l'un des deux abris, sans doute celui que des visiteurs ont couvert d'inscriptions destinées à faire passer leurs noms à la postérité.

Entre les rochers, sur la corniche dominant les gorges, un sentier s'en va à l'extrémité de l'arête et descend dans une clairière au milieu de laquelle se dresse une construction grise, soutenue par de lourds contreforts. C'est un mur échappé à la destruction du prieuré de Franchard, ordonnée par Louis XIV pour enlever aux détrousseurs de grand chemin un abri d'où ils allaient attaquer les voyageurs. Le prieuré avait remplacé un ermitage qui, de bonne heure, détermina une affluence considérable de pèlerins à certains jours de fête. On attribuait de mirifiques vertus à l'eau saumâtre d'une citerne, et les gouttes tombant de la Roche qui Pleure avaient une influence bienfaisante sur les yeux malades. Aujourd'hui encore, Franchard a son jour de grande affluence, le lundi de Pentecôte, mais les qualités miraculeuses de l'eau n'y sont pour rien. D'ailleurs le carrefour a été doté d'un puits profond de 66 mètres donnant avarement une onde filtrée dans les sables.

L'ancien prieuré n'est plus qu'une maison de garde. A côté, la clairière a permis de créer un vaste restaurant-guinguette, très achalandé pendant l'été. Alors cette partie de la forêt est pleine de rumeur et de bruit : breaks d'excursion, victorias, automobiles, forment files sur les routes et la foule emplit les moindres sentiers.

Aujourd'hui, rares sont les visiteurs. Je ne saurais m'en plaindre, la forêt est plus captivante dans son intimité. Il y a ici quelques coins échappés à l'incendie et classés dans les séries artistiques ; les arbres contournés et moussus, le sous-bois sauvage perdraient à être envahis par l'élément badaud qui afflue régulièrement pendant la saison.

La route Ronde, tracée pour permettre aux équipages de suivre les chasses à courre, croise près de la clairière plusieurs autres chemins forestiers. L'intersection est un vaste rond-point ayant au centre un amas de rochers surmonté d'une croix. Dans ce piédestal est incrustée la plaque rappelant les désastres de 1879 et de 1880, gelée et verglas qui jetèrent sur le sol « 500 000 stères de bois ».

Un des chemins s'en va droit sur Fontainebleau, on le nomme route du Cèdre parce qu'un arbre de cette essence occupe le milieu d'un rond-point. Parallèlement court un sentier, au bord d'une des vallées ouvertes dans le massif : la gorge du Houx, moins célèbre que celles d'Apremont et de Franchard et pourtant autrement belle. Elle a gardé son manteau d'arbres d'essences variées entre lesquels on aperçoit les grands rochers avec leur délicate parure de mousse. Sur quelques arêtes, des pins de forme hiératique se profilent contre le ciel bleu. La diversité des teintes est extrême; au loin ondulent des chaînes rocheuses revêtues de bois, d'autres gorges se devinent. Les teintes varient selon le relief, la profondeur, le lointain, la nature du peuplement forestier; toutes les gammes du vert se dégradent harmonieusement pour se confondre avec le bleu infiniment doux de l'extrême horizon.

Panorama véritablement émouvant, dont on jouit dans toute sa plénitude lorsqu'on est assis sur le banc de gazon entourant le tronc du cèdre souffreteux planté dans le sol sablonneux et sans profondeur d'un carrefour.

Un moment encore le sentier, continuant à suivre le bord du mont Fessas, domine ce large tableau ; bientôt il faut descendre, l'arête finit sur le bassin où Fontainebleau est à demi dissimulé par la verdure ; le château et le sommet de quelques édifices surgissent seuls, donnant soudain l'impression de la vie humaine, si rarement manifestée pendant cette course de huit lieues, qui nous a montré une bien petite partie de la forêt. Les chemins sont maintenant animés par les citadins en promenade dominicale. Voici les murs du parquet des chasses à tir et un étrange bosquet de bouleaux et de pins aux troncs et aux branches contournés, comme si des jardiniers japonais leur avaient infligé la torture qu'ils imposent à de malheureux petits pins et autres arbres maintenus à l'état de végétaux lilliputiens. Étrange, cette issue de Fontainebleau vers la forêt.

Car voici la ville, s'ouvrant par la longue et large rue Royale, tranquille, presque endormie, mais bordée parfois de beaux hôtels dont les parcs sont merveilleusement verts.

XI

LES ESPALIERS DE THOMERY

La forêt aux abords de Thomery. — Descente à la Seine. — Les murs de Thomery. — Les espaliers de chasselas. — Les essais de François Charmeux. — Les boutures de la treille du Roi. — Développement de la culture du chasselas. — La population de Thomery. — L'ancien commerce des pommes. — Comment on dispose les murs. — Découverte de la conservation du raisin. — La production de Thomery. — La dynastie des Charmeux. — M. Salomon. — Les forceries.

Thomery. Mars.

De Fontainebleau, la route et le chemin de fer de Sens s'en vont en pleine forêt ; ils se touchent un instant dans le canton de la Croix-de-Guise, au milieu du large défilé formé par deux rangées parallèles de rochers, le chaînon d'Avon et le « mont » Andart. Cette partie de la vaste sylve, une des plus belles, possède de grands arbres, des hêtres surtout; les chênes s'élancent, hauts et droits, très serrés. Le sous-bois a une fraîcheur bien rare dans cette région de grès et de sables perméables. Si la percée trop large de la grande route forme un passage rude à suivre en plein soleil, les routes forestières latérales et les sous-bois sont au contraire adorables d'ombre et de silence.

Dans ce cadre solitaire, le chemin de fer a une station : Thomery. Mais on chercherait en vain une habitation hors les bâtiments de la gare ; au fond de toutes les avenues qui s'ouvrent, profondes, on ne voit que confus lointains de verdure. Un de ces chemins est animé, il conduit à Thomery ; par là, pendant une grande partie de l'année, viennent sans cesse les caisses et les paniers de ce raisin de chasselas qui a illustré le nom du village.

Un pli se creuse dans le plateau par lequel descend la route ; un autre chemin, dévalant plus brusquement comme au fond d'un abîme, va rejoindre le hameau d'Effondré. La crête que l'on évite, nommée Chantoiseau, offre une des plus larges vues de ces rebords de la forêt qui offrent tant de grands paysages.

La descente est courte ; après avoir longé le cimetière enveloppé par la lisière de la forêt, le chemin atteint un des plus singuliers villages que l'on puisse voir, si l'on peut appeler village des rues sans maisons, bordées de murs d'un blanc éblouissant, tapissés de vignes entretenues et taillées avec un soin extrême. Partout des treilles, partout de hautes tiges rugueuses tenues très droites avec des rudiments de branches. Ces arbustes prennent souche dans le trottoir même; à peine un ou deux pieds de sol cultivé, on marche au long de ces espaliers dont une faible longueur représente une petite fortune. Dans ce coin d'Ile-de-France, où l'on compte encore en arpent et en toise, la propriété s'évalue à la toise de mur, c'est-à-dire par deux mètres. Dans les meilleurs terrains, car même dans ce village exigu il y a des « crus », la toise vaut jusqu'à 100 fr., elle ne descend guère au-dessous de 30 fr.

Peu à peu quelques maisons apparaissent, soit à front de rue, soit précédées de cours, mais toutes les façades, jusqu'aux murs de séparation ou de hangars, sont converties en espaliers de chasselas; quelques habitants, par goût de variété ou par un souci de décoration, ont palissé des arbres fruitiers ou des rosiers.

Une seule rue échappe à ce revêtement, c'est l'artère principale, parallèle à la Seine, où sont les boutiques, les cafés, les petits ateliers nécessaires à la vie rurale. Mais les maisons, très avenantes, ont des jardinets dans lesquels des figuiers en pleine terre disent la douceur du climat. Çà et là, toutefois, des vignes vigoureuses, palissées avec art, encadrent portes et fenêtres.

Dès que l'on sort de cette longue rue décrivant une courbe au pied de la colline, on retrouve les espaliers ; d'un côté, les murs blancs vont jusqu'à la Seine, de l'autre ils montent à la lisière de la

forêt. Les rues perpendiculaires sont étonnantes par le revêtement des habitations et des hauts murs de jardins. Cela ne ressemble à rien de déjà vu ; les trottoirs, bien battus vers la chaussée, ont au ras des murailles une étroite platebande bêchée et fumée, dans laquelle la vigne va plonger ses racines. C'est un extraordinaire labyrinthe de couloirs verdoyants; on pourrait se croire dans quelque vieux parc français du temps de Le Nôtre, aux charmilles bien taillées, si le mur blanc n'apparaissait entre les feuilles et si un chaperon de tuile ne décelait la maçonnerie qu'il abrite. En avant de ce chaperon s'avancent des tiges de fer, où l'on tendra les toiles pendant la dangereuse période des gelées printanières.

Vue de loin, des hauteurs de Saint-Mammès ou du rebord du plateau de Brie, cette multitude de longues cases, si blanches quand la vigne est dépouillée de feuilles, produit un effet extraordinaire, plus encore que la campagne de Montreuil où la culture du pêcher a recours à des procédés semblables[1]. A distance, les murs sont plus rapprochés qu'ils ne le paraissent quand on pénètre dans cette ruche. L'espace permet de cultiver la vigne en cordon ou en contre-espalier.

Des chemins s'en vont jusqu'au sommet de la côte, entre les opulentes murailles qui changeront d'aspect avec la saison : d'un vert bronzé quand débourrera la vigne, pleine d'une odeur

---

1. 50ᵉ série du *Voyage en France*.

délicieuse quand la floraison sera venue; souillée de blanc verdâtre lorsqu'on projettera les bouillies cupriques contre les maladies cryptogamiques; saupoudrée de vieil or fin quand on mettra de la fleur de soufre pour préserver de l'oïdium. On verra peu à peu la grappe grandir, le grain se gonfler et se dorer. On enveloppera le raisin dans des sacs de toile pour le préserver des rongeurs, et la cité des pampres aura alors un aspect étrange jusqu'à la finale apothéose des feuilles rougies par l'automne.

Du sommet de la colline, où les derniers murs touchent aux premiers chênes, on découvre tout le village assis dans une position heureuse et charmante, en face de la haute colline rocheuse et boisée des Pressoirs-du-Roi, couronnée par sa vieille tour de la Guette. Les murs rayonnent autour du noyau central formé par l'église, édifice modeste, blanc comme tout ce qui l'entoure, mais dont l'intérieur garde quelques traces d'art et d'élégance.

Le territoire de Thomery est en grande partie couvert par ces murs. Sur une superficie de 350 hectares, on en compte 120 en vignes ([1]).

---

1. Le reste est ainsi réparti : constructions, 10 hectares; bois taillis, 72; jardins, 10; terres, 70; prairies, 40.

C'est dire que ces espaliers sont la source prédominante de la fortune publique; 250 ménages n'ont pas d'autres ressources que celles fournies par le raisin, mais il suffit de bien peu de terrain — certains ouvriers cultivent 10 ares — pour assurer l'existence d'une famille, dans un pays où l'on appelle *fort propriétaire* celui qui possède 5 hectares de clos-vignes et une *chambre de conservation*, renfermant de 30 000 à 40 000 de ces bouteilles dont je parlerai tout à l'heure.

La prospérité de Thomery est due à un homme d'initiative, François Charmeux, qui vivait dans la première moitié du dix-huitième siècle. Frappé de la beauté et de la succulence des raisins obtenus sur la treille du Roi dans les jardins de Fontainebleau ([1]), il eut l'idée de planter des sarments de celle-ci au long d'un mur établi en bonne exposition, semblable à celle de la fameuse treille. Cela paraissait simple, mais la capitainerie des chasses souleva des difficultés. Un mur à l'issue de la forêt ! Il pouvait gêner les meutes et les cavaliers courant le cerf: on n'autorisa Charmeux à établir son mur

---

1. Page 100.

qu'à la condition de le percer d'une porte livrant passage aux équipages; piqueurs et chiens pouvaient alors continuer la poursuite. Le souvenir est resté de cet incident, dû à l'un des abus les plus criants de l'ancien régime; on voit encore dans un mur bordant le chemin des Montforts, vers By, les linteaux de la porte des chasses.

D'abord objet des commentaires narquois de ses voisins, François Charmeux ne tarda pas à triompher de leur esprit de dénigrement, en montrant que ses produits se vendaient plus cher et plus facilement que ceux obtenus en plein champ selon les vieilles méthodes; quelques-uns se décidèrent à l'imiter. Mais il y avait peu de murs encore au commencement du dix-neuvième siècle, soixante-dix ans après la mise en terre du premier sarment.

Avec le calme qui suivit la Révolution, la culture se développa, favorisée par le voisinage de Paris et surtout de la Seine, voie commode permettant d'amener sans secousses ces produits délicats. Cependant, on n'aurait pu atteindre les merveilleux résultats actuels sans l'incomparable situation de Thomery et la richesse de son sol. Le demi-cercle formé par ce terroir est exposé au sud-est; en face, la terrasse de Brie forme un véritable écran qui arrête les vents humides et froids; le sol sablonneux, facile à s'échauffer, repose sur un sous-sol frais donnant la vigueur aux racines. Enfin la forêt, couvrant le sommet de la colline, arrête les vents d'ouest chargés de vapeur, et empêche la formation de la grêle. Aussi chaque fois que l'on a voulu faire des coupes vers cette lisière, les habitants se sont-ils gendarmés. On doit à leur hostilité les belles futaies de cette boucle de la Seine.

La population viticole de Thomery est en grande partie le produit de l'immigration. Les premiers planteurs de vignes ont fait appel à la main-d'œuvre du dehors pour établir leurs murs, défoncer le terrain, effectuer la cueillette et le transport. La plupart de ces manouvriers sont restés dans le pays, ont fait des économies, se sont mariés et ont pu acquérir quelques ares sur lesquels ils ont édifié des murs. D'après les renseignements recueillis par Baudrillart dans son enquête sur les populations agricoles de l'Île-de-France, la plupart des petits cultivateurs ont un bien représentant 20 000 fr. et descendant rarement au-dessous de 10 000. On donne, en dot, jardins ou murs valant 5 000 ou 6 000 fr. Le plus grand et le plus célèbre des producteurs de Thomery, M. Salomon, est lui-même un immigrant.

Ce qui a sans doute beaucoup contribué au développement de la vigne, est l'ancienneté de la culture fruitière sur les rives de la Seine. Les collines et la petite plaine de Thomery étaient particulièrement riches en pommiers. Sous l'ancienne monarchie, la ville de Fontainebleau ayant à offrir chaque année des fruits aux souverains qui venaient villégiaturer au château, s'adressa à Thomery; une famille Larpenteur était fournisseur privilégié et le fut encore en 1816. Je trouve ce détail dans un livre que M. Huet a consacré à Thomery[1] et renfermant de curieux souvenirs sur l'industrie des transports. Deux services de navigation ou *courbes* se partageaient le trafic vers Paris, la *courbe bourgeoise* et la *courbe infernale*, ayant chacune trois services par semaine. Le nom de cette dernière était dû aux habitudes un peu bruyantes de ses mariniers.

Cependant Thomery n'aurait pu alimenter ce mouvement intense; pour le comprendre, il faut connaître les mœurs commerciales d'une partie des vieux « Thomerions ». Ne pouvant suffire à toutes les demandes des Parisiens, ils s'en allaient loin dans l'intérieur de la France, par-

---

1. Fontainebleau, librairie Lacodre.

tout où l'on récolte des pommes et où l'on pouvait embarquer celles-ci sur des bateaux, jusque dans la Limagne d'Auvergne où l'Allier était très fréquenté(¹), dans l'Anjou, la basse Bourgogne accessible par l'Yonne. M. Huet dit que certaines années les achats s'élevaient à 200 000 fr. Les canaux permettaient d'amener les chalands à la Seine et de les débarquer à Thomery d'où on les envoyait à Paris, au fur et à mesure des besoins. Cela dura jusqu'au moment où les chemins de fer permirent aux pays producteurs de diriger eux-mêmes leurs produits sur Paris. Mais il en subsiste quelque chose, la *pomme de bateau* vendue sur les chalands dans le petit bras de la Seine, en face de l'île Saint-Louis. Ces pommes venues par voie ferrée à Montargis y sont confiées à la voie navigable.

La navigation entre Thomery et Paris est allée en périclitant jusqu'en 1862 ; alors prit fin le dernier service spécial, et le chemin de fer a hérité de tout ce mouvement, bien accru encore.

La vigne, d'ailleurs, a pris la prépondérance, et par vigne il faut entendre surtout le chasselas, originaire, croit-on, du village de ce nom dans

---

1. Sur ce commerce des pommes d'Auvergne, voyez 33ᵉ série du *Voyage en France*, chapitre XV

le Mâconnais, bien qu'on ait voulu y voir un cépage de Cahors. Concurremment, mais sur une moindre étendue, on cultive le frankenthal — *franc quintal* pour les bonnes gens de Thomery — qui viendrait des bords du Rhin. Aux qualités dues à la différence des plants, il faut ajouter celles qui proviennent de la nature du sol et de l'exposition ; les jardins situés vers le quartier des Montforts sont les plus riches, les provins ou plutôt les rameaux couchés, les *recouches,* destinées à donner des radicelles nombreuses, y prospèrent, tandis que dans les parties hautes la vigne *paralyse*. Autour même du village, le raisin est meilleur, plus sucré.

Ces beaux fruits sont le résultat d'un travail énorme et d'une longue expérience. Les Charmeux, dont le nom est inséparable de celui de Thomery, ont, de génération en génération, créé les règles pour la culture de la vigne en espaliers. Je n'entrerai pas dans tous les détails de cette industrie très complexe, étudiée dans un grand nombre d'ouvrages spéciaux, notamment dans l'*Ampélographie française* de Victor Rendu.

La division du territoire en innombrables enclos ne s'est pas faite au hasard, il y a des règles inéluctables d'exposition et de hauteur. Les murs de clôture des jardins ont 2^m,60 d'élévation, les murs de refend ont 2^m,15, l'espace entre ces murs est de 12 à 14 mètres : on y enferme les contre-espaliers. Avant d'atteindre le mur où il sera fixé à l'aide de treillage, le sarment aura passé trois années, depuis que la marcotte, la *chevelée,* aura été plantée, en subissant des tailles et des pincements. Quand la tige a la longueur et la force nécessaires, on procède à la recouche, le sarment est disposé dans une petite fosse et va sortir contre le mur. Ce n'est qu'une partie du travail, la conduite de la treille en cordon est toute une science, dont Rose Charmeux a fixé les bases; l'explication de la théorie me conduirait bien loin. Ces méthodes sont un peu modifiées, la crainte du phylloxéra a amené l'étude et l'application des procédés de greffage; il y a déjà vingt greffeurs à Thomery.

Cette belle industrie horticole aurait été atteinte par la concurrence de régions plus chaudes, pouvant fournir le chasselas sans autant de labeur — le Lot-et-Garonne par exemple ([1]), et par les raisins forcés en serre, si les qualités de finesse du chasselas de Thomery n'étaient incomparables et si l'on n'avait trouvé le moyen de conserver l'entière fraîcheur du raisin jusqu'au

---

1. 31ᵉ série du *Voyage en France.*

mois de mai. Ce procédé fut un peu l'œuvre du hasard. Un horticulteur, M. Larpenteur, ayant eu l'idée de placer des sarments avec leurs fruits dans une coupe pleine d'eau qu'il renouvela à mesure qu'elle s'évaporait, vit ses raisins rester frais pendant tout l'hiver de 1848. Au mois de février, il montra ses grappes, toujours vermeilles, à Rose Charmeux, alors débutant, et à un autre vigneron, Georges Valleaux. Ceux-ci, frappés de cette conservation, firent des vases en zinc dans lesquels, à la première récolte, ils placèrent des sarments à fruit.

Le procédé était efficace, on put vendre des raisins jusqu'au printemps. Plus tard, Rose Charmeux fit simplement usage de bouteilles en verre, c'est ce que l'on emploie encore aujourd'hui. Il n'est pas une maison qui n'ait sa « chambre à raisins ».

Le terroir de Thomery est trop exigu pour permettre d'accroître le nombre de murs, mais la culture du chasselas s'étend dans les communes voisines, notamment à Champagne et à Veneux-Nadon. Pour Thomery seulement on évalue la longueur des espaliers à 350 kilomètres. Les contre-espaliers ont un développement quadruple.

Le commerce a perdu le caractère patriarcal

de jadis, les vignerons vendent leur raisin soit directement à de gros consommateurs, tels que les restaurateurs, soit à des commerçants de Paris, de province et de l'étranger, soit par l'intermédiaire de commissionnaires. M. Huet, dont le livre a paru en 1892, donne le chiffre de 836 400 kilogrammes pour les seules ventes aux Halles centrales ; la valeur était de 1 254 600 fr. Avec les ventes d'autres fruits et celles effectuées à l'étranger et en province, M. Huet arrive à 1 348 560 fr. ; les frais de culture, de cueillette et d'expédition étant de 832 107 fr. 53, le bénéfice dépasserait 516 000 fr. La région tout entière fournirait 2 millions de kilogrammes de raisin. On peut en cueillir 10 000 kilogrammes sur un hectare.

On a vu parfois six cents wagons, chargés de 2 000 kilogrammes de raisins, quitter Thomery en une seule saison ; chaque wagon renferme deux mille paniers ou caissettes dans lesquels les raisins sont enveloppés de fougère.

La concurrence du Midi et des forceries oblige les vignerons à entrer dans des voies nouvelles. M. Salomon, dont j'ai parlé déjà, qui a pris la tête de la culture à Thomery, et dont la célébrité est aujourd'hui universelle, a entrepris la culture sous verre, non seulement pour le raisin, mais encore pour les fruits à noyaux et les fraises ; les résultats sont superbes.

M. Étienne Salomon, chef d'une dynastie semblable à celle des Charmeux, ne semblait pas destiné à devenir vigneron et surtout ampélographe. C'était un de ces colporteurs charentais des bords de la Tardoire, dont j'ai dit jadis l'existence active([1]). Il est né à Saint-Ciers, entre Mansle et La Rochefoucauld. De bonne heure il parcourut la France, vendant la mercerie et les tissus ; le hasard l'amena à Thomery ; il vit la culture en espaliers, en apprécia la valeur, devina que l'on pouvait faire beaucoup encore dans cette voie et, s'installant dans le village, prit place parmi les producteurs. Doué de qualités rares, il parvenait en moins de dix ans à la grande réputation dont il jouit et obtenait les prix d'honneur dans les grands concours ; se mettant au premier rang dans la lutte contre le phylloxéra, il a repris son rôle d'oiseau migrateur, comme au temps du colportage, pour aller à travers la France entière étudier les moyens de résistance et prêcher le bon combat. Aidé par son fils, il a créé une exploitation modèle

---

1. 15ᵉ série du *Voyage en France*, chapitre III (« Au pays des colporteurs »).

pour la production du raisin forcé. J'ai vu au 20 mars, dans les serres, des vignes ayant toutes leurs feuilles et dont les raisins étaient déjà gros. A côté, des cerises mûries en pots mettaient la gaîté de leurs pendeloques de corail. Il y a là une collection ampélographique splendide, une serre est consacrée uniquement aux variétés qui ne sauraient mûrir sous le climat de Paris.

La collection la plus intéressante pour Thomery est celle des variétés qui peuvent se cultiver en espalier; elles sont très nombreuses, mais aucune ne saurait encore rivaliser avec le chasselas doré pour la couleur et le parfum du fruit.

Les serres de MM. Salomon ont surtout pour but de produire les plants greffés demandés par la culture, tant à Thomery que dans tous les pays où l'on peut cultiver la vigne. On peut y voir huit cents caisses à greffer renfermant chacune trois mille plants. Les boutures y restent neuf jours, puis, ayant déjà des yeux, passent dans une autre serre qui les gardera six jours avant l'expédition. Ce commerce de plants s'étend beaucoup à Thomery ; MM. Salomon, qui l'ont fait naître, ont dû installer de vastes pépinières à Dammarie-les-Lys, près Melun, et à Chailly-en-Bière dans la grande plaine située au nord-ouest de la forêt.

Les forceries n'offrent pas l'étendue de tant d'autres exploitations industrielles identiques du Nord, mais elles n'ont rien à leur envier; peut-être même leur sont-elles supérieures par la variété des espèces cultivées.

La création de M. Salomon est comme le couronnement de l'œuvre des Charmeux et de toute cette population admirablement vaillante qui a su faire de Thomery une chose unique au monde. Population ardente au travail, ignorant le relâchement dans l'existence qui a causé la faiblesse de tant d'autres agglomérations rurales. A peine, à de rares intervalles, une expédition à Paris pour aller chercher le prix des ventes. Dans toute l'année, une seule journée de fête et de franche lippée, le 22 janvier, fête de saint Vincent : messe, remise du pain bénit, repas plantureux et, le soir, bal à l'auberge la plus renommée du pays, dont le nom semble résumer Thomery : *La Bonne Treille.*

XII

LA SEINE ET LA FORÊT

Champagne-sur-Seine. — Le vieux village. — Une ville naissante. — Les ateliers d'électricité du Creusot. — Visite à l'usine. — Le château des Pressoirs-du-Roi. — La vigne de François Ier. — Effondré. — A la tour de la Guette. — Vulaines et Samoreau. — Valvins. — En forêt. — La tour Denecourt. — La forêt entre Avon et Marlotte.

Marlotte. Mai.

Les nouvelles usines de Champagne ont fait perdre au paysage de Thomery une partie de sa placidité heureuse. Les grandes constructions des ateliers et l'embryon de ville ouvrière qui occupent la plaine caillouteuse enfermée dans une boucle de la Seine sont maintenant le détail obsédant du paysage. Il est vrai que celui-ci n'est point souillé de fumée, la fée électricité agit sans embrumer le ciel comme la machine à vapeur.

Champagne, jusqu'à la mise en marche des ateliers dépendant de la compagnie Schneider, c'est-à-dire du Creusot, était un village très rustique, imitant Thomery par la production des raisins en espalier, vivant aussi par la navigation, la fabrication de la chaux et du plâtre et l'exploitation des bois, car la zone des cultures est de bien médiocre surface. Une humble église à porche roman, des maisons basses tapissées de treilles ; dans ce milieu très rural, quatre ou cinq cents habitants au plus, tel était Champagne. Maintenant cet aspect campagnard disparaît : des boutiques à devantures voyantes occupent quelques rez-de-chaussée, les logis bas s'exhaussent, des constructions neuves occupent l'emplacement de jardins à raisins.

La métamorphose serait plus complète si la spéculation n'avait tenté de tirer parti de l'immigration causée par la manufacture. Pour loger quatre cent cinquante ouvriers et leurs familles, il fallait des maisons, une société a ébauché une ville entre le village et l'usine. Mais, au lieu de former un quartier de maisonnettes avec jardins comme on l'a fait sur tant de points, on a imaginé d'élever, sur des rues étroites, de grandes maisons à trois étages. Par leur gaîté, l'habitation du directeur, quelques pavillons pour les principaux employés font mieux ressortir l'erreur commise et expliquent le peu d'empressement des ouvriers à occuper les casernes qui bordent des chaussées trop resserrées.

Les ateliers devaient être construits près de Melun, m'a-t-on dit, mais la société n'aurait pas trouvé beaucoup d'empressement à accueillir une colonie ouvrière qui pouvait modifier le caractère aristocratique de la ville; on dut chercher un autre emplacement pour installer cette partie des établissements du Creusot. Il était indispensable d'être dans le voisinage de Paris, grand centre d'achat pour les machines électriques; la proximité de la voie d'eau et du chemin de fer était une autre nécessité. Le choix se porta sur Champagne, placé en face de la jonction de la Seine et des canaux du Centre, sur le nouveau chemin de fer de Corbeil à Montereau, qui double la primitive ligne de Lyon.

L'espace est vaste — 5o hectares environ; on a pu construire avec beaucoup d'ampleur un premier groupe de bâtiments et réserver largement l'avenir. Au centre, un immense hall ayant la hardiesse d'une nef de cathédrale présente à chaque extrémité une haute façade percée d'une baie occupant toute la hauteur. Ce hall a 170 mètres de longueur et 5o de largeur, dont 25 pour la nef centrale. De chaque côté du gigantesque édifice, trois pavillons à terrasse complètent l'organisme. A l'écart, au bord de la Seine, est l'usine destinée à fournir le gaz pauvre qui actionne les machines génératrices d'électricité. Cet ensemble constitue la station centrale donnant la force et la lumière à tous les ateliers.

Champagne est entièrement consacré à la construction des machines électriques, mais on n'y met en œuvre que des pièces préparées au Creusot ou dans les autres usines françaises. Il ne faut donc pas chercher ici les hauts fourneaux, les fonderies, les laminoirs et tant d'installations bruyantes ou fumeuses qui constituent la grande métallurgie moderne. Puis, la force motrice électrique ne comporte pas de transmissions, de volants, d'organes compliqués. S'il n'y avait des ateliers de forge et d'ajustage, on croirait plutôt voir des salles d'exposition qu'une manufacture de métaux.

Le bâtiment central frappe par son ampleur et surtout par la souplesse avec laquelle sont maniées les grandes pièces métalliques, grâce aux ponts roulants électriques qui vont sans bruit, comme doués d'intelligence, effectuer tous les levages et les transports. De chaque côté de la nef et dans les galeries latérales, les machines-outils travaillent avec douceur, presque sans bruit. A l'une des extrémités du hall se trouve le laboratoire d'électricité, où se font les essais des dynamos et autres machines.

Les bâtiments annexes, au nombre de six, répartis par trois parallèlement au grand hall, sont occupés par des ateliers, les uns calmes, presque silencieux comme celui où l'on monte les tableaux de distribution, où l'on fabrique l'appareillage, un autre très bruyant, consacré aux forges, à la chaudronnerie, etc.; puis des magasins ou ateliers secondaires, un de ceux-ci consacré à la fabrication de la micanite.

Le travail n'a pas le caractère saisissant du Creusot, il prêterait peu à la description pittoresque. La construction des dynamos ne saurait guère intéresser que les spécialistes. Aussi ce qui frappe davantage le profane, c'est l'ampleur de la construction, la perfection de l'outillage électrique accomplissant sans effort des tâches qui exigent cependant une énorme puissance, le roulement doux, presque intelligent, des ponts mobiles qui vont et viennent au-dessus des vastes ateliers. C'est aussi l'assemblage des fils de cuivre constituant l'âme des dynamos; il nécessite chez l'ouvrier une habileté extrême.

L'usine s'accroîtra sans peine : on a réservé trois fois autant de terrain qu'en occupe l'établissement actuel, cependant très ample.

Le personnel n'a pu être recruté sur place : principaux employés et ouvriers viennent en majeure partie du Creusot. Je supposais que cet exode était accueilli avec satisfaction, puisqu'il assurait le voisinage de Paris, un beau fleuve, une campagne aimable, la forêt de Fontainebleau. Mais ces Bourguignons morvandiaux ont la nostalgie de leurs monts de granit et de schiste, des vallées et des plateaux enfumés du Creusot. Ils se considèrent comme en exil, loin des horizons d'autrefois et surtout loin des familles laissées dans la cité sombre. Le Creusot ne peut être oublié[1].

En quittant Champagne, où mon fils Jacques, fanatique des choses de l'électricité, n'a « rien vu », à l'entendre, tant notre visite a été rapide, nous descendons au long des eaux pour gagner le parc des Pressoirs-du-Roi. Retenue par les barrages, la Seine semble immobile. Sur sa rive droite, le talus du chemin de fer laisse à peine place à la route de halage ; du côté opposé, une bande étroite de prairies ombragées sépare le fleuve des maisons et des murs de Thomery. Le faubourg d'Effondré prolonge le village au-dessous d'une colline taillée en falaise que couronnent les arbres de la forêt.

---

1. Sur le Creusot, voyez la 25ᵉ série du *Voyage en France*.

Celle-ci continue, en quelque sorte, sur la rive droite, par une autre forêt très vaste, elle aussi, mais qui, divisée en de nombreux domaines particuliers, prend des noms différents et n'a dès lors aucune personnalité : bois de Champagne, bois de Valence ; d'autres parties encore prolongent en pleine Brie l'immense sylve, jusqu'aux approches de Nangis(¹).

Ces bois, surtout beaux aux abords du fleuve, couvrent de raides coteaux où le grès affleure, offrant des détails pittoresques. Au pied de ces hauteurs, devant une étroite plaine, la noble demeure des Pressoirs-du-Roi a vu son calme détruit et sa situation défigurée par le chemin de fer qui l'a séparée de la Seine à l'aide d'un remblai. Ce fut un domaine royal. La tradition veut que François Iᵉʳ, poursuivant le cerf, but chez un paysan le vin du cru qui lui sembla délicieux. Pour obtenir semblable produit, il acheta la côte et, sur le conseil de Clément Marot, y fit planter des cépages de Cahors.

Ce ne fut pas un simple caprice du roi. Il eut la patience d'attendre les récoltes, il établit des pressoirs et, tout auprès, édifia le château

---

1. Sur cette région sylvaine de la Brie, voyez la 43ᵉ série du *Voyage en France*, chapitre XX.

actuel; il y venait chaque année diriger les vendanges que la cour faisait elle-même, les dames coupant le raisin, les seigneurs portant les paniers à la cuve. Ne vendangeait pas qui voulait, les travailleuses devaient être nobles et belles.

Henri IV reprit ces traditions; il donna les Pressoirs à la belle Gabrielle et vint s'y installer chaque année. Pour être près du maître, les seigneurs se firent construire des logis sur la rive opposée, au pied de la colline bouleversée par d'anciennes carrières qui doit à son aspect le nom d'Effondré. Ces habitations, auxquelles on donna le titre d'hôtels, ne sont plus, mais le souvenir en est resté. M. Huet, dans sa monographie de Thomery, cite parmi les gentilshommes qui habitaient Effrondré : outre Sully, les chefs des familles ducales, ou appelées à le devenir, d'Aumont, d'Épernon, de la Force, de Roquelaure et de Bellegarde.

Le vignoble a disparu lui aussi, les bois ont repris possession des côtes où venaient vendanger la troupe joyeuse des courtisans de François Ier et de Henri IV. Des allées admirablement tracées conduisent sur ces pentes couvertes de chênes ombrageant les grandes roches moussues. Le parc ainsi obtenu est l'œuvre de M. Othon de

Clermont, qui avait acquis le domaine de la famille de Sieyès.

Au sommet de la colline, dominant de 100 mètres le plan d'eau de la Seine, s'élève une tourelle d'observation appelée la Guette. De ce point la vue est de toute beauté. Un cercle régulier de hauteurs limite l'horizon. Les étendues mouvementées de la forêt de Fontainebleau semblent mourir contre une ligne festonnée de coteaux que dominent au sud les collines du Bocage, au profil géométrique. La vallée du Loing s'ouvre entre ces grands bois, franchie par les arcades arachnéennes du viaduc de Moret. Sur la Brie s'étendent des bois sans fin apparente.

La Seine et Thomery sont les détails saillants du paysage. Vu d'ici, le terroir de Thomery est extraordinaire; du côté éclairé par le soleil, cela rappelle, en gigantesque, l'étendage des toiles de lin sur les prés en Flandre ou dans les Vosges. Du côté de l'ombre, les chaperons gris des murs dessinent quelque inextricable chicane défensive.

En dehors de la bande d'eaux harmonieusement déroulée, au long de laquelle se suivent les bourgs et les villages, on ne voit pas trace d'humanité. Des bois, toujours des bois revêtant les chaînons de hauteurs. La variété des teintes due à la diversité des essences donne à cette sorte de province forestière une extrême splendeur.

De la Guette une belle allée conduit à la clôture du parc et, au delà d'un portail, amène à la route de Provins à Fontainebleau. Celle-ci, en débouchant du bois de Champagne, traverse une plaine de culture et descend, entre des parcs et des châteaux, au riant village de Vulaines, sous lequel Samoreau borde la Seine. Des vergers enveloppent les deux villages, un pont franchit le fleuve et conduit à Valvins, sorte de faubourg fluvial et balnéaire de Fontainebleau où finit la ligne de tramway qui dessert la ville.

La forêt enveloppe les restaurants et les villas, ses ombrages couvrent la route de Samois. La pente, assez raide, est gravie par une chaussée conduisant à Melun. La futaie est belle et accidentée, des rochers apparaissent, éboulis du chaînon dit rocher Cassepot, qui constitue une des saillies les plus remarquables du massif.

Au delà du chemin de fer, ici en profonde tranchée, on commence à apercevoir des entassements dressés en promontoire surmonté d'un édicule carré. C'est une tour élevée par Denecourt sous le vocable de Fort-l'Empereur et qui porte aujourd'hui le nom du créateur de tant de sentiers forestiers. On y monte par des chemins tracés entre les blocs de grès et par une jolie route très fréquentée des touristes. La tour, à laquelle conduisent des degrés disposés au flanc d'une butte rocheuse, domine de grands horizons, la forêt entière, le cours de la Seine, les bois et les campagnes de la Brie, mais le tableau, pour vaste qu'il soit, n'est pas comparable à celui offert par la guette des Pressoirs-du-Roi.

Ce belvédère mérite bien le nom de l'apôtre infatigable qui a tant contribué à faire connaître la forêt de Fontainebleau et à la rendre populaire, c'est comme le centre de rayonnement pour les sentiers dans cette partie du grand massif. La reconnaissance de la ville et des artistes ne s'est pas bornée à ce baptême : on a fixé sur la façade du « fort » une réplique du médaillon de bronze que le sculpteur Adam Salomon a modelé pour la tombe du sylvain. Cette figure broussailleuse, longs cheveux, longue barbe, vrai type d'homme des bois, est bien à sa place dans ce cadre de rochers enveloppés de pins.

Le rocher Cassepot qui garde ainsi le souvenir du brave homme est un de ceux que Denecourt a le mieux rendus accessibles, il est aussi l'un des plus curieux de la forêt : l'étroite et zigzagante arête encombrée de blocs, les écroulements qui ont entassé sur ses flancs des masses bizarres de grès, ont été habilement mis à profit pour le tracé d'un sentier; celui-ci va passer sous un porche formé d'une dalle gigantesque portée sur deux piliers verticaux. Denecourt a baptisé dolmen cet abri et lui a donné le nom d'Adolphe Joanne. L'attention est heureuse : le père de Paul Joanne doit être considéré comme l'apôtre du tourisme en France, celui qui a le plus intelligemment et patiemment commencé l'étude de notre pays pour fournir aux voyageurs les moyens de le parcourir.

Au pied de cette longue et curieuse chaîne de roches, une route parcourt une futaie fort belle et va rejoindre la route nationale dans la clairière, très vaste, entourée de hauteurs, appelée vallée de la Solle, servant de champ de courses de chevaux et de terrain de manœuvres pour la garnison. Le mont Ussy, le mont Chauvet, le rocher Saint-Germain, l'extrémité du rocher Cassepot, dessinent le vaste cadre. Cela serait délicieux si quelque filet d'eau coulait, mais on chercherait en vain le moindre suintement.

On trouve la fraîcheur à l'extrémité opposée du rocher où conduisent des sentiers dont l'apparent caprice a pour but de faire visiter les blocs les plus curieux; un des entassements recouvre la grotte ou caverne d'Augas.

A mi-hauteur du promontoire oriental, le service des forêts et les sylvains ont capté sur quelques points une faible nappe d'eau et l'ont amenée au jour au-dessus de la tranchée du chemin de fer par des fontaines. Cette zone est la plus souvent visitée, à cause du voisinage presque immédiat de la gare de Fontainebleau. Elle condense d'ailleurs la forêt entière; si elle n'a pas de vieux chênes comparables à ceux du Bas-Bréau, les arbres remarquables abondent et les roches ne sont nulle part plus grosses et étranges.

Chaque extrémité du massif rocheux a son « point de vue » dominant le petit vallon où coule le ru de Changis, la Seine, les campagnes de Samoreau et de Vulaines. Les sentiers, bien battus, traversent de beaux groupes de pins qui doivent aux accidents du sol d'échapper à la monotonie des plantations en partie plane.

Un des chemins, descendant à Changis, devient rue et se prolonge à travers Avon. Le village touche, au sud, à une ligne de rochers que longe et contourne la route de Moret. Là encore on trouve des sites curieux. Puis c'est une vaste zone régulière où les chênes, les hêtres aussi sont de belle venue. La région est percée de routes, de laies, de layons en un réseau géométrique. Plus loin recommencent les chaînons de rochers formant la plus longue ligne des crêtes, depuis les abords de Veneux-Nadon jusqu'aux rochers de la Salamandre et aux rochers de Milly ; l'aqueduc de la Vanne les suit en un tracé d'une régularité presque absolue et franchit les routes par de sobres arcades.

De là jusqu'à Bourron, Marlotte, Montigny et Sorques, hameaux de la vallée du Loing, les massifs de grès sont nombreux, plus curieux encore par leur disposition irrégulière. Cependant, l'ensemble n'a pas la grandeur d'autres parties de la forêt, la réputation de ces blocs, des vallées, des gorges est due au voisinage de Marlotte, dont la colonie d'artistes et de littérateurs a popularisé ces solitudes, plutôt aimables que farouches.

Comme dans le reste de l'immense sylve, chaque rocher, chaque arbre remarquable a été baptisé par Denecourt et Collinet. Mais on ne saurait les découvrir sans le petit guide rédigé par les deux sylvains ; même les touristes qui se soucient peu de connaître les noms imposés aux diverses curiosités de cette région de Marlotte, doivent se diriger d'après ce livre et les cartes afin de ne pas errer inutilement et de voir en peu de temps les sites les plus curieux.

Les cartes ordinaires, telle celle de l'État-major, suffisent du reste à qui sait s'orienter à l'aide du travail des topographes. Il est facile d'explorer ainsi tout le massif, depuis l'arête de Marion-des-Roches jusqu'au Long-Rocher et à la Gorge-aux-Loups. Il y a là de beaux peuplements et assez de roches singulières pour que sur cet espace, en somme restreint, on ait une idée complète de la forêt de Fontainebleau.

XIII

LE PAYS DE BIÈRE

De Barbizon à Melun. — La plaine de Bière. — Chailly-en-Bière.
— Dammarie-les-Lys. — Le Plessis-Chenet. — Montceaux. —
Grands domaines agricoles. — Auvernaux. — Nainville et sa
ferme. — Tertre blanc et Tertre noir. — Soisy-sur-École. —
La vallée du Rebais. — Fleury-en-Bière. — La plaine autour
de Perthes.

Ponthierry. Mai

Si l'antique forêt de Bière est devenue la forêt de Fontainebleau, son nom a pourtant survécu, attaché à la plaine nue qui s'étale entre la lisière occidentale et la rivière d'École, région singulière par les buttes isolées dressées au milieu d'espaces d'une horizontalité absolue. Ces monticules semblent de monstrueuses bêtes au repos. Barbizon est entouré de ces témoins laissés par l'énorme courant qui nivela cette partie du Gâtinais ; il en est toute une rangée dirigée vers Fleury-en-Bière, joli village assis dans un pli très frais, où se porte une petite colonie d'artistes chassés de Barbizon par l'invasion des snobs. Au sud, Saint-Martin-en-Bière et son hameau de Macherin sont en plein terrain horizontal, jadis médiocrement fertile, mais enrichi désormais par la production des asperges croissant à merveille dans le sol sablonneux.

Les dernières maisons de Barbizon, chalets de styles variés — l'un d'eux est une construction normande précédée d'une galerie mauresque ! — ont pour horizon la vaste plaine et ses buttes, entre lesquelles s'en va la route de Melun. A l'orient, la forêt finit en une lisière nette et dessine des ondulations assombries par le manteau des pins. Çà et là, des taches lépreuses révèlent les lignes de rochers ; sur l'une d'elles, la silhouette d'un bouleau se détache très grêle et décorative

En avant de Chailly, les buttes ressemblent à des taupinières gargantuesques, hérissées de rochers grisâtres ; un de ces mamelons est comme en sentinelle à l'entrée du village. Celui-ci n'a pas eu la fortune de Barbizon, il est demeuré très rustique avec ses grandes fermes, ses paillers, ses gerbiers à toit conique que le vent a lourdement tassés et inclinés. La production des céréales est abondante toujours, mais bien des cultivateurs la délaissent pour les asperges et les arbres fruitiers. Il est de belles plantations où les deux récoltes ont lieu sur le même champ ; les poiriers taillés en gobelets s'alignent entre les talus à asperges. Ces légumes de luxe alimentent les marchés de Melun et de Fontainebleau, et surtout, les halles de Paris.

Chailly est le lieu de repos de Millet et de Théodore Rousseau. Les deux grands paysagistes ont leur tombe dans l'humble cimetière. Chailly fut longtemps habité par un autre peintre illustre, Decamps ; une partie de sa prodigieuse production est sortie de ce village.

Au cœur du petit centre, à l'endroit où se croisent les grandes routes, se dresse l'église dont les chapelles latérales à haut pignon atténuent la massiveté.

Au nord, la forêt enserre à demi une partie de la plaine ; les champs sablonneux miroitent au soleil. Les bois, de ce côté, sont de médiocre aspect, beaucoup de bouleaux au-dessus desquels commencent à se dresser les chênes, base du peuplement futur. C'est une des parties les plus maigres ; même de vastes espaces sont uniquement couverts de bruyères et parsemés de bouleaux. Dans ces bois, à la Roche-Cassée, est le tombeau isolé du comte de Châteauvillars.

La forêt finit dans le grand coude de la Seine qui renferme la gare de Melun et le faubourg

Saint-Ambroise. Deux villages sont à demi sylvains : La Rochette, en amont, hameau très humble ; Dammarie-les-Lys, en aval, populeuse commune, sorte de faubourg de Melun, dont le territoire, occupant une grande étendue au long de la Seine, est couvert de châteaux et de villas luxueuses. Une de ces belles demeures occupe une partie des restes de l'ancienne abbaye du Lys ; le parc renferme les ruines de l'église, une des plus vastes et majestueuses de l'Ile-de-France.

A Dammarie, une usine fabrique la confiserie, dragées, pralines et autres friandises, mais l'agriculture est la branche d'activité la plus considérable. Des pépinières alimentent les plantations si nombreuses en ce pays de grands parcs ; c'est là que M. Salomon, de Thomery, prépare ses boutures de vignes américaines (1).

Le voisinage de la forêt et d'autres bois où les nids de fourmis abondent a fait naître un commerce curieux, celui des œufs de ces bestioles, destinés à la nourriture des jeunes faisans.

Le bourg est d'aspect prospère, dû autant à sa richesse agricole qu'à ses nombreux domaines

---

1. Voyez page 185.

de plaisance. La route de Melun est une véritable avenue de parc. Aux abords de la ville seulement on trouve des espaces nus, large plaine caillouteuse qui ne tardera pas à devenir un quartier du chef-lieu. Déjà de coquettes habitations surgissent; avant peu d'années, Melun aura ses dernières maisons touchant à la forêt.

Le cours de l'École peut être considéré comme la limite du pays de Bière. Sur la rive gauche de ce petit cours d'eau, la contrée n'a plus de dénomination particulière, mais elle montre une constitution physique bien à part : c'est une large plaine cultivée finissant en talus sur la Seine et circonscrite dans la direction de l'ouest par de raides collines rocheuses projetées en promontoires aigus. Cette partie du Gâtinais est peu accessible encore, la population étant trop peu dense pour que l'on puisse songer à la traverser par une voie ferrée. Tout au plus va-t-on pousser jusqu'à Milly la ligne à voie étroite de Barbizon.

Les relations ont lieu avec Melun, pour les communes de Seine-et-Marne, jusqu'à Courances; avec Corbeil, jusqu'à Soisy-sur-École, pour celles de Seine-et-Oise. Ce dernier itinéraire me permettant de parcourir toute la plaine, je suis venu à Corbeil prendre place sur la voiture de Soisy. L'aspect du pays révélé par la carte ne m'incitait guère à entreprendre une de ces excursions pédestres qui me sont chères !

La patache, traversant les quartiers neufs de Corbeil et suivant la grande rue d'Essonnes, s'élève sur l'étroite arête comprise entre la Seine et l'Essonne. A partir du Pressoir-Prompt jusqu'à l'entrée de la plaine, la route est une avenue de grands ormes bordée de maisons coquettes habitées par les ouvriers des gigantesques usines d'Essonnes, dont on domine les constructions, les magasins et les voies ferrées. Ces habitations de travailleurs entourées de jardinets s'étendent jusqu'au village du Plessis-Chenet, établi à une bifurcation de grands chemins. Le Plessis-Chenet, centre principal de la commune du Coudray-Montceaux, jadis très animé par le roulage, garde les remises où diligences et charrettes s'abritaient ; une antique auberge a maintenu son enseigne peinte sur bois et représentant le grand pacha. L'automobilisme rend un peu de vie à ce carrefour ; la principale de ses routes conduit à Fontainebleau à travers la forêt.

Le petit centre domine la Seine du haut d'un raide coteau planté d'arbres fruitiers et d'où l'on jouit d'un charmant paysage, formé par le fleuve, coupé d'un barrage où le flot écume, et le village de Morsang, tout menu, près d'un château et d'un grand parc. Au delà, quelques maisons dominant la Seine constituent le hameau du Coudray ; sur la route de Milly est celui de Montceaux, composé d'un château, de l'église, d'une grande ferme et d'un parc aux ombrages naissants : chênes, pins et sapins.

L'église de Montceaux, très ancienne, entourée du cimetière, a d'intéressants détails de l'époque romane ; isolée aujourd'hui, elle était autrefois sur un passage fréquenté ; on garde le souvenir d'un « tournebride » de Henri IV, rappelant les arrêts du roi lorsqu'il se rendait à Fontainebleau. Tout autour, la plaine n'a que des fermes isolées : l'une d'elles, Sainte-Radegonde, avoisine un château qui fut une abbaye. Vers le sud, de grands bois limitent l'horizon jusqu'à la dépression de l'École ; plus loin encore sont les hauteurs de la forêt de Fontainebleau, bleuies par l'éloignement.

La plaine, grâce à l'ampleur des fermes, à leurs immenses constructions-annexes, parfois précédées de véritables avenues de gerbiers, aux bois lointains, aux boqueteaux plantés pour abriter le gibier, cette plaine n'est pas monotone, sa solennité se tempère de quelque grâce et les escarpements de Champcueil prennent, à distance, de la grandeur.

Pas un pli du sol jusqu'aux abords d'Auvernaux ; le seul accident de terrain est un ponceau sous la route, bien étrange, car aucun fossé ne coupe les champs. La carte indique ici une « fontaine de l'Abyme ». Au delà, le terrain se relève légèrement ; cette ondulation porte le bois des Montis. Le village d'Auvernaux, bâti en bordure de ces pentes, est entouré d'une ceinture de jardins et de vergers. Une poignée de maisons basses autour de l'église, à l'écart le château et le parc des Portes, tel est ce petit centre situé aux confins de Seine-et-Marne. A l'est, le plateau se creuse, un ruisseau naît dans le court vallon près du hameau d'Auxonnettes et s'en va, par Moulignon, rejoindre l'École à Ponthierry.

Maintenant la ligne de hauteurs qui domine Champcueil se montre avec plus de netteté, sorte de terrasse raide, couverte de bois, dont le point culminant porte une vieille tour qui servit jadis de télégraphe. Ces parois où le grès perce partout sont les rochers de Beauvais, du nom d'un hameau. Au pied s'abrite le château du Buisson où mourut, en 1858, le second des Bréguet, Louis-Antoine, fils du grand horloger, qui devint membre de l'Académie des sciences. Ce fut le père de Louis-François-Clément, qui devait organiser en France la télégraphie électrique. Le rapprochement est assez piquant de ces origines de communication instantanée et de la tour à signaux qui servait encore au moment où Louis Bréguet préparait sur le même point les améliorations qui allaient si profondément transformer le monde.

« Les rochers de Beauvais sont en partie masqués par les arbres. Sur les pentes où les bûcherons sont récemment passés, on peut admirer de belles masses de grès, analogues à celles de Fontainebleau et de Nemours.

Autant les collines rocheuses et sablonneuses sont consacrées au bois, autant la plaine, de ce côté, est admirablement cultivée. Sol médiocrement fertile, cependant, mais l'agriculture, servie par de puissants capitaux, a su le transformer et lui faire porter de riches récoltes. Entre Auvernaux et Nainville, cette plaine offre une grande splendeur rustique. On procède en ce moment à la semaille des betteraves; des attelages de bœufs nivernais au pelage d'un blanc rosé, d'autres attelages de chevaux d'un noir brillant conduisent la charrue, la herse et le semoir. Tous ces travaux effectués simultanément donnent une extrême intensité à la vie rurale.

A l'entrée de Nainville est la ferme dont dépendent ces champs admirablement tenus, une des plus vastes de la plaine, flanquée des hautes constructions d'une distillerie où sont traitées les betteraves. Les terres couvrent 400 hectares ; la grange où l'on serre la récolte peut contenir 10 000 gerbes ; après le battage, la paille est emmagasinée dans les champs en longs tas réguliers semblables à des remparts de forteresse. A côté de cette exploitation rurale, qui peut être considérée comme modèle, apparaît la belle façade du château.

Le village, tout petit, semble une dépendance de celui-ci et de la ferme ; il touche à la lisière du vaste bois de Fontaines recouvrant un sol sablonneux, maigre taillis sous futaie ou plantations régulières d'acacias. Au-dessus de cette zone boisée surgissent deux buttes singulières, le Tertre blanc et le Tertre noir. La première est entièrement revêtue de pins sur le versant nord, entaillée du côté opposé par des carrières de grès et de sable. Un annuaire de Seine-et-Marne dit que le Tertre est composé de « sable argentifère ». Quant au Tertre noir, de formes plus molles, il doit, lui aussi, son nom à la couleur du sable dont il est formé.

Ces deux monticules dominent la vallée de

l'École et les deux villages de Soisy-sur-École et de Saint-Germain-sur-École, presque contigus mais appartenant à des départements différents. Le site est heureux. Soisy étale dans la plaine une ligne régulière de toits. Saint-Germain occupe une pente ombragée sous laquelle la petite rivière va de moulin en moulin ; la rive droite est tapissée de vignes.

Le caractère « Fontainebleau » du paysage s'affirme ; la plaine au delà de Soisy, jusqu'à Dannemois où l'aqueduc de la Vanne franchit l'École, est par places hérissée de blocs ou de protubérances de grès. Ces rochers rappellent les moutonnements de granit du Limousin et du Gévaudan ; la charrue doit tourner autour d'eux pour effectuer son travail. Le sol, composé de sable ou de grès désagrégé, est consacré surtout à la vigne et à l'asperge ; pour céréales, il n'y a guère que du seigle, dont les damiers moirés par le vent encadrent les parcelles de vignes. Au milieu de ces champs, l'aqueduc de la Vanne est décelé par la large piste gazonnée qui recouvre les conduites souterraines. Cet ouvrage va passer au pied de la raide colline de Videlles, recouverte de beaux blocs de grès.

La plaine de Bière, enfermée entre l'École, le vallon du Rebais et la forêt, vient mourir au bord des cours d'eau par des pentes douces parsemées de bois et de vergers. Les rives sont riantes et fraîches, celles du Rebais surtout où commencent à se porter les hôtes d'été. Dans ce sillon très vert, le hameau de Forges, qui dépend de Saint-Martin-en-Bière, Fleury-en-Bière et Cély égrènent leurs maisons.

Fleury, le plus fréquenté de ces villages, où les peintres constituent un nouveau Barbizon, possède un château construit par Henri Clause, maître des eaux et forêts sous Henri II; cet édifice, qui devint propriété du cardinal de Richelieu, fut décoré par le Primatice, à qui l'on attribue les peintures de la chapelle. Le val élargi se prête à la culture maraîchère; aussi les jardins sont nombreux autour du bourg. Une autre industrie rurale est celle de la terre de bruyère, extraite sur les coteaux arides qui accidentent la plaine.

Le Rebais est régularisé au-dessous de Fleury; ses eaux formèrent un large canal pour l'ornement du parc de Richelieu. Échappé à ce lit géométrique, il s'en va, entre les prés plantés de peupliers, traverser Cély, en faire mouvoir les moulins, puis se jeter dans l'École. La petite rivière ainsi accrue descend dans une vallée plus creuse, par Saint-Sauveur et Pringy, pour atteindre la Seine.

Toute cette contrée est dans le rayonnement de Melun, à laquelle la relie une belle route parcourue par des services fréquents de voitures, en attendant que le tramway de Melun à Chailly-en-Bière soit prolongé vers Milly. La plaine est couverte de vastes cultures, sans habitations. A peine deux ou trois fermes au long du grand chemin. Au centre du plateau, un gros village, Perthes, groupe la majeure partie de la population qui exploite le sol ; un autre chef-lieu de commune, Villiers-en-Bière, est infime.

Les engrais chimiques et les amendements ont un rôle considérable à jouer dans cette plaine de Bière, dont le sol de sable hérissé de grès contraste si violemment avec la Brie voisine. La rente payée aux propriétaires ne dépasse pas 35 fr. à l'hectare, le tiers de ce que produit la location des fermes au nord de Melun. Le petit cultivateur tire cependant un parti plus rémunérateur de son bien en le consacrant à l'asperge et à la pomme de terre.

Cette partie essartée de l'antique forêt de Bière conserve encore un petit massif, le bois Notre-Dame, parc du château de Memorant ; mais jusqu'à Chailly et à Barbizon, ce serait la nudité absolue si les buttes de grès ne se couvraient de petits groupes de bouleaux et de pins.

XIV

LE GATINAIS BEAUCERON

Bourron et ses cultures. — Ury, Achères et leur industrie apicole. — La Chapelle-la-Reine. — Le ravin de l'École. — La vallée de l'Essonne. — La ville de Malesherbes. — Le président Malesherbes, le capitaine Lelièvre. — Les rochers de l'Essonne. — Le plateau de Tousson. — Descente au Vaudoué. — Dans la vallée de l'École. — Arrivée à Milly.

Milly. Mai.

Bourron est une commune ignorée, malgré le voisinage de Fontainebleau. Toute la notoriété est acquise à l'un de ses hameaux, Marlotte, mis à la mode par les artistes qui ont créé à l'entrée d'une combe de la forêt un pendant de Barbizon. Bien que Bourron ait eu sa part des constructions nouvelles, il n'en est pas moins resté un centre rural, bien transformé par les méthodes nouvelles de culture et la production maraîchère pour Paris. Les champs de seigle dont parlent les vieux auteurs font place aux aspergières, aux vergers, à certains légumes primeurs et surtout aux pépinières de plantes forestières qui ont pris un développement assez considérable. D'ailleurs, toute cette contrée s'est pliée aux conditions particulières du sol. Quand l'argile se montre mélangée aux sables, le cultivateur se livre à la culture intensive; si le terrain est trop maigre, on le couvre de bois de pins; la commune s'est ainsi accrue de belles pinèdes, moins étendues toutefois qu'à Villiers-sous-Grez où les propriétaires ont rivalisé dans cette conquête des sables.

Bourron est un de ces villages pris comme types dans l'enquête sociale conduite par les élèves de l'école de Le Play. M. Poinsard, qui en a étudié la population, trace un tableau peu consolant de l'avenir réservé à ce petit groupe composé de *paysans* ayant des terres assez étendues, de *bordiers* possédant une maison et quelques étroits lambeaux de terre, enfin de *manouvriers* composant le prolétariat. L'étude n'a d'ailleurs pas été poussée très à fond; il eût été bon de savoir par quelles phases passe la transformation agricole en un pays extraordinairement morcelé, où l'arpent — 43 ares et demi en Gâtinais — est souvent partagé entre dix propriétaires.

Cette division extrême du sol n'a pas permis

de suivre l'exemple donné par quelques fermiers ou maîtres de grands domaines dont l'influence s'est fait sentir sur les communes à terroirs moins fractionnés. Ainsi la ferme du Chapitre, près de Larchant, était devenue, sous la direction de M. Guyon, une sorte de ferme-modèle qui a beaucoup contribué à répandre les principes nouveaux. De là sont venus les progrès, bien faibles encore, constatés sur le vaste plateau de fertilité médiocre compris entre le Loing et l'Essonne.

Cette région, qui constitue le canton de La Chapelle-la-Reine, est appelée par ses habitants et ceux des cantons voisins, le Gâtinais beauceron. Il tient des deux contrées : du Gâtinais par ses zones de sable et de grès, de la Beauce par ses plateaux nus, couverts de grands domaines, privés de fontaines et d'eaux courantes, où l'on ne trouve à puiser le précieux liquide nécessaire aux animaux et aux hommes que par des puits dont la profondeur dépasse deux cents pieds.

Un sentier longeant la voie ferrée de Malesherbes s'élève jusqu'au plateau entre deux arêtes rocheuses. Les bois traversés sont des pinèdes à l'abri desquelles croissent des chênes. Une clairière cultivée, la vallée Huet, s'étend entre ces arbres, traversée par le chemin de Villiers-sous-

Grez à Recloses. Ce dernier village est à 1 500 mètres à peine.

Les populations se sont portées de préférence à la lisière de la forêt, où elles trouvèrent le travail fourni par les coupes, la fabrication du charbon, l'extraction des pavés et du sable. Là sont Ury, au débouché d'une grande route, dominé par son église à quadruple pignon, et Achères, bâti à la tête d'un val sec aboutissant au bassin du Vaudoué. Il y a quelques vignobles sur cette bande étroite qui longe la grande sylve, mais l'industrie principale est l'apiculture, sous une forme bien particulière, que j'ai déjà signalée en Sologne[1]. Les abeilles élevées à Recloses, Ury et Achères butinent le pollen du sarrasin, des pins, des bruyères et autres plantes des sols pauvres. Le miel produit par les essaims est amer, de goût peu agréable. Aussi le laisse-t-on aux habitants de la ruche. Mais quand le plateau du Gâtinais beauceron a sa rose parure de sainfoin, on apporte les ruchers au milieu de ces champs, les abeilles récoltent avec fièvre, emplissent de nouveau leurs magasins, mais cette fois d'un miel parfumé, d'une grande valeur marchande, c'est le miel du Gâtinais.

---

1. 1re série du *Voyage en France*, chapitre XII.

Courte est la période, les abeilles ne trouvent bientôt plus rien à butiner dans ces plateaux de la Beauce pithiveraise, et comme leur provision a été prise pour le commerce, il faut leur donner les moyens de passer l'hiver. On apporte de nouveau les ruches dans les villages forestiers, où leurs colonies recueillent sur les fleurs d'arrière-saison, sur les bruyères surtout, le miel âpre qui fournira leur alimentation. L'abeille est la vie de ces campagnes, les blonds essaims bourdonnent sans cesse au-dessus des bruyères.

La Chapelle-la-Reine, capitale du plateau, est un très humble bourg aux maisons blanches et simples, dont toute l'importance est due à son rang administratif et au croisement des chemins. Cela et la gare du chemin de fer font de ce petit centre un rendez-vous de commerce ; les foires sont assez fréquentées. A distance, de grands tas de paille entourent le village ; sauf quelques remises à gibier et des noyers, de jour en jour plus clairsemés, la campagne est nue. Pas de fraîcheur, les deux puits qui alimentent La Chapelle ont une profondeur de 70 mètres ; on a établi une charpente monumentale pour abriter le système d'élévation. Cette difficulté d'alimentation en eau a frappé tous les voyageurs, les vieux auteurs ne signalent que ce fait comme particularité locale. Cette absence d'eau prend souvent le caractère d'un véritable fléau ; pendant les années de sécheresse, lorsque la nappe souterraine s'abaisse, il faut avoir recours à des mesures de police pour répartir le précieux liquide entre les habitants. Dans quelques villages, matin et soir, le garde champêtre préside à la distribution.

Les environs de La Chapelle frappent par leur solitude. Sur bien des chemins, on ferait des lieues sans trouver un hameau ou même une maison, ainsi le sentier qui conduit à Guercheville. Cela est plus monotone encore que la Beauce. Cependant il y eut jadis de belles résidences, La Chapelle a même un parc qui fut dessiné par Le Nôtre. Le bourg, situé sur la route d'Orléans, eut d'ailleurs de l'importance comme lieu de passage ; de bonne heure une population s'y fixa ; un menhir se remarque dans les environs. L'église possède un beau portail sculpté.

La route d'Orléans conduit à Malesherbes par un paysage plus varié, grâce aux plantations de pins multipliées sur le plateau, peu propre à d'autres végétaux. La roche apparaît vers le hameau de Marlanval, où commence à se creuser la vallée de l'École. Des carrières de grès et de sable, des boqueteaux de pins abritant des genévriers entourent l'espèce d'abîme au fond duquel est Boissy-aux-Cailles. Les pins sont de médiocre venue, indice de l'extrême pauvreté du sol.

Vers le sud, les villages sont plus nombreux, on trouve aussi des terres meilleures rappelant la Beauce par l'aspect. A l'écart des pinèdes, le hameau d'Herbeauvilliers possède une humble chapelle; sur une butte apparaissent le village et le château de Rumont, dominant une plaine où se dresse encore un dolmen. En arrière, couvrant l'autre versant des hauteurs de Rumont, Fromont commande aussi ces larges et mélancoliques horizons, plus vastes au midi, où le plateau s'étend sec, sans ondulations, vers Château-Landon et Beaune-la-Rolande [1].

Au sein de cette plaine en apparence sans coupure, se creuse pourtant une vallée profonde; là sourdent les eaux formant l'Essonne. Le val étroit est enfermé entre des pentes raides et arides, des genévriers s'élancent d'une pelouse de gazon court et sec. Des parois rocheuses forment parfois des escarpements ayant de la grandeur. Dans le fond, la rivière, déjà large, roule

---

1. Sur les autres parties du Gâtinais, voyez les 1re et 25e séries du *Voyage en France*.

lentement des eaux claires entre des terres marécageuses. Cette zone humide a des cultures maraîchères assez étendues, notamment vers Boulancourt. Les jardins fournissent de légumes frais les villages du plateau, où l'absence d'eau ne permet pas d'en obtenir.

L'Essonne fait un moment la limite entre Seine-et-Marne et le Loiret. Dans ce dernier département, les pentes sont plus arides encore. Par contre, sur le plateau, le sol est plus profond que sur l'autre rive. A mesure que l'on avancera vers l'ouest, le caractère beauceron s'affirmera davantage.

Malesherbes est le centre d'attraction pour cette partie du Gâtinais. La petite ville, qui doit à son dernier seigneur, le défenseur de Louis XVI, d'être sortie de l'obscurité, est un point de jonction de voies ferrées : une des lignes du Bourbonnais y est atteinte par un embranchement conduisant à Orléans et un autre allant rejoindre la ligne principale du Bourbonnais à Bourron. La gare, un peu loin du centre, ne donne pas à Malesherbes l'animation que le stationnement des voyageurs ayant à attendre les trains de correspondance lui attirerait si la course n'était aussi longue. La route, jadis solitaire, se borde, il est vrai, de maisons neuves, embryon d'une avenue. La cité, blottie dans un creux de coteau ouvrant sur l'Essonne, est d'une tranquillité extrême, propre et avenante, évoquant par une association naturelle à l'esprit l'image des grands parlementaires d'autrefois, dont les Lamoignon de Malesherbes furent le type le plus pur. Peu de monuments; l'église, remontant aux douzième et treizième siècles, a bien perdu de son caractère. On y voit un buste de l'illustre Malesherbes, gloire locale fort éclipsée par celle d'un officier de fortune, le capitaine Lelièvre, chef de cette poignée de héros du bataillon d'Afrique qui résistèrent héroïquement pendant trois jours dans le fortin de Mazagran contre l'effort de plusieurs milliers d'Arabes. Lelièvre, qui naquit à Malesherbes en 1800, avait quarante ans lorsque la renommée lui vint pour cet éclatant fait d'armes. Sa ville natale lui a élevé une statue; déjà elle avait honoré sa mémoire par une colonne que remplaça plus tard un trophée de canons et de boulets porté sur un piédestal. Désormais la figure de ce vaillant est l'ornement principal de la mignonne bourgade. Cette statue et un hôtel de ville sont les monuments modernes.

Avant la Révolution, Malesherbes possédait, près du château, un couvent de Cordeliers riche en œuvres d'art, dont une partie put être sauvée ; une « mise au tombeau » orne le jardin du

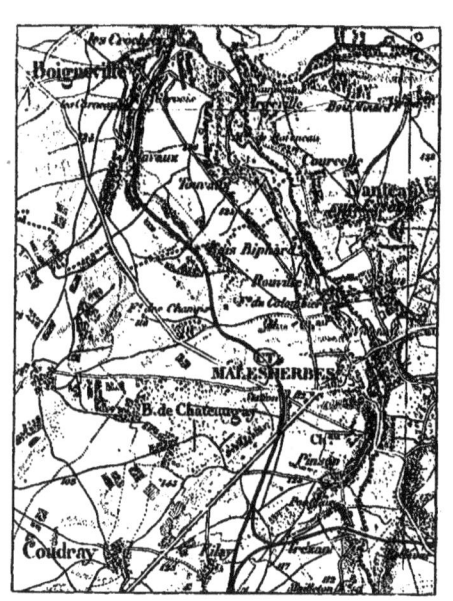

presbytère; les mausolées de la famille de Balzac d'Entragues, possesseurs de Malesherbes avant les Lamoignon, furent transportés au château et recueillis dans la chapelle de la seigneuriale demeure.

Celle-ci est au-dessus de la ville, sur le coteau en terrasse dont l'Essonne baigne le pied; un grand parc l'entoure, percé d'une majestueuse avenue débouchant en face de la gare. L'habitation n'est pas aussi vaste qu'on pourrait le supposer d'après le nom des illustres possesseurs d'autrefois, mais elle n'est qu'un vestige du château reconstruit à l'époque de Louis XIII sur le site d'une forteresse féodale. Une partie des richesses artistiques des Lamoignon a été conservée et le parc renferme encore quelques-uns des arbres plantés par le président de Malesherbes.

Le noble magistrat appartenait à cette école de Turgot qui avait développé chez les grands seigneurs une si vive émulation pour la mise en valeur des terres, les travaux publics et l'embellissement des villes. Arthur Young, qui vint à Malesherbes en 1787, signale sur la route de Pithiviers, pendant quatre milles, une plantation de beaux arbres; sur la moitié de cette étendue, c'étaient des mûriers blancs. « C'est un effort remarquable pour embellir un pays plat », dit l'agronome anglais. Le parc à cette époque renfermait une grande variété des arbres les plus curieux importés en France. Tout cela était l'œuvre de M. de Malesherbes. Aujourd'hui les arbres ont grandi, le nombre s'en est accru et cela constitue une des plus admirables futaies de plaisance que l'on puisse rêver.

Malesherbes n'a pas de grande industrie, mais sa situation à la ligne séparative du Gâtinais stérile et du Gâtinais beauceron, entre les régions sylvaines et les plateaux de grande culture, en fait un rendez-vous de commerce pour de nombreux villages; ses foires sont très fréquentées, deux d'entre elles, le troisième mercredi de juin et le mercredi qui précède le 24 juin, fête de saint Jean, voient accourir les bergers en quête de place; la première journée est la louée, la deuxième la *grande louée*. De toute une partie de la Beauce et du Gâtinais viennent ces gardiens de troupeaux.

L'Essonne ne baigne pas Malesherbes, elle coule à distance au sein de marais que le président voulut assainir par les plantations. Ce fond marécageux est maintenant un bois plein d'ombres, aux arbres géants; il y a là d'admirables platanes. La rivière, en quittant ce bocage, va baigner le parc du château de Rouville, véritable joyau architectural du Gâtinais, édifié en pleine

Renaissance sur les données de l'art gothique et devant à la fusion des deux styles un rare cachet d'originalité. Rouville a été restauré de nos jours avec beaucoup d'habileté et de goût. Le parc doit un caractère très pittoresque à ses rochers. Partout au bord de la rivière, surtout autour de Nanteau-sur-Essonne, les grès forment des amoncellements curieux ou se dressent en blocs isolés.

Ces rochers sont la beauté des environs de Malesherbes ; les plantations de pins qui les enveloppent accroissent l'effet des groupes aux formes souvent bizarres. La route de Fontainebleau traverse une partie de ces bois couvrant les amas de pierre. Certains blocs sont gigantesques, curieusement évidés ; tantôt entassés, tantôt formant falaises, tantôt à vif, tantôt revêtus de mousses. Cette petite gorge est exquise par ses détails imprévus, le port de ses arbres, l'odeur balsamique répandue par les résineux. Elle condense aux abords de la petite ville toutes les singularités des vallons creusés à la lisière de la forêt de Fontainebleau.

Entre les vallées de l'École et de l'Essonne, dont les pentes rocheuses sont découpées par une multitude de courts ravins entaillés dans le grès, s'étale le plateau, majestueux et régulier, se continuant au delà des vallées par des étendues sans bornes. A l'est ce serait l'infini si le massif sylvain ne formait une barrière sombre.

J'ai traversé cette plaine pour gagner le Vaudoué. Elle est d'une solitude presque absolue, une ou deux remises à gibier, de rares fermes, quelques gerbiers, les rangées d'arbres de la route en rompent seuls l'uniformité. C'est que les villages sont invisibles, ils se blottissent dans les creux où l'eau est plus près de la surface. Ainsi Tousson s'aperçoit seulement lorsqu'on l'atteint ; il étale ses toits rouge sombre sur un large espace, dans une dépression à peine sensible. Un élégant clocher domine l'humble centre. L'église possède une porte romane très simple.

A la sortie, la grande ferme de la Cour-des-Bois, voisine d'une vaste mare aux parois maçonnées, où l'on recueille précieusement l'eau des pluies, offre une belle entrée d'avenue, large arcade en plein cintre à laquelle est accolée une ouverture plus basse destinée aux piétons. Aux alentours de cette exploitation rurale, les cultures sont entremêlées de petits vignobles ; on retrouve ces plantations jusqu'à la berge de l'École.

Le chemin descend vers le Vaudoué, en vue

de la forêt de Fontainebleau, dont les futaies prennent une délicieuse teinte bleuâtre, à l'heure crépusculaire à laquelle je parviens au-dessus du creux. Là coulent les premières eaux de l'École. La ferme de Poisereau domine le vallon ; elle comporte d'immenses bergeries ; les troupeaux rentrent en ce moment, soulevant sous leurs pas la poussière des guérets et de la route. Les bergers sous leur grande cape et les chiens affairés marchent aux côtés de ce flot qui s'engouffre sous la vaste baie des hangars. Devant ces troupeaux annoncés par les bêlements plaintifs et qui épandent une forte odeur de suint, on se croit encore à l'époque lointaine où Gâtinais et Beauce étaient surtout terroirs à brebis.

Cette énorme ferme n'a pas d'eau ; pour alimenter le bétail, des tonneaux placés sur roues montent du Vaudoué par le chemin creux bordé de rochers. Dans le fond, tout blanc entre ses cultures et le rideau sombre de la forêt, le village apparaît comme couvert d'une gaze impalpable, c'est la fumée légère montant des foyers.

A ses abords, le Vaudoué est un des villages les plus curieux des centres riverains de la forêt ; ses grands amas de rochers sont envahis par les pins. Dans cette zone le pin sylvestre domine, ses amples futaies sombres couvrent les mamelons, les buttes, les petites chaînes de grès. Entre ces amoncellements, ces pinèdes et une étroite zone de cultures, le Vaudoué étale ses maisons blanches disposées selon un plan régulier.

Les bois particuliers qui prolongent la forêt atteignent un des versants de la vallée ; sur l'autre, les berges du plateau de Tousson se dressent hautes, singulièrement découpées en courts vallons et en cirques, eux-mêmes déchiquetés à leurs bords ; au pied d'un mamelon boisé, excavé de carrières de sable d'un blanc de neige, se dresse l'église blanche de Noisy-sur-École, village prolongé sur la rive gauche du ruisseau en rue de maisons paysannes.

Deux routes conduisent de là à Milly ; la plus courte parcourt les premiers massifs de la forêt, au pied de mamelons rocheux ; l'autre traverse les hameaux de la commune d'Oncy égrenés à l'entrée d'une sorte de cirque festonné de ravins. Oncy vit naître un des ancêtres de la peinture paysagiste, Lantara, qui fut d'abord bouvier à Achères et, sentant la vocation, se fit domestique d'un peintre pour apprendre le métier. Ce fut en quelque sorte le premier peintre de Barbizon.

La nuit vient pendant que je traverse ces campagnes où confinent les départements de

Seine-et-Marne et de Seine-et-Oise, une nuit livide, zébrée d'éclairs subitement apparus. Des grondements annoncent l'approche de l'orage, bientôt une effroyable averse transforme la route en torrent. Pas une maison, pas un abri, pas même un de ces blocs de rochers qui, plus en amont dans le val, m'auraient offert quelque anfractuosité. Quand enfin j'atteins Milly, l'eau couvre les trottoirs, je me guide à grand'peine dans la bourgade absolument déserte. Enfin voici la halle et, en face, l'hôtel où mes bagages envoyés à l'avance me permettent de changer de costume. Après tant de plateaux secs, de blocs de grès, de pentes sablonneuses, ce déluge paraît fantastique.

XV

DE L'ÉCOLE A L'ESSONNE

Milly. — Vieilles halles. — La culture maraîchère. — Les plantes médicinales. — Le parc et les sources de Courances. — La colonne de Dannemois. — Videlles. — La route d'Étampes. — Descente vers l'Essonne. — Maisse. — Les cressonnières de Vayres. — La Fontaine-Sucrée. — Le vin de Boissy-le-Cutté. — Cerny et sa charte communale. — L'Essonne en amont. — Les rochers de la Véluette.

Malesherbes. Avril.

Au matin, l'orage a cessé ; le ciel, d'un bleu pâle, sans un nuage, fait prévoir une belle journée. Devant ma fenêtre, la vieille halle en charpente masque la vue des maisons de Milly ; des dés de pierre portent les piliers de chêne ; au-dessus monte le grand toit aigu qui abrita de si nombreuses générations de paysans et de bourgeois. L'énorme carapace de tuiles couvertes de lichen et de mousse est d'un étrange effet. Comme cela nous ramène loin en arrière ! Quelle cité pourrait se donner aujourd'hui le luxe d'une telle forêt de piliers et d'un si prodigieux enchevêtrement de poutres ! En notre époque de fer et de verre, on ne sait plus assembler ainsi les bois. Il reste en Gâtinais d'autres exemples de cet art d'autrefois, notamment à Égreville ; les communes feront bien de les garder avec soin, ces édifices attireront un jour les curieux.

Un monument plus ancien, l'église, dresse au-dessus de Milly une élégante tour, œuvre remarquable de ce treizième siècle qui nous a légué les monuments les plus parfaits de l'ère gothique. A l'intérieur, des couches successives de badigeon ont malheureusement empâté les fines nervures des voûtes. Des épitaphes d'anciens seigneurs révèlent que la *ville* de Milly fut fortifiée, posséda un château et un gouverneur. On a donné place dans l'édifice à un singulier travail de patience conçu par un garde du château, sorte d'édicule de bois tourné ou sculpté avec une extraordinaire minutie. Il y a là toute une charpente agrémentée d'ornements : des lustres, des chandeliers en bois, des vases, une statue de la Vierge

> Où l'on voit qu'un monsieur bien sage
> S'est appliqué !

L'église a accueilli cette sorte de chef-d'œuvre de charpenterie, grâce au titre que lui donna

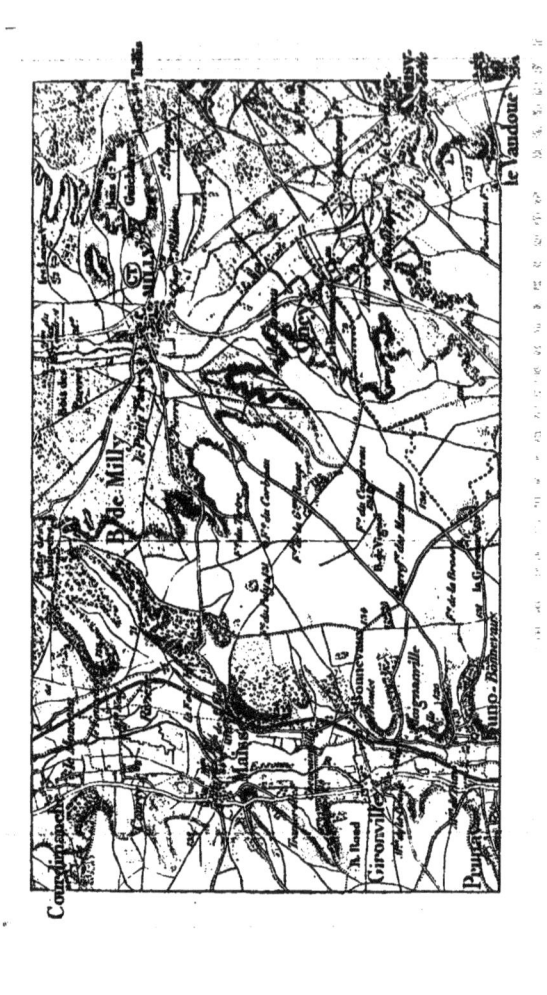

l'auteur. C'est, paraît-il, un hommage à sainte Julienne.

D'autres monuments arrêtent un instant l'attention ; voici, dans une rue, l'arcade romane d'un porche accolé d'une porte de même style, plus loin se dresse un joli hôtel de ville moderne, heureux pastiche de l'époque de Louis XIII. A l'extrémité de la bourgade, sur la route de Paris, le château, qui fut comme la citadelle de la petite place, est encore debout, bien défiguré, mais conservant quelque caractère par ses deux tours crénelées flanquant la porte d'entrée et ses douves remplies par l'École. Ce manoir a joué un rôle dans les guerres de la fin du Moyen Age ; malgré sa force, il ne put sauver la ville de fréquents incendies ou pillages ; pendant la lutte contre les Anglais et les Bourguignons, Milly fut par trois fois livrée aux flammes.

Jusqu'à la Révolution les habitants avaient la réputation de chasseurs intrépides ; à la fin du quatorzième siècle, un de leurs seigneurs leur avait donné le droit de poursuivre tous les gibiers sur ses domaines, aussi ce rare privilège détournait-il la population du travail des champs. Il n'en est plus de même aujourd'hui, la petite ville est devenue un centre agricole important, bien que les chemins de fer aient délaissé son territoire. Des transactions de céréales s'y font encore, mais l'activité se porte surtout vers la culture maraîchère et la production des plantes médicinales ; celle-ci, très variée jadis, tend à se confiner dans quelques espèces servant à la production des liqueurs : absinthe et hysope. L'herboristerie demande à Milly la menthe, la pensée, la mélisse et quelques autres de ces fleurs ou feuilles que l'ancienne pharmacopée appelait des simples. D'après les chiffres que j'ai pu me procurer, la surface occupée couvre de vingt-cinq à trente hectares. En face de la concurrence devenue active depuis la création des grandes cultures de Houdan ([1]), les cultivateurs de plantes médicinales ont constitué un syndicat pour la vente de leurs produits ; ils en envoient beaucoup à l'étranger, par l'intermédiaire du port de Marseille surtout.

Cette culture spéciale est favorisée par le terrain, très meuble, comme celui de toutes les vallées d'érosion du massif de Fontainebleau, très frais aussi par la présence de la nappe où s'alimente l'École et qui donne naissance à des sources. Les producteurs s'intitulent herboristes.

Plus importante par le mouvement des affaires

---

1. 45ᵉ série du *Voyage en France*.

est maintenant la culture maraîchère. Le terrain se prête à merveille à la production des légumes dans les parties fraîches, une trentaine d'hectares y sont consacrés, les débouchés sont les villes voisines : Melun, Corbeil, Fontainebleau et les stations estivales comme Barbizon. Paris n'est pas encore dans le rayon d'action de Milly; la petite ville n'ayant pas de chemin de fer expédie sur les marchés où les charrettes peuvent parvenir en peu de temps. Les parties sèches mais meubles du territoire produisent en quantité les asperges, dont la réputation est grande dans toute la contrée.

Quand toutes ces cultures sont en pleine végétation, le bassin de Milly offre un tableau d'une richesse d'autant plus grande que le cadre forme contraste par ses entassements de blocs de grès, ses bois de pins, les découpures hardies des côtes. Les champs s'étendent vers la base de ces parois, témoins des érosions anciennes; ils se suivent au long de l'École, jusqu'aux abords du superbe parc de Courances. Moigny, qui occupe une situation agreste dans une sorte de défilé parcouru par l'École, possède encore des maraîchers.

Au-dessous de Moigny, la vallée, élargie en une petite plaine, est occupée par le parc aux merveilleux ombrages du marquis de Ganay. Bois percé d'allées princières, pelouses d'une indicible fraîcheur, nappes limpides qu'alimente une source puissante, encadrent deux châteaux, l'un au hameau du Ruisseau, très ancien, car il remonte à 1240, l'autre près de Courances. Ce fut — et c'est encore — un des plus beaux domaines des environs de Paris, bien que l'on n'ait pas conservé les somptueuses dispositions hydrauliques dont parlent les auteurs du dix-huitième siècle. Le château et le parc de Courances appartenaient alors à la famille parlementaire des Pottier, dont les membres se plurent à embellir le site. Imitant Versailles, ils créèrent des bassins où des dauphins jetaient les eaux vives de la grande source, d'autres pièces d'eau étaient alimentées par des jets et des gerbes. Aujourd'hui les eaux abondent encore ; la fontaine, qui fournissait, dit-on, les eaux de la table des rois à Fontainebleau, donne 84 litres à la seconde. Elles forment une petite rivière qui atteint l'École après 620 mètres de cours, pendant lequel elle a actionné un moulin, mais les principales merveilles d'autrefois ne sont guère qu'un souvenir. Du grand bassin, le flot de cristal va remplir un large canal, des vasques ornées de statues ou de motifs de sculpture ; il s'épanche dans le fossé du château par des bouches de dauphins taillées en plein grès.

Les arbres sont splendides d'élévation et de port; le lierre enlace les troncs, des allées tracées sous leur ramure mènent à des points de vue habilement disposés ou devant le château, édifice imposant du dix-septième siècle qui donne une idée majestueuse de ce qu'était la noblesse de robe. L'entrée principale s'ouvre au fond d'une large allée bordée de réverbères à potence, au sommet d'un escalier à double évolution.

Le village de Courances occupe un des angles du parc; au centre, à la jonction de nombreux chemins, l'église, œuvre des douzième et treizième siècles, n'a d'intéressant que les boiseries et la statue tombale d'un chevalier de Courances nommé Jean Moussot, intéressant morceau de sculpture du quatorzième siècle.

A moins d'un kilomètre de Courances, le village de Dannemois rappelle un douloureux et glorieux épisode de la guerre de 1870. Une poignée de partisans du 1er bataillon (8e compagnie) des francs-tireurs de Paris, auxquels s'étaient joints des gardes nationaux du lieu, commirent l'héroïque folie de s'opposer à la marche d'une colonne allemande forte, disent les habitants de 3 000 hommes et disposant d'artillerie. La rencontre (18 septembre) fut sanglante; on raconte ici que 250 Prussiens auraient été mis hors de combat; le chiffre est évidemment fort exagéré, puisque les pertes françaises n'ont pas dépassé 17 hommes, tant tués pendant la lutte que prisonniers fusillés par l'implacable vainqueur. Une colonne a été dressée à la sortie du village, sur le chemin de Videlles, pour rappeler le patriotisme des victimes, parmi lesquelles figurent le capitaine Bonnet et le lieutenant Bazin. Ce petit monument ombragé de sapins et de pins est à l'entrée d'un pittoresque vallon ouvert entre une colline aux pentes rocheuses et raides et un coteau moins fièrement découpé, revêtu de bois ou de vignes. Le vin obtenu autour de Videlles jouit dans le pays d'une certaine réputation.

Dannemois est dans un creux; à peine, des abords du monument, distingue-t-on le pignon du clocher. L'église, en ruines, avoisine le château transformé en ferme; gardant encore de la grandeur dans sa déchéance, il est profondément émouvant de pittoresque. Le logis qui occupe la base d'une tour, un vieux puits, l'immense cour, une vieille femme se réchauffant au soleil, composent un tableau d'une beauté sereine.

Toute cette contrée, sur la rive gauche de l'École, doit à ses rochers, à ses éboulis, à ses buttes de sable un caractère des plus curieux ; les érosions faites par les courants marins, qui ont si puissamment modelé le relief du sol lentement émergé, ont produit ces découpures singulières. Au-dessous de Dannemois, l'aqueduc de la Vanne, qui vient de traverser la forêt de Fontainebleau, trace son large sillon de gazon maigre dans une des zones les plus accidentées du pays et, atteignant le pied des rochers formant la colline de Videlles, troue en souterrain un petit massif pour aller déboucher au-dessus de Champcueil. C'est une des parties les plus accidentées de ce merveilleux ouvrage, digne des grandes œuvres hydrauliques des Romains. Une des pointes qu'il traverse en galerie, au-dessus de Soisy-sur-École, fait face aux deux monticules de sable : le Tertre blanc et le Tertre noir, dont j'ai parlé déjà([1]) et d'un grand effet dans le paysage.

Il y aura quelque jour un mouvement de touristes dans cette vallée de l'École où les sites charmants ou curieux abondent. Actuellement, la difficulté des communications la rend peu accessible ; le tramway projeté de Chailly-en-Bière à Milly et à Oncy, en la reliant à Melun, fera

---

1. Voyez page 212.

cesser cet isolement ; celui de Milly à Étampes complétera la transformation, il unira la petite ville au chemin de fer du Bourbonnais, c'est-à-dire à Paris.

Actuellement, Milly n'a de relations avec le grand centre d'attraction de l'Ile-de-France que par le service d'omnibus conduisant à la gare de Maisse ; quant au mouvement vers Étampes, chef-lieu de l'arrondissement, il est plus difficile et très intermittent ; une voiture fait le trajet les jours d'audience au tribunal de première instance, c'est dire que les plaideurs et les témoins forment la principale clientèle.

De Milly à Maisse, la route monte dans un vallon boisé et hérissé de blocs de grès. Les chênes à la grande ramure, les pins sylvestres hauts et droits donnent beaucoup de caractère à ce creux entaillé dans la roche. Mais une fois la côte achevée, c'est de nouveau le plateau du Gâtinais avec ses vastes champs de céréales, de prairies artificielles et de plantes sarclées. Çà et là de petits bouquets de pins rompent l'uniformité de la plaine. Les horizons sont vastes, on découvre presque en entier la forêt de Fontainebleau, dont on distingue nettement les plissements réguliers.

Cette sorte de table portée sur les escarpements de grès est en partie propriété des communes, les terres ont été louées par un entrepreneur de fournitures pour l'armée et consacrées à la culture des légumes nécessaires aux cuisines militaires. Pommes de terre, carottes, navets sont récoltés en quantités énormes et conservés sur place en de vastes silos où ils peuvent braver l'hiver. En ce moment, des ouvriers ont éventré un de ces dépôts et remplissent des sacs de carottes.

Le chemin ne traverse qu'une pointe du plateau; bientôt il redescend vers l'Essonne en trouant une pinède pour pénétrer dans un ravin aux parois abruptes exploitées en carrières. Au fond, très large, s'ouvre la vallée dominée par des terrasses rocheuses. On ne tarde pas à atteindre la voie ferrée et la gare, importante par le trafic, qu'avoisine une sucrerie. Cette usine[1] révèle que l'on entre dans un terroir agricole bien différent du Gâtinais beauceron.

Le fond de la vallée offre un spectacle assez inattendu : au lieu des marais ou des prairies que l'on trouve sur les bords des cours d'eau, il y

---

1. La production de la sucrerie de Maisse atteint 18 000 sacs par année.

a ici un plan de gazon maigre et ras parsemé de pyramides de genévriers comme on en rencontre sur certaines chaumes calcaires ou sur les pentes crayeuses. Ces terrains perdus, sans doute des communaux, commencent à être conquis par la culture ; au nord de Maisse, vers Courdimanche, un immense tapis vert tranche sur le fond roussâtre de la friche qui l'entoure. Sur ce terrain plat, le chemin de fer trace son rigide ruban fauve.

Les collines, au-dessus de la gare de Maisse, ont des pentes où le sable mis à nu forme de grandes taches blanches ; des blocs de grès émergent de ces couches arénacées. Certaines parties de coteaux, composées de bancs compacts, sont exploitées en carrières. Une butte trapézoïdale semble détachée du massif.

L'Essonne, abondante déjà et claire, erre au milieu de la vallée plate et nue ; elle forme de jolis tableautins aux abords de Maisse ; là elle s'élargit pour devenir un abreuvoir, plus loin elle borde un lavoir, ombragé de grands arbres. La rivière réunit les deux bras qui viennent de former une île très allongée et, sur chacun d'eux, fait mouvoir des moulins.

Cette partie de la vallée n'a que de petits villages ; seul Maisse compte plus d'un millier d'âmes, dont 900 groupés dans le centre ; aussi ce bourg a-t-il l'aspect d'une petite ville ; il renferme de nombreuses boutiques, mais n'offre d'ailleurs guère d'intérêt.

La vallée de l'Essonne en amont et en aval de Maisse est intéressante par ses rochers de grès qui lui donnent assez grande allure. Au-dessus de Courdimanche, ces bancs, exploités par les carriers, sont parfois d'un blanc de neige. A la base de ces hauteurs, jaillissent de pures fontaines ; les eaux sont utilisées pour la culture du cresson ; les bottes sont expédiées par la gare de Boutigny, mais les fosses les plus importantes se voient à Vayres, dans un site curieux par l'escarpement des coteaux et l'entassement des roches revêtues de bois ; des blocs hérissent les champs, d'autres sont en équilibre instable sur les versants abrupts. La roche, très dure, est transformée en pavés ; les talus de déblai, les exploitations des carrières accroissent la singularité du site. Le plateau, aux abords du bois de Miscrey hérissé de roches, a des landes de bruyère dont la terre est recueillie pour être expédiée dans les centres horticoles.

La rive droite est la plus belle ; les rocs, les pins sombres, les bouleaux grêles donnent aux collines l'aspect du paysage classique cher aux peintres d'autrefois. Il est assez singulier que ces bords de l'Essonne n'aient pas attiré les artistes; plus que bien des paysages où ils se portent, ces terrasses déchiquetées, coupées de ravins, semblent solliciter le pinceau. Cependant le val a fixé de bonne heure l'attention : chaque village a son château, celui de Vayres est remarquable, celui de D'Huison porte le nom bizarre de Fontaine-Sucrée, dû à une source abondante jaillissant au pied du rocher de Miserey.

Jusqu'à La Ferté-Alais, l'exploitation des roches et des sables, celle des eaux utilisées pour la culture du cresson, celle de la terre de bruyère, sont les industries de la population. Un vallon latéral, arrosé par le ru de Cerny, abonde en fontaines. Dès l'origine, au hameau de Longueville, le ru fait mouvoir un moulin. Ce vallon est bien encadré, à l'est surtout, où de hautes buttes rocheuses entourent le plateau d'Orveau et de Boissy-le-Cutté, qui produit un vin fort estimé dans le pays d'Étampes. Le village le plus important de ce petit bassin, Cerny, eut rang de ville et sut obtenir des franchises dès 1184, alors que des cités voisines étaient encore sous l'autorité absolue des seigneurs.

Sur la rive droite de l'Essonne, la population est plus clairsemée. Guigneville, un hameau de quelques feux, se groupe autour d'une chapelle, à l'entrée d'un val solitaire largement ouvert, aux pentes revêtues de pins et de chênes. Sur le versant opposé, entre l'Essonne et le ru de Cerny, le château de Presles, domaine des Carnot, précède la petite ville de La Ferté-Alais ([1]).

En amont de Maisse, jusqu'à Malesherbes, on retrouve les fantastiques éboulis de rochers et les blocs laissés debout après l'érosion du plateau. Un beau manteau de pins revêt ces pentes sèches où quelques fouilles montrent des poches de sable d'une éblouissante blancheur. Des plis frangent cette rangée régulière de hauteurs; chacun d'eux abrite un village ou un hameau, mais les eaux vives sont plus rares qu'en aval. Rien ne retient beaucoup l'attention, les centres sont modestes et sans édifices intéressants. Buno, qui remplit une sorte de conque de verdure, a de vagues ruines au bord de l'Essonne. De chaque côté de la rivière, on retrouve ces singuliers marais hérissés de genévriers, puis des touffes d'aulnes, des peupliers, des fourrés de saules. Vers Boigneville, le marais est couvert de roseaux, fauves encore en cette saison.

Boigneville est un des coins les plus caractéristiques des bords de l'Essonne ; le village ancien,

---

1. Voyez chapitre XVIII.

conservant une maison flanquée d'une guette en poivrière, n'est pas sur l'Essonne même, il se groupe sous une église du douzième siècle, haute et grise, dans une conque au-dessus d'un ruisseau pur et vif, la Véluette, débouchant d'un val très étroit, dont les versants sont de sable et de blocs de grès, parfois énormes, amoncelés, arc-boutés, semblant prêts à s'écrouler au fond de la gorge. C'est le type du « paysage romantique » de nos pères. A Prunay, un de ces rochers est couvert par une ferme semblable à une forteresse.

Les eaux de la Véluette ont été captées par les cressonniers, qui ont établi de belles fosses conservant leur douce verdure pendant les plus rudes hivers.

L'Essonne est plus solitaire que ce val; les chemins et la voie ferrée ne suivent pas son cours, ils empruntent le plateau pour atteindre Malesherbes. Les ingénieurs modernes ne font que suivre l'exemple d'autrefois, une ancienne voie relie par le plateau le village de Boigneville au château de Rouville et à la cité des Lamoignon; la carte d'état-major lui conserve son nom ancien : l'allée des Noyers; sans doute il y eut là une de ces plantations d'arbres au bord des routes qui émerveillèrent Arthur Young.

Aujourd'hui, ce plateau, où les grands seigneurs de l'école de Turgot tentèrent peut-être des améliorations foncières, est à demi abandonné. Sec, rocheux, ayant une mince épiderme de terre végétale, il commence pourtant à être mis en valeur par les plantations de pins. Il faut approcher de Malesherbes pour trouver des terres profondes et de belles cultures.

XVI

LA SEINE DE CORBEIL A CHOISY-LE-ROI

L'agglomération de Corbeil-Essonnes. — Causes du développement de la double cité. — Corbeil et ses moulins. — Quartier du Vieux-Marché. — Saint-Germain-lès-Corbeil. — Le plus grand moulin de France. — A travers les moulins Darblay. — La production de l'usine. — Voies ferrées et bateaux. — Les ateliers de Petit-Bourg. — Construction des chemins de fer Decauville. — Origines du decauville. — Les meulières de Petit-Bourg. — Reprise de la descente de la Seine. — Bordure de châteaux. — Le transport des meulières et des gadoues. — Le port de Viry-Châtillon. — Les sablières. — Le confluent de l'Orge.

Corbeil, Mai.

J'ai profité de l'arrêt du *Saint-Mammès* à Corbeil([1]) pour revoir la ville — les villes plutôt — Corbeil étant une cité double, le noyau principal confine à Essonnes, se pénètre même avec celle-ci. En réalité, s'il y a deux communes — quatre avec Saint-Germain et Saintry — il n'y a qu'une agglomération, de 20 000 âmes, constituant le

---

1. Voyez les chapitres IV et V.

plus grand foyer humain de la vallée supérieure de la Seine après Troyes(¹).

Les constructions d'Essonnes entourent la ville principale, le territoire d'Essonnes touche à la gare, aussi le nom de Corbeil-Essonnes a-t-il été donné à cette station devenue si vivante depuis que la ligne de Montereau par Héricy se détache de la grande voie du Bourbonnais.

Corbeil doit ce développement à l'industrie, favorisée par la Seine, voie de navigation magistrale, et l'Essonne, dont la force motrice abondante a longtemps suffi à une grande activité manufacturière. Puis la situation commerciale est excellente : Corbeil est au point de suture de trois régions naturelles ayant des besoins divers. Les vieilles descriptions insistent déjà sur cette situation : Jean de la Barre, échevin de Corbeil au dix-septième siècle, disait que ce que la ville avait de plus remarquable était de posséder trois portes ouvrant sur trois provinces diverses : la porte Saint-Nicolas conduisait en Gâtinais ; sur la Seine, une poterne du château donnait accès au pont par lequel on pénétrait en Brie ; la porte de Paris faisait face à un pont jeté sur un bras

---

1. Population en 1901 : Corbeil, 9632 habitants ; Essonnes, 9374 ; Saint-Germain, 573 ; Saintry, 628.

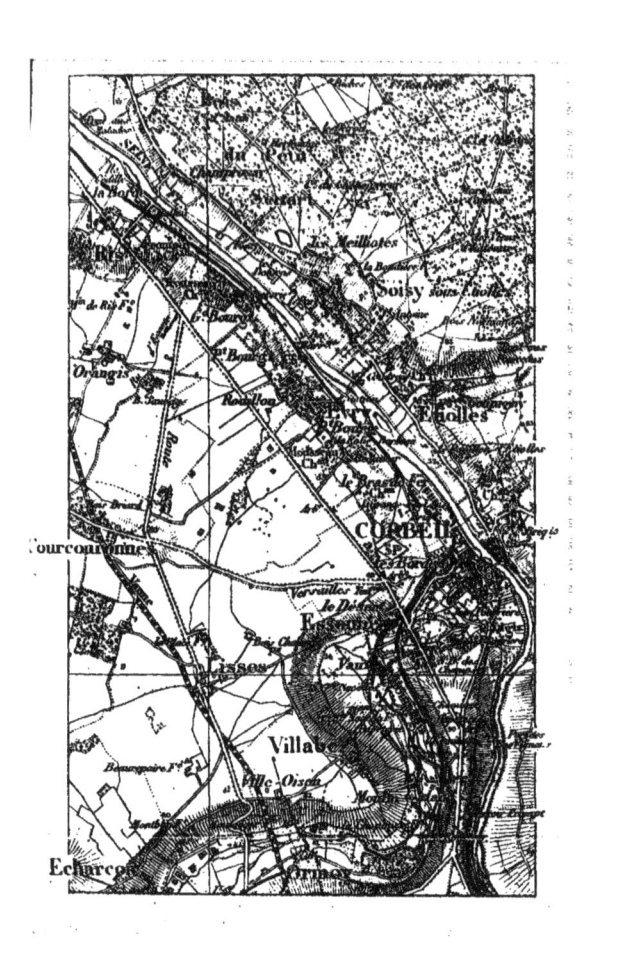

de l'Essonne qui sépare ici le Gâtinais du Hurepoix.

En ce temps déjà, l'Essonne avait une importance économique; elle donnait la vie aux « moulins banaux du Roi », où tous les habitants de la châtellenie étaient tenus de faire moudre leur grain. Ces moulins avoisinaient la tour de Corbulo, dans laquelle on a voulu voir l'origine de Corbeil.

Aujourd'hui encore, l'Essonne et ses moulins sont la vie de la ville ; si la tour de Corbulo a disparu, enrobée dans les constructions ; si les boulevards, les murailles, les éperons, le donjon ne sont plus qu'un souvenir, les énormes usines de minoterie ont un aspect saisissant de forteresse ; ce caractère est accru par une belle tour carrée bordant la Seine, de forme massive avec un étage supérieur en encorbellement, évoquant les tours des vieilles forteresses — mais ce n'est qu'un réservoir pour le cas d'incendie. Donjon si l'on veut, mais donjon ultra-moderne et industriel ; il renferme les élévateurs qui puisent le blé dans les bateaux et les wagons pour le conduire dans le gigantesque silo qui dépasse par ses proportions tout ce que nos aïeux connurent comme magasins à grains, à l'époque où ces réserves étaient une nécessité sociale.

Si vastes, si hautes, si énormes sont ces usines, que la ville établie à leur pied en est comme écrasée. Elle est d'ailleurs d'étendue médiocre, d'autant plus que, divisée en deux parties par la Seine, chacun des quartiers est de faible superficie. Sur la rive droite est le faubourg de Vieux-Marché, sorte de ville à part, aux artères régulières, prolongée au flanc de la colline par les voies rustiques de Saint-Germain-lès-Corbeil, commune qui fait en réalité partie de l'agglomération. Les maisons bourgeoises de Vieux-Marché, en bordure du fleuve, plongent leur base dans la Seine ou sont précédées de terrasses, de parcs et de jardins dont la fraîcheur contraste avec le quai opposé, d'aspect très industriel, où se porte la principale activité.

De raides ruelles et une grande route, très montueuse aussi, amènent au sommet de la colline de Saint-Germain. De ce belvédère on domine le vaste espace couvert de maisons par Corbeil et Essonnes; les habitations sont comme écrasées par l'énorme moulin et ses annexes, dont la ville semble une simple dépendance.

Sur la rive gauche, le Corbeil vivant s'étend jusqu'à l'Essonne. Cela comprend deux rues animées, bordées de boutiques, mais on y chercherait en vain les vieux logis qui donnent de l'intérêt aux villes anciennes. Il n'y a guère à citer que la porte ogivale, d'un beau style, qui fut l'entrée de l'abbaye Saint-Spire et par laquelle on pénètre dans une rue étroite conduisant à l'église, autre vestige de cette demeure monastique. L'édifice, assez défiguré, est cependant un beau spécimen de l'architecture des douzième et treizième siècles. Notre époque a vu doter Corbeil d'un établissement hospitalier considérable, dû à la générosité des frères Galignani, auxquels a été élevé un monument, œuvre de Chapu ; il vient d'être déplacé par suite de la construction d'un hôtel de ville.

Ce vieux noyau citadin s'entoure de quartiers neufs, aux avenues plantées d'arbres et bordées de jolies demeures encadrées de jardinets fleuris, contrastant avec l'aspect industriel des rues avoisinant les moulins de Corbeil et les ateliers de Petit-Bourg. Ces voies nouvelles vont jusqu'à l'entrée d'Essonnes, près de la filature endormie de Chantemerle, qui rappelle le souvenir d'Oberkampf et de sa famille. Elles portent des noms empruntés à celle-ci, tels que rue Féray et rue Widmer [1]. Corbeil, malgré cet effort pour devenir villégiature parisienne,

---

1. Sur Oberkampf, voyez la 45ᵉ série du *Voyage en France*, chapitre 1ᵉʳ.

demeure cité industrielle et s'enorgueillit de posséder la plus grande minoterie de France par les moulins Darblay, la plus grande papeterie par l'usine d'Essonnes.

Les moulins, fameux bien avant la Révolution, car ils jouèrent un rôle important dans l'alimentation de Paris, ne ressemblent guère aux usines cependant vantées jadis. Il faudrait bien des manufactures comme les anciens *moulins du roi* pour donner l'équivalent des gigantesques constructions actuelles. L'Essonne, qui suffisait à assurer la vie, donne une part bien modeste de la force motrice nécessaire, et pourtant les turbines remplaçant les vieilles roues d'autrefois utilisent mieux la puissance de la petite rivière, sans fournir plus de 120 chevaux. Et la vapeur en fournit 1300 aux cinq machines; dix-sept chaudières sont employées à la produire.

L'Essonne est donc peu de chose dans l'activité de la ville qu'elle enrichissait jadis; elle a été aménagée pourtant, ses derniers mètres de cours forment un canal navigable permettant aux bateaux de venir charger les farines dans les bâtiments mêmes où elles sont produites.

La Seine joue un grand rôle dans l'activité des moulins; par le fleuve viennent la majeure partie des blés à transformer dans la puissante manufacture. Les bateaux accostent devant la haute tour de l'élévateur, des grues saisissent les sacs et vont en déverser le contenu au pied de l'édifice, des chaînes à godets puisent dans l'amas de blé et amènent le grain dans des appareils qui procèdent à un premier nettoyage ; ce grain automatiquement pesé se déverse sur un bandeau transporteur, guidé par des galets, qui le conduira dans les silos.

La tour de l'élévateur, haute de 45 mètres, se relie, par une galerie où court le transporteur, à l'énorme magasin où le blé est réparti dans quarante réservoirs ou silos renfermant ensemble 108 000 quintaux métriques. Le bâtiment, sans ouverture, couvert d'un toit bas, est d'une robustesse élégante. Sa massivité est rachetée par les hautes arcades aveugles qui renforcent les murailles.

Les silos sont dotés d'appareils de triage et de classement qui permettent d'obtenir l'homogénéité des grains en vue de la qualité de farine désirée. En ces salles immenses, tout se fait dans un calme et un silence imposants. Pas ou presque pas d'ouvriers, les machines seules agissent, sans bruit. Pour voir ce qui se passe dans les silos, ces oubliettes modernes, le guide qui nous accompagne descend une lampe électrique permettant de scruter tous les coins de l'abîme où sont amoncelées les moissons de vastes contrées.

Le calme des longues salles recouvrant les silos est impressionnant. Les bandeaux transporteurs, les appareils à nettoyer ne produisent qu'un bruit atténué, et cependant il faut une machine de 200 chevaux pour actionner tout cela, sans compter la force électrique qui met en mouvement dans le même corps de bâtiment une féculerie et un moulin.

La minoterie proprement dite puise le blé dans les silos; le passage de l'un à l'autre établissement est invisible, il s'effectue à l'aide d'un souterrain de 120 mètres. Dès son arrivée, le grain est soumis aux appareils qui achèvent le nettoyage et permettent de ne livrer aux cylindres que des matières absolument nettes et homogènes. Une fois nettoyé, le blé subit toutes les opérations ordinaires de la mouture; rien de particulier à Corbeil, sinon les soins extrêmes apportés aux opérations successives de broyage et de convertissage des gruaux. Le blutage a été radicalement transformé, comme dans toutes les grandes minoteries d'ailleurs, par l'emploi des plansichters, qui ont révolutionné la meunerie en permettant de revenir à la forme et au mouvement du tamis à main, si supérieur aux procédés dits « bluterie centrifuge », que l'on avait adoptés à cause de la rapidité du travail. Ce qui frappe surtout, c'est le côté gigantesque de la manufacture, ces deux corps de logis à sept étages où 600 appareils fonctionnent à la fois. Tout a lieu mécaniquement, sans intervention de la main, jusqu'à la mise en balles, effectuée par des ensacheuses automatiques. Un chiffre suffira à donner une idée de l'énorme usine : elle livre chaque jour au commerce 3 500 quintaux de farine. Ce n'est pas toute la production de la société, celle-ci possède au Havre un autre établissement recevant les blés à quai par les navires importateurs ; on y fait chaque jour 1 500 quintaux de farine.

A cette production il faut ajouter celle d'une annexe, le moulin de Chantereine, où l'on produit seulement la farine de seigle. A ces établissements la société joint encore la féculerie, qui traite chaque jour 850 quintaux de pommes de terre pendant la campagne de fabrication, de septembre à février.

Cette colossale manufacture a fait créer tout un outillage de transport, la seule manutention des blés et farines a nécessité 2 000 mètres de voies autour des bâtiments ; une flotte de quarante bateaux fait le service entre Corbeil et

Paris, où la compagnie a installé de vastes hangars au port des Coches, pour fournir les farines à la boulangerie parisienne.

Par l'essor inouï donné à la meunerie, Corbeil a donc conservé le rôle de grenier de Paris qui fut le sien avant la Révolution et que le Pacte de famine avait en quelque sorte légalement reconnu en établissant près des moulins du roi un immense magasin destiné, dans la pensée des créateurs, à recevoir le blé des années d'abondance pour le distribuer pendant les années de disette. Les chemins de fer et l'amélioration des voies navigables, autant que la navigation à vapeur sur les océans, ont désormais rendu inutile une telle organisation. Les entrepôts de Corbeil, qui existaient encore au milieu du dix-neuvième siècle, ont disparu.

Les moulins de Corbeil confinent à un autre établissement qui eut son heure de célébrité et reste parmi les plus intéressants de la région parisienne, ce sont les ateliers Decauville, d'où sont sortis tant de milliers de kilomètres de voie portative de chemin de fer, les lignes: rails, locomotives et wagons, qui desservaient l'Exposition de 1889 et de véritables petits réseaux ferrés parcourant des campagnes étendues. L'usine a conservé le nom de Petit-Bourg, bien qu'elle soit fort éloignée maintenant du hameau où se dessina son essor. Quand la vogue vint au « Decauville », les ateliers de Petit-Bourg furent insuffisants, on les transporta sur un emplacement plus favorable, à proximité de la Seine et de la grande ligne de Lyon ; les ateliers purent être largement disposés.

Cette industrie est née d'une façon assez singulière, son origine dérive de la transformation subie par la grande culture et des besoins sans cesse croissants de Paris en matériaux de construction. La famille Decauville est une de ces vieilles tribus de grands cultivateurs qui ont fait corps avec le sol de l'Ile-de-France et dont l'esprit s'ouvrit avidement aux procédés agronomiques modernes. Le domaine de Petit-Bourg, ancienne propriété de la marquise de Montespan, fut pris à ferme aux environs de 1848 par l'aîné de quatre frères Decauville, dont le père possédait aux environs le domaine de Bois-Briard. Avec les terres successivement louées, le jeune fermier, qui avait reçu une forte instruction, ne tarda pas à exploiter 700 hectares.

Un des premiers, en 1854, il entreprenait la distillerie agricole ; les appareils furent construits sur place par un atelier spécialement créé, qui fut amené à installer des distilleries pour d'autres cultivateurs. Tel a été le point de départ modeste de la métallurgie aux environs de Corbeil.

Le sol, comme en Brie, repose sur une couche de pierre meulière. M. Decauville avait commencé à exploiter cette assise, lorsque la construction de l'enceinte de Paris vint nécessiter l'emploi d'une énorme quantité de cette pierre imperméable et dure. Les grands travaux de transformation de la capitale entrepris par M. Haussmann donnèrent un nouvel essor à une extraction facilitée par le voisinage de la Seine, permettant l'expédition des produits. Bientôt, Petit-Bourg alimentait une grande partie des chantiers parisiens. Cependant, une difficulté se présentait : si la Seine était proche, on ne pouvait l'atteindre qu'en effectuant un trajet de 3 kilomètres par des chemins ouverts en plein terrain meuble. De là des prix de transport élevés : 2 fr. par 1 000 kilogr.

Le fils de M. Decauville aîné, Paul Decauville, que son père s'était associé, se décida alors à installer une petite voie ferrée d'une largeur de 1 mètre, analogue à celle des carrières, avec plan incliné, et abaissa ainsi le prix de transport à 25 centimes. Le système fut étendu ensuite aux cultures pour le transport des engrais et surtout des betteraves nécessaires à la distillerie. 5 kilomètres de ligne bien installée desservaient les terres, des tombereaux amenaient les produits à la voie ferrée. En 1875, l'automne était si humide, que ces véhicules ne purent circuler, on se vit à la veille d'abandonner près de 9 millions de kilogrammes de racines qu'il était impossible de transporter. C'est alors que M. Paul Decauville eut l'idée de construire des voies mobiles à l'aide de rails légers fixés sur des traverses de fer et pouvant s'adapter par tronçons sur le sol même. L'expérience réussit au delà de toute espérance, la minuscule voie de 40 centimètres permit d'enlever rapidement la récolte de 150 hectares. Appliquée dans les carrières, l'idée se montra plus heureuse encore.

Le chemin de fer Decauville était né.

Bientôt une locomotive circula sur la ligne agricole portée, en 1877, à la voie de 50 centimètres. M. Decauville fit connaître les résultats obtenus et fut conduit à construire pour les particuliers la voie inventée pour lui-même ; l'atelier de Petit-Bourg devint insuffisant et l'on créa de toutes pièces les grands établissements situés aux portes de Corbeil.

De là sortirent les voies mobiles qui sont allées porter dans le monde entier le nom d'une usine française : grands travaux publics, exploitation des mines, transport du café, de la canne à sucre et du coton dans les pays tropicaux, ont été facilités par l'invention suscitée par un humide automne dans les campagnes du Hurepoix. On peut dire que le monde entier est aujourd'hui saturé de voies Decauville, soit de voies mobiles déplacées au fur et à mesure des nécessités, soit de petites lignes servant à des entreprises régulières pour les voyageurs et les marchandises.

Les usines, très vastes, où s'agite tout un peuple d'ouvriers au sein d'ateliers remarquablement outillés, continuent à fabriquer les rails accouplés et le matériel de petits chemins de fer, mais l'automobilisme ouvre des voies nouvelles; aujourd'hui, les établissements de Petit-Bourg produisent en grand nombre ces véhicules pour lesquels les rails sont inutiles.

La distillerie qui fut le point de départ n'est plus; l'extraction de la meulière a pris fin avec l'épuisement des bancs d'où sont sortis des matériaux qui auraient suffi à édifier une grande ville; il faut un effort de l'esprit pour voir dans cette exploitation du sol par la culture ou la barre à mines l'origine de la construction des automobiles à Corbeil.

J'ai retrouvé le *Saint-Mammès* devant l'élévateur des moulins Darblay ; il prenait à la remorque des gabares descendant à Paris ; j'y ai repris ma place et reçu le même accueil hospitalier, pour aller jusqu'à Choisy-le-Roi, d'où je reviendrai à Essonnes.

Après Corbeil et Petit-Bourg, l'activité de la Seine devient énorme, comparable sinon supérieure à tout ce que l'étranger — Allemagne ou Hollande notamment — peut offrir sur ses voies navigables. Ce trafic est l'œuvre de la capitale : c'est pour elle que les sables et les pierres à bâtir occupent chaque jour des flottes entières ; ce sont ses ordures ménagères et ses déjections qui font la plus grande partie du mouvement à la remonte. La vaste briqueterie des Tarterets, voisine de Petit-Bourg, possède un port spécial.

Les usines cessent un instant de border le fleuve, largement étalé mais souillé par les égouts de Corbeil et de sa banlieue. Les rives redeviennent fraîches ; des châteaux les égayent, l'un d'eux de style flamand appartint à M. Waldeck-Rousseau. Cet hommme d'État y mourut. Plus loin, une de ces opulentes demeures montre une belle façade blanche de style classique, une autre est de la pure époque de Louis XIII.

Ces habitations luxueuses, qui donnent un si grand caractère aux rivages de la Seine, frappent moins mes campagnons qu'une statue dont on me montre la vague silhouette au-dessus du chemin de fer; elle représente, paraît-il, un individu qui avait parié de porter un sac de farine de Paris à Corbeil, et succomba sur ce point, victime de sa folle entreprise. Pour les mariniers épris de la force, un tel héros est autrement intéressant que les châtelains présents ou passés de ces domaines seigneuriaux.

Et pourtant que de souvenirs rappellent ces rivages! A droite, voici Étiolles dont un des seigneurs fut Lenormand d'Étiolles, mari de Mme de Pompadour; en face, au delà d'Évry, le majestueux château de Petit-Bourg appartint au duc d'Antin, fils de Mme de Montespan et reçut souvent le grand roi. Un barrage coupe la Seine au-dessous du superbe édifice. L'écluse est déjà occupée par un remorqueur conduisant un unique bateau chargé de pierre meulière. S'il y avait eu un chaland de plus, nous perdions une heure. Les éclusées en ces parages sont terribles pour les gens pressés, car souvent plusieurs convois attendent leur tour.

Enfin *nous sommes libres*; nous n'avons guère à craindre notre concurrent : s'il est plus rapide que le *Saint-Mammès*, il devra sans cesse s'arrêter pour donner la remorque à d'autres bateaux. Chaque rive est en effet creusée de carrières. Les dépôts de meulières se dressent au long du rivage, il en est à Évry, à Soisy-sous-Étiolles, au-dessous du coteau de Grand-Bourg. Les carrières sont loin parfois, celles de Soisy s'ouvrent dans la forêt de Sénart.

Les amas de pierres gâtent ces belles campagnes patriciennes, où les châteaux et les amples villas émergent entre les parcs et les jardins, à la crête des collines. Celles-ci s'éloignent un peu; les rives basses, bordées de saules et de frênes broussailleux, sont réunies par les trois arches de fer du pont de Ris. Sous le village, le château de Fromont est encadré par de merveilleuses allées de grands arbres. Le port est animé : on y décharge des houilles pour une vaste distillerie, on y charge des pierres. En face, à la lisière de la forêt de Sénart, Champrosay s'allonge sur le grand chemin; à peine les toits émergent-ils au-dessus des arbres d'essences variées; l'église dresse une élégante flèche de pierre. Une des villas de ce riant hameau fut habitée par Alphonse Daudet; il y écrivit plusieurs de ses œuvres maîtresses.

La partie agreste de la Seine finit là, désormais le fleuve est au sein de la plaine aux grandes cultures, entrecoupées de vastes sablières. Le cadre est formé au loin par de belles terrasses, couvertes de parcs et de vergers autour de Grigny et de Viry. Mais les rivages sont abominables parfois ; on y décharge des gadoues et, sous le grand soleil, il s'en dégage une puanteur affreuse. Sur la rive droite s'ouvre le « port aux malades », bassin morne qui fut une *fouille à sable*. En face, un petit chemin de fer aboutit au fleuve ; il vient des hauteurs de Grigny, d'où les câbles porteurs amènent dans les wagonnets la pierre extraite du sol ; des locomotives conduisent les trains de meulières. Une autre ligne, plus longue, amène au Petit-Châtillon la meulière exploitée dans la forêt de Seguigny ; elle possède un trafic considérable. Sur plus d'un kilomètre, ce ne sont que dépôts de moellons ou trains dont le contenu va de suite dans les bateaux. En 1899, le port de Châtillon a vu charger près de 200 000 tonnes ; en 1904 il n'en eut plus que 182 000 ; c'est encore énorme. De l'autre côté, le tonnage dépassa même de beaucoup ces chiffres, grâce aux sablières de Draveil : 583 000 tonnes en 1900 ; en 1904, le mouvement était encore de 226 000.

Le port a sa flotte propre ; en dessous du nom du propriétaire, beaucoup de bateaux ont cette indication : *Viry-Châtillon*. Ces véhicules ont l'avant effilé et peint de couleurs vives ; ils sont faciles à distinguer au milieu des centaines de chalands qui peuplent les ports de Paris.

Châtillon borde galment la Seine de ses maisonnettes habitées par les mariniers, les carriers et les débardeurs. C'est en quelque sorte un faubourg de la cité naissante de Juvisy, où les chemins de fer d'Orléans et de Lyon desservent une gare commune.

Juvisy possède aussi un port, moins spécialisé que ses voisins, avec un mouvement de près de 50 000 tonnes ; il reçoit ou expédie pierre, sable, houille, pétrole rectifié dans une raffinerie. C'est déjà ici la banlieue parisienne banale et morose, en dépit des chalets aux couleurs les plus vives. La flotte locale appartient aux pétroliers ; elle est constituée par des remorqueurs aux formes fines, violemment peintes de rouge et de bleu.

Nous passons devant Juvisy avec un convoi complet ; nous avons laissé quelques bateaux en route, mais d'autres les ont remplacés. Six péniches ou chalands de 38 mètres, deux berrichons, un bateau de 30 mètres, sont conduits par le *Saint-Mammès* au milieu de la multitude de véhicules nautiques que regarde passer du haut de sa terrasse le joli bourg d'Athis, entouré

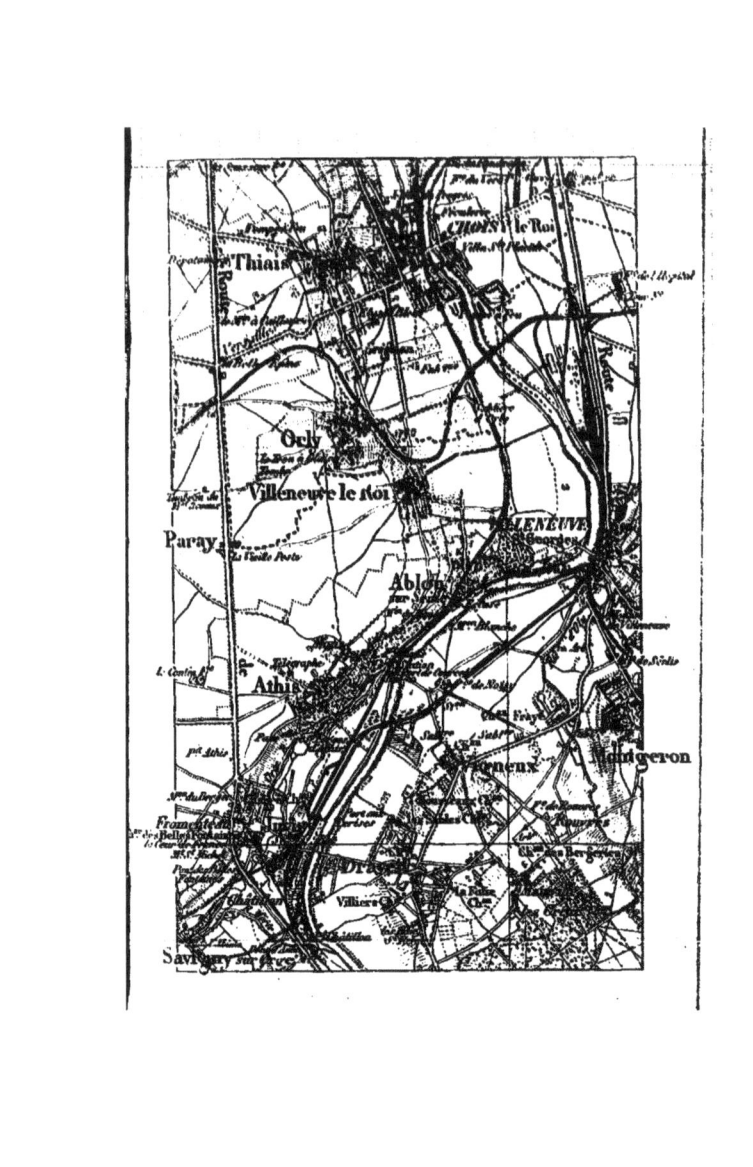

de petits parcs et dominé par la flèche de pierre de son église.

Sur la rive droite, en amont du pont qui porte les quatre voies du chemin de fer de Lyon, un agile remorqueur, le *Lisors,* semble sortir du milieu des terres. Il a quitté par un chenal étroit le vaste bassin d'eaux profondes où des dragues extraient le sable en agrandissant sans cesse cette sorte de havre tranquille. Là sont les plus puissantes sablières du bassin de Paris, celles de Vigneux. Plus d'une grande ville maritime voudrait avoir un mouvement de navigation comparable. En 1900, il est sorti de ce que l'on pourrait appeler le bassin à flot de Vigneux un tonnage en marchandises de 1 129 417 tonnes ; il y est entré 176 926 tonnes, composées surtout de houille pour les dragues et les remorqueurs.

En 1904, on a relevé 321 876 tonnes à l'entrée et 455 066 à la sortie.

De plus en plus on devine Paris. La grande ville déverse son trop-plein d'habitants ; nombre de ses citoyens séduits par la « campagne » créent là vers Draveil et Ablon, dans la plaine et sur les pentes, une cité de bicoques aux toits d'un rouge criard.

La Seine reçoit ici son plus notable affluent

depuis l'Yonne et l'Essonne, la charmante rivierette d'Orge, qui a parcouru de si heureux paysages. Le fleuve, frôlant ensuite le coteau d'Ablon, décrit un contour vers Villeneuve-Saint-Georges pour y humer l'Yères. Un barrage retient ses eaux. L'écluse est assiégée par les flottes ; un vapeur, le *Cyclope*, se joint à deux autres pour faire deux éclusées qui précéderont notre tour. Deux autres vapeurs avec leurs trains sont entre les portes ; un yacht, le *Vannea*, du Havre, vient de sortir ; effilé, peint de blanc, il s'élance rapidement en soulevant des vagues.

Plus de deux heures à attendre ! Je tue le temps en allant déjeuner à Ablon. Quand je reprends place à bord, notre tour n'est pas venu encore. Enfin, avec de la patience nous parvenons à entrer dans l'écluse et, de nouveau, le *Saint-Mammès* reprend sa route entre des rives nues et moroses à gauche, les talus de la gare de triage de Villeneuve-saint-Georges à droite. Un seul point aurait quelque intérêt : Choisy-le-Roi, mais le chemin de fer l'isole du fleuve.

Sur tout ce parcours, partout des sablières donnant lieu parfois à un mouvement énorme. Les autres marchandises n'ont d'importance qu'à Choisy-le-Roi, dont l'industrie exige plus de 40 000 tonnes de charbon par année.

Au delà de Choisy, la Seine s'en va entre des berges basses, souvent faites de remblais, bordées d'usines vastes mais parfois laides. Au loin apparaît Paris. La capitale, vue de ce côté, n'a pas la splendeur d'apothéose qu'on lui découvre en venant de l'ouest, les énormes faubourgs qui la précèdent semblent faire corps avec elle.

XVII

L'INDUSTRIE A ESSONNES

La ville d'Essonnes. — La grande cheminée. — Panorama des usines. — Origine de l'industrie. — Les établissements d'Oberkampf. — M. Féray d'Essonnes. — Les Darblay. — Développement de la papeterie. — Le papier à journaux. — A travers la papeterie. — La chapellerie de soie. — Une corporation imitée du Moyen Age. — Recrutement et formation des ouvriers. — Galetiers, monteurs et tournuriers. — Le syndicat des ouvriers chapeliers.

Essonnes, Mars.

Les faubourgs de Corbeil se soudent à ceux d'Essonnes; sans les bureaux d'octroi apparaissant dans une rue qui semble toujours appartenir à la même ville, on ne se douterait pas du changement de commune. Pour trouver à Essonnes un caractère particulier, il faut atteindre la rue principale formée par la route nationale, large et régulière, franchissant l'Essonne et s'élevant de chaque côté de la rivière par des pentes douces. Seule cette voie est d'aspect citadin, les autres artères sont celles d'une bourgade ouvrière, que l'on pourrait comparer aux ruches du Nord. Essonnes du reste n'est qu'une cité de travailleurs, succédant au bourg autrefois animé par le passage des diligences. Les bords de l'Essonne avec les arbres qui se penchent sur l'eau, les lavoirs, des maisons plongeant leur base dans le flot, sont pourtant pittoresques, et la vieille église, malgré les transformations qui l'ont défigurée, a conservé la sobre élégance de ce douzième siècle qui la vit construire. Le clocher, déjeté, garde de belles fenêtres ogivales mettant une note d'art dans un milieu assez banal.

La chaussée centrale, en s'élevant vers le sud, redevient route et va rejoindre un autre grand chemin montant de Corbeil. La jonction est au sommet d'un étroit plateau ou plutôt d'une crête dressée entre la Seine et l'Essonne, dont le point culminant est occupé par une tour noire, entourée d'un escalier de fer en spirale et d'où s'élève une épaisse fumée. Cette tour est une cheminée, foyer puissant d'appel où viennent tous les gaz de la papeterie gigantesque, vie d'Essonnes, une des plus grandes manufactures de la France. De cette cheminée, si l'on a le courage de s'élever dans le vide par les marches aériennes, on domine l'énorme foyer de travail dans ses deux parties : sur la Seine, le port des Bas-Vignons, son installation colossale, les piles de bois et les tas de charbon qui l'emplissent, la flottille de grands chalands qui bordent chaque rive ; sur l'Essonne, les constructions immenses, régulières, séparées par des rues ou des avenues couvertes de toitures rouges ou vitrées. Cela répond fort peu à l'idée que l'on se fait d'une papeterie, celle-ci se présente plutôt à l'esprit comme un bâtiment ample mais simple, assis entre les arbres au long d'une rivière claire, à l'écart des centres habités. Ici l'usine entière semble une ville très vaste, les quartiers ouvriers nés aux abords accroissent l'illusion.

Cette sensation de *colossal* se retrouve dans toutes les parties de l'établissement. On s'attend à trouver quelque chose d'inédit, mais c'est en somme le tableau, prodigieusement agrandi, de tant d'autres papeteries. L'usine d'Essonnes produit à elle seule un dixième de la quantité fournie par les papeteries françaises; on fait de plus beaux papiers dans les cités classiques de cette industrie : Rives, Annonay, Angoulême, pour citer celles-là seulement, mais les plus vastes manufactures sont peu de chose auprès des établissements Darblay.

Cette papeterie a de lointaines racines, car Essonnes fut un des premiers centres français dotés d'un moulin à papier; dès les débuts du quatorzième siècle, on signale la fabrique d'Essonnes, en même temps que celle de Troyes. Il est donc peu de groupes industriels plus vénérables que celui-ci.

Le développement de la papeterie à Essonnes fut brusque, rien ne semblait le faire prévoir; quand la grande industrie moderne naquit, on aurait pu croire que la production textile allait avoir ici un de ses principaux centres. Oberkampf avait acheté en 1769 à Essonnes, alors village, et Corbeil une petite fabrique d'indiennes dont il avait fait cadeau à son frère Frédéric. Quand ce dernier se retira en 1796, Oberkampf reprit la modeste usine et en fit une succursale de la fameuse manufacture de Jouy[1]. On y blanchissait les tissus destinés à devenir « toile peinte ». Une autre usine, Chantemerle, créée dans des moulins à tan acquis par Oberkampf, fut installée à Essonnes pour la filature et le tissage du coton. Un chariot puissant aménagé spécialement dans ce but transportait des bords de l'Essonne à ceux de la Bièvre les tissus des-

---

1. Voyez 45ᵉ série du *Voyage en France*, chapitre Iᵉʳ.

tinés à être *peints*, c'est-à-dire imprimés. Oberkampf en personne dirigea les travaux de construction. Plus heureux que ceux de Jouy, ces établissements ont survécu assez longtemps à leur illustre fondateur, aux mains de son petit-fils, M. Féray, qui, par la suite, ajouta à son nom celui de la ville. A l'exploitation de la filature et de la blanchisserie, M. Féray d'Essonnes joignit la papeterie qu'avaient dirigée les Didot, une fonderie et des ateliers de construction. Ce bel ensemble est devenu en notre temps la propriété de MM. Darblay; ils lui ont donné le développement extraordinaire qui en a fait une chose unique dans l'industrie française, mais la construction mécanique et la papeterie subsistent seules aujourd'hui.

Le voisinage de Paris et les progrès inouïs de la presse périodique ont été pour beaucoup dans cette extension de l'humble moulin à papier d'Essonnes. Les machines d'imprimerie dans la capitale dévorent chaque jour de formidables quantités de papier, une usine aussi puissamment outillée, presque aux portes de la métropole, entrée de bonne heure dans la voie ouverte par l'emploi de la paille et du bois, devait forcément prospérer; cependant on n'aurait guère prévu de telles destinées. Oberkampf ne pouvait supposer que 3 000 ouvriers travailleraient un jour sur les bords de la petite rivière où il créa sa blanchisserie. Même à cet homme entreprenant, l'idée que l'on verrait à Essonnes des machines à vapeur employant 16 000 chevaux de force et permettant de produire plus de 130 000 kilogrammes de papier par vingt-quatre heures aurait paru chimérique.

Essonnes est intéressant pour l'économiste, parce qu'il groupe tout ce qui concerne la production de la papeterie. Sauf les matières premières et le charbon, la manufacture ne demande rien au dehors. Elle fait ses machines, ses feutres, ses toiles métalliques. A l'usine maîtresse on a donc adjoint les ateliers annexes travaillant uniquement pour la première et qui passeraient partout pour de grands établissements.

Le public, difficilement admis dans la papeterie d'Essonnes, a pu cependant juger de cette organisation à l'Exposition de 1900. MM. Darblay exposaient un atelier complet pour la production de la pâte de bois et des papiers obtenus à l'aide de celle-ci. Les visiteurs pouvaient voir le bois réduit en bûchettes et transformé en pâte dont on suivait les phases de préparation jusqu'à son emploi par la machine, d'où sortait sans cesse le papier blanc prêt à être utilisé. Cette machine, qui surprenait par sa longueur, le nombre de ses cylindres, presses ou sécheurs, ne représentait cependant qu'une bien faible partie de l'outillage d'Essonnes, où vingt-quatre appareils semblables fonctionnent sans trêve.

Ces merveilleux engins sont les fils de la première machine à papier continue imaginée ici même par un ouvrier du nom de Robert, employé dans la papeterie, dirigée alors par un des Didot, dont Bernardin de Saint-Pierre épousa la sœur. L'auteur de *Paul et Virginie* fut associé de cette maison et habita quelque temps Essonnes; la villa qu'il occupait, aujourd'hui villa Saint-Pierre, fait partie des constructions de la grande usine.

Je ne reviendrai pas sur la fabrication du papier, dont on trouve la description dans toutes les encyclopédies et que j'ai signalée si souvent[1]. J'ai voulu seulement dire les particularités propres à cette manufacture produisant la dixième partie du papier consommé en France et devenue l'auxiliaire capital du journalisme moderne. L'ancienne production du papier de chiffons a bien diminué, on peut dire qu'elle est un atome à Essonnes auprès de la quantité de papier de paille, de bois surtout, sortie chaque

---

1. Voyez notamment : la 1re série (La Haye-Descartes); la 9e (Rives-sur-Fure); la 11e (Annonay) et la 15e (Angoulême).

jour en rouleaux gigantesques pour aller se développer sous les cylindres des presses rotatives.

La Norvège est le principal fournisseur d'Essonnes; ses bûches de sapin apportées dans les ports de la basse Seine sont chargées sur les grands chalands qui viennent s'amarrer au port des Bas-Vignons. Une puissante flotte de ces bateaux est consacrée au transport des bois. Empilées sur les chantiers du rivage, les bûches sont conduites, par la voie ferrée spéciale passant en tunnel sous la colline, jusqu'à la partie de l'usine où des machines fendront les morceaux trop gros, où d'autres découperont des copeaux conduits ensuite aux lessiveurs, où commence la transformation en cellulose à l'aide du bisulfite de chaux produit dans d'énormes tours de briques qui ne sont pas la moindre curiosité du puissant organisme. Toute la pâte à papier est ainsi préparée dans l'établissement même; aussitôt achevée par une série d'opérations très simples, elle va à la machine qui la transformera en papier sans fin.

Cet outillage hors de pair a permis à la papeterie d'Essonnes de se tenir à la hauteur de tous les besoins si considérables, si variés, si imprévus aussi du consommateur insatiable qu'est Paris. Quelles que soient la quantité ou la qualité de papier dont une imprimerie a soudain besoin, Essonnes fournit aussitôt. Ces facilités ont beaucoup contribué au développement de l'usine ou, pour mieux dire, des usines, car Essonnes comprend encore les anciennes papeteries d'Écharcon et de Moulin-Galant, aujourd'hui réunies à la fabrique centrale par des constructions et des voies ferrées. Entre ces diverses parties vont et viennent sans cesse les trains; les deux grandes lignes de Montereau et de Montargis, qui se bifurquent à l'extrémité même de l'usine après l'avoir encadrée de leur quadruple ruban de rails, accroissent l'animation.

Au début, quand la papeterie, occupant seulement 6oo ouvriers, était cependant considérée comme une très grande manufacture, on l'avait dotée d'une cité ouvrière avec écoles et chapelle. Aujourd'hui, ces constructions sont insuffisantes pour loger 3 ooo travailleurs et leurs familles; la population des ateliers se répand dans Essonnes, Corbeil et les villages voisins et crée des quartiers nouveaux sur les chemins et les routes. Il est des maisons d'ouvriers jusque sur la crête, entre l'Essonne et la Seine, au « Pressoir-Prompt »; ce hameau, situé très au-dessus des deux vallées, est doté d'eau pure par un réservoir édifié aux frais de MM. Darblay.

Les habitants, en signe de gratitude, ont apposé une plaque sur ce château d'eau alimenté par les pompes qui élèvent l'eau de la nappe souterraine pour la conduire aux usines.

A côté de la papeterie, les autres établissements d'Essonnes sont de faible importance. Une industrie cependant mérite d'être signalée à cause de l'organisation imposée par les ouvriers, c'est la chapellerie de soie, dont Essonnes est un des principaux centres avec Paris, Argenteuil, Bois-Colombes, Épernay, Yvetot, Nîmes et Lyon.

La production du chapeau de soie n'a pas pris en France le développement qu'elle pourrait avoir grâce au goût et à l'habileté de l'ouvrier. La cause semble tenir à l'esprit particulier de la corporation des ouvriers chapeliers, revenue peu à peu aux antiques coutumes d'avant la Révolution pour la réglementation du travail et le recrutement des artisans. J'en ai trouvé la preuve dans la chambre syndicale des ouvriers chapeliers d'Essonnes, organisée avec un remarquable esprit de solidarité, une préoccupation fort louable d'assurer à chacun sa part de travail. A n'envisager que l'avantage immédiat d'un petit groupe, le résultat est intéressant, mais le bien-être et la sécurité obtenus ne le sont que pour un nombre modique d'individus; ils s'en sont assuré les bienfaits en restreignant à tel point l'effectif des travailleurs, que les patrons ne sauraient s'ouvrir un débouché au dehors, faute de personnel suffisamment abondant.

Le groupe d'Essonnes est peu nombreux, il comprend quatre-vingts hommes et quarante femmes seulement; cela permet de produire cent cinquante à deux cents chapeaux par jour. Tous les ouvriers sont aux pièces, les salaires à la journée, qui ont la faveur de tant d'autres corporations, n'ont point encore été proposés, ils ne le seront jamais sans doute, car la préparation du chapeau de soie est une des industries qui exigent le plus d'habileté et de goût; il convient donc de maintenir un gain supérieur à ceux qui font le mieux montre de ces qualités. Nous verrons tout à l'heure comment les chapeliers ont cependant trouvé le moyen de faire participer l'habileté professionnelle au bénéfice de la corporation tout entière.

L'organisation du travail est simple; la chapellerie de soie comprend trois catégories d'ouvriers : les *galetiers*, les *monteurs* et les *tournuriers*.

Le galetier fait la carcasse du chapeau, appelée

galette. Sur une forme composée de cinq morceaux, il dispose une bande qui sera le « tour » et un rond qui constitue le « dessus »; ce tissu léger est enduit d'un apprêt sur lequel on dispose d'autre mousseline. Quand il a ainsi la carcasse de la partie cylindrique, le galetier pose un bord préparé à l'avance et qui se colle au reste de l'objet; une autre couche de colle répandue sur le tout est lissée à l'aide d'un fer chaud. On démonte ensuite la forme pour laisser sécher la galette.

Les galetiers sont un des côtés intéressants de l'organisation corporative; le métier est réservé expressément aux ouvriers des autres catégories trop âgés ou fatigués pour pouvoir continuer leur travail. Le patron n'a pas le droit de prendre des ouvriers étrangers à la corporation, ni de faire des apprentis spéciaux.

Pendant ce temps, des femmes ont cousu la peluche qui constituera la partie extérieure du chapeau; trois morceaux sont nécessaires : au-dessus la *rosette*, autour du cylindre le *flanc*, enfin le *bord*. Le tissu ainsi préparé est remis au monteur qui place la galette sur une forme et dispose au-dessus la peluche; celle-ci est mouillée, un fer à repasser très lourd appelé *carrelet* couche le poil en rond ou « rosette » au-dessus; puis, mouillant fréquemment, il passe son fer sur le flanc pour coucher les brins soyeux et cacher les coutures. Cela demande une dextérité très grande. La peluche, fréquemment mouillée, finit par adhérer à la couche de colle qui couvre la galette.

Alors le monteur passe au bord; après avoir collé l'ovale évidé de tissu mérinos qui est au-dessous, il place le morceau de peluche qui recouvre ce bord. Le chapeau a pris déjà quelque aspect; coups de fer, coups de brosse, lissage à l'aide de velours, ont donné les classiques huit-reflets à l'objet, tout à l'heure informe. La coiffure est alors portée à la bordeuse qui coud le galon autour du bord à l'aide d'une machine.

Le chapeau manque encore d'élégance, il n'a pas le galbe; il lui manque tout pour pouvoir coiffer correctement un homme du monde, il a besoin du coup de main final donné par l'artiste de la partie, le *tournurier,* qui constitue en quelque sorte l'aristocratie chapelière. C'est lui qui imprimera la tournure définitive, telle que la veut la mode et imposera au bord le *relevé,* c'est-à-dire la courbure et le pli qui seront le cachet du couvre-chef. Pour outil, le tournurier n'a qu'un lissoir en buis et surtout ses doigts.

Il n'y a plus maintenant qu'à mettre la coiffe de cuir, l'intérieur de soie ayant été placé par le galetier ; cette tâche incombe à la poseuse. Le dernier coup est donné au chapeau par un autre artiste, le *bichon*, qui adapte le galon ou bourdaloue et met le chapeau en valeur en lui donnant tout son lustre.

Ces chapeaux, à Essonnes, se font surtout pour la commission, c'est-à-dire pour les commerçants qui en demandent un grand nombre afin de les vendre à la clientèle, mais on fait aussi des quantités de chapeaux sur mesure, d'après les indications de l'appareil appelé conformateur, envoyées par les chapeliers des villes. On exécute beaucoup de commandes transmises par le téléphone ; l'ordre arrivant dans l'après-midi est aussitôt exécuté, le chapeau peut être le lendemain matin sur la tête de celui qui l'a demandé.

Le métier de chapelier en soie est un des plus rémunérateurs, du moins il le serait si la mortesaison ne se prolongeait aussi longtemps, mais après le grand prix de Paris, quand la mode exige le port du chapeau de paille, on fait peu de chapeaux couverts de peluches. Et cela dure jusqu'en septembre. Pendant la période de travail, on évalue à 8 fr. par jour dans l'ensemble les gains des ouvriers. Ce n'est qu'une moyenne, les tournuriers obtiennent davantage, il en est qui gagnent de 100 à 130 fr. par semaine. Des hommes de soixante ans font encore 50 fr. pendant la même période.

L'époque de chômage est régulière, à une date variable, bien entendu, pour toute la chapellerie : feutre de poil ou de laine, paille ou soie. La nécessité de se prémunir contre elle a amené les ouvriers à établir leurs syndicats dans une forme qui rappelle les anciennes corporations ; à ce point de vue, le groupement d'Essonnes est l'un des plus curieux.

Les fondateurs ont voulu assurer à la corporation un salaire minimum de 25 fr. par semaine ; pour en arriver là, ils ont entouré de barrières sévères l'admission dans leur société et rendu obligatoire le système de l'*ardoise,* qui est une des caractéristiques de la chapellerie.

Le nom vient de l'objet. Quand la morte-saison commence, le patron se voit dans la nécessité d'arrêter le travail ou de ne le garder que dans la limite des commandes. Les ouvriers pourraient être temporairement congédiés, sauf les meilleurs. Ils ont voulu se précautionner et ont décidé d'obliger le patron à faire travailler tout le monde. Une ardoise est placée dans l'atelier, chaque ouvrier doit y inscrire lui-même le nombre de galettes, de montures ou de tournures qu'il a effectuées et s'arrêter quand il a accompli une tâche déterminée, évaluée à 25 fr. par semaine; de la sorte chacun est assuré d'avoir du travail.

Malgré cela, beaucoup, dans les tâches les moins rémunérées surtout, ne peuvent arriver à 25 fr. en six jours, la besogne étant rare. Alors intervient la caisse syndicale : elle complète à 25 fr. la semaine de chaque camarade, c'est ce qu'on appelle le « complément ».

Cette caisse est alimentée par des versements et des cotisations obligatoires, auxquels vient se joindre le montant des amendes encourues par les membres. Tout ouvrier qui veut travailler dans la chapellerie d'Essonnes doit être présenté par le chef de sa catégorie au nom de ses camarades; les patrons n'ont pas le droit de choisir eux-mêmes un chapelier et, pour être admis au travail, le camarade doit faire partie soit du syndicat d'Essonnes, soit d'un groupement analogue. S'il n'a appartenu à aucune de ces associations, il lui faut d'abord être admis dans le syndicat. Il y subit un noviciat d'un an, pendant lequel il devra consentir à une retenue de 10 % sur ses salaires, indépendamment d'un versement fixe de 50 fr. comme droit d'entrée s'il n'appartenait à aucun syndicat, de 25 fr. s'il était déjà syndiqué. Après les cinquante-deux premières semaines, il ne verse plus que 5 %, comme tous les autres ouvriers.

Dans ce recrutement on a pourtant songé à sauvegarder la dignité du patron, appelé en chapellerie le *bos* (bauce), comme on dit le *singe* en d'autres métiers. Le chef de la catégorie va trouver le chef d'industrie et lui dit :

— Dites donc, *bos,* voulez-vous occuper un tel ?

Naturellement le patron répond oui.

Admis ainsi, le nouveau a droit, comme ses camarades, à tous les bienfaits de l'association : aux 25 fr. par semaine, aux soins du médecin et aux médicaments et à une somme de 21 fr. par semaine pendant la durée de la maladie.

Toute cette organisation est empreinte d'une discipline stricte, contre laquelle les ouvriers s'insurgeraient s'ils ne se l'étaient imposée eux-mêmes. Elle prend le travailleur dès ses débuts. Et ne débute pas qui veut. Pour apprendre le métier, il faut être fils de sociétaire, être admis par la commission de direction — et on n'admet qu'un apprenti par catégorie et un tous les deux ans seulement. Encore on a vu qu'on ne fait pas d'apprentis galetiers. De la sorte on empêche la formation d'ouvriers nombreux, on assure du travail à tous, mais aussi on empêche l'industrie de prendre tout son essor. Limités dans le recrutement du personnel, les patrons ne peuvent entreprendre toutes les commandes qui se présenteraient.

Pour être apprenti, il faut verser 50 fr. à la caisse syndicale, 15 fr. aussitôt, 3 fr. par semaine ensuite, déposés chaque semaine par l'ouvrier qui forme l'apprenti.

La société exerce un contrôle très sévère sur ses membres ou les aspirants : tout abus de confiance et toute condamnation déshonorante sont une cause absolue d'ostracisme. La radiation peut atteindre en outre ceux qui chercheraient à obtenir des secours par des moyens illicites, ceux qui refuseraient de se conformer à des décisions de l'assemblée, ceux qui voudraient se soustraire à la cotisation et enfin « ceux qui chercheraient à nuire à la chambre syndicale ».

L'assistance n'est pas un vain mot. Le syndicat assure 1 fr. par jour au camarade appelé pour une période de service dans la territoriale ou la réserve; ce secours n'est que de 50 cent. pour les novices. Tout membre d'une société de chapeliers a droit à des secours lorsqu'il est de passage à Essonnes, tout sociétaire d'Essonnes quittant la ville après avoir *cotisé* cinquante-deux semaines reçoit 25 fr. d'indemnité; celle-ci est de

15 fr. pour vingt-six semaines et de 7 fr. 50 pour treize semaines. La présence aux obsèques d'un membre est obligatoire, la société, qui fait les frais de la cérémonie jusqu'à concurrence de 50 fr., y allant en corps.

Le règlement du syndicat est d'une minutie extraordinaire : tout y est prévu, toute faute, tout oubli est puni par une amende, jusqu'au manque d'égard vis-à-vis les membres du bureau. Les passages relatifs à l'ardoise sont particulièrement curieux par le luxe de précautions prises contre les tricheries possibles ; l'ardoise est confiée à la surveillance du plus ancien ouvrier de chaque catégorie et on lui donne ces exemples pour les inscriptions :

1° *Galette*. — Six galettes commencées dont les chemises seraient posées ne compteront que pour trois galettes et le sociétaire sera tenu de marquer trois galettes à l'ardoise.

2° *Montage*. — Pour tout chapeau, bord monté, rosette collée et décati, le sociétaire devra marquer 1 fr. à l'ardoise, ainsi que tout chapeau prêt à passer.

Si le chapeau est sorti de forme, c'est-à-dire prêt à passer de bord et à potenser, il devra marquer 50 cent.

Tout chapeau qui restera le bord collé seulement devra être marqué entièrement.

3° *Tournure*. — Six chapeaux bridés ne compteront que pour trois chapeaux, et le sociétaire sera tenu de marquer trois chapeaux à l'ardoise.

On peut juger par là de l'extrême sujétion que les ouvriers chapeliers se sont volontairement imposée. Évidemment, si l'on n'envisage que les intérêts immédiats du petit groupe, il y a d'efficaces garanties contre le chômage et la misère, mais quels progrès peut faire une industrie ainsi tenue en lisière, quelle chance de s'élever au-dessus de leur condition peuvent avoir des ouvriers soumis à cette discipline, à cette surveillance constante? Voilà ce que je n'ai pu approfondir dans mon court passage. Les ouvriers que j'ai vus sont d'ailleurs sincèrement convaincus d'avoir établi par ce pacte une œuvre de fraternité et de solidarité. Ils donnent l'impression d'apôtres.

XVIII

DE L'ESSONNE A LA JUINE

L'Essonne en amont d'Essonnes. — Mennecy et ses industries. — Les tourbières. — Paysages lacustres. — L'archipel du Bouchet. — Pêcheurs parisiens. — La poudrerie du Bouchet. — La Ferté-Alais. — Les carrières de grès. — Extraction et taille des pavés. — Dans le bois d'Itteville. — Bouray et ses châteaux. — Marolles-en-Hurepoix. — Vert-le-Grand. — Retour à l'Essonne.

Fleury-Mérogis. Juin.

Quand, au delà de Moulin-Galant et des gigantesques usines que domine Villabé, on retrouve l'Essonne, la petite rivière fait un peu l'effet d'une naïade sauvage. On est tout surpris de voir errer, transparent, entre les prés et les taillis d'arbres aquatiques, le cours d'eau où s'épanchent, à une demi-lieue à peine, les égouts de Corbeil et d'Essonnes et les eaux résiduaires des fabriques.

Les arbres d'un beau parc se penchent sur ce flot ; en amont, entre des prés marécageux, miroitent des nappes aux bords réguliers, ce sont des tourbières. Toute la vallée fut le théâtre d'une exploitation assez active de tourbe, qui se porte surtout aujourd'hui sur les territoires d'Itteville et de Ballancourt.

Le petit village d'Ormoy borde ce fond marécageux que franchit l'aqueduc des eaux de la Vanne. C'est une poignée de maisons blanches autour d'une église simple et froide malgré son ancienneté. En amont s'étend le bourg plus considérable de Mennecy, étalé à un important croisement de routes, centre assez vivant grâce à l'agriculture, favorisée par une sucrerie où viennent les betteraves récoltées sur les plateaux qui dominent la vallée. L'industrie parisienne y a implanté une de ses plus curieuses productions, la fleur artificielle ; une usine produit surtout les simili-fleurs d'oranger emblématiques pour la coiffure des mariées. Les pentes, très molles sur la rive droite, plus escarpées sur la rive gauche, sont couvertes d'arbres fruitiers. A leur base enveloppée d'un parc, le château de Villeroy montre les lignes très simples de sa façade. Sur l'autre rive, entre les miroirs tranquilles des tourbières, s'élève la papeterie d'Écharcon, dépendance des usines d'Essonnes. Le joli village d'Écharcon rit au soleil sur sa pente dominée par une colline rocheuse et boisée allongée jusqu'à Vert-le-Grand, lambeau échappé aux érosions géologiques.

L'Essonne est un autre témoin de ces érosions, sa vallée a profondément entaillé la zone des grès et des sables mise à vif, le large thalweg où coule la rivière a été colmaté par les plantes aquatiques qui ont donné naissance aux tourbières. Sur ce sol inconsistant croissent de vigoureux peupliers. Les coteaux contrastent par leur sol sablonneux et sec avec cette humidité du fond ; il n'y croît guère que des bouleaux, peu difficiles sur la qualité du terrain. Le site n'est pas sans beauté, les grands étangs laissés par l'extraction de la tourbe et qui brillent entre les arbres, parfois élevés, formant futaie, offrent de jolis paysages lacustres. Sur les bords, les tas de tourbe qui sèche évoquent l'idée de sites picards vers l'Avre, la Noye ou la Somme (¹).

Au-dessus de ce fond humide apparaît parfois le grès ; il en est un bloc énorme à l'entrée de Fontenay-le-Vicomte, village avoisinant un vaste parc.

Les nappes d'eau deviennent plus étendues et donnent l'illusion de lacs, elles reflètent les toits rouges de Vert-le-Petit, village de la rive

---

1. Voyez la 17ᵉ série du *Voyage en France*.

gauche. Les tourbières ont laissé des espaces émergés, îles de forme géométrique constituant un singulier archipel. Des maisonnettes y ont été bâties, des jardins fleuris entourent les constructions. Ce sont autant de retraites pour des pêcheurs à la ligne. Ces étangs de l'Essonne, très poissonneux, attirent de nombreux Parisiens ; les plus fortunés ont acquis ou loué ces îlots, y ont édifié un pied-à-terre. Cela forme un coin très curieux.

Pourtant, ce paysage si calme, où s'exerce une passion plus tranquille encore, recèle un volcan, non au figuré, mais au sens réel du mot. Entre les eaux et les peupliers se montrent une foule de maisonnettes basses couvertes de toits d'ardoises. Ce sont les ateliers de la poudrerie du Bouchet, un des établissements où l'armée et la marine s'alimentent d'explosifs.

Masquées par les arbres aquatiques, ces cabanes s'allient aux abris des pêcheurs et semblent prolonger la cité lacustre. Elles n'enlèvent donc rien à la placidité souriante de ces marais vers lesquels se dirigent en ce moment de nombreux pêcheurs amenés par le chemin de fer. Toutes les catégories sont représentées dans cette foule, plusieurs des voyageurs descendent de wagons de première classe, élégamment vêtus de costumes appropriés au sport de l'endroit. En somme, les hôtes de l'archipel sont des gens fortunés ou aisés, car le voyage depuis Paris est déjà une dépense.

Des barques amarrées à une chaussée se dirigeant sur Le Bouchet reçoivent les pêcheurs et les conduisent chacun à leur retraite insulaire, pendant que d'autres embarcations servent à la pêche; hommes et femmes, debout ou assis, restent immobiles dans la contemplation du flotteur. Ces eaux mates, les îlots, les bicoques de bois ou de briques, les fourrés de roseaux, la ceinture de peupliers et d'aulnes, donnent un étrange aspect à cette campagne que l'on croirait fort éloignée de Paris.

L'Essonne se forme réellement ici, en tant que rivière abondante, par la jonction de la Juine, plus puissante que la branche dite d'Essonne descendue par Malesherbes et La Ferté-Alais. Aussi, autrefois, ce tronc commun se nommait-il rivière d'Étampes; les anciens auteurs désignent ainsi l'Essonne à son entrée dans Corbeil. C'est la Juine qui a fait naître la poudrerie du Bouchet en lui donnant la force motrice suffisante aux manufactures d'antan. La grande usine occupe les deux rives de la rivière, sur les territoires des communes de Vert-le-Petit et d'Itteville qui appartiennent, l'une à l'arrondissement de Corbeil, l'autre à celui d'Étampes.

La poudrerie est la seule de France restée aux mains de l'artillerie, les autres sont dirigées par le corps spécial des poudres et salpêtres. On a maintenu Le Bouchet à l'arme qui autrefois dirigeait toute la fabrication, afin de permettre aux officiers de se familiariser avec la préparation des explosifs et leurs applications à l'armement. L'établissement des bords de la Juine est considérable, un petit réseau de voies ferrées en relie les diverses parties, les magasins et le champ de tir à la gare de Ballancourt. Les officiers résident dans les pavillons entourés d'un beau parc assis au sommet de la colline de Vert-le-Petit. Une compagnie d'artificiers constitue le personnel militaire et donne à certaines heures l'impression d'une banlieue de ville de garnison.

Avant d'être installée au confluent de la Juine et de l'Essonne, la poudrerie était à Essonnes; elle fut détruite en 1820 par une explosion et transférée sur l'emplacement actuel, où les dangers pour le voisinage sont moins grands [1].

Les hautes cheminées de la poudrerie donnent

---

1. Je ne reviendrai pas sur la production de la poudre, il en a été longuement question dans la 15ᵉ série du *Voyage en France* (Angoulême) et la 16ᵉ (Le Ripault).

au paysage un caractère industriel accru par le voisinage de la papeterie de Paleau, vaste usine entourée de coquettes habitations ouvrières. L'extraction de la tourbe(¹), l'exploitation des carrières de grès pour pavés, une tuilerie, achèvent de donner beaucoup d'activité à cette jonction de rivière. A l'époque où les héritiers d'Oberkampf tentaient de faire de la vallée de l'Essonne un centre manufacturier tenant de la Normandie et des Flandres, la rivière faisait mouvoir ici les machines d'une filature de lin occupant trois cents ouvriers.

Ballancourt est dans un étroit et court vallon creusé dans le plateau de la rive droite; l'érosion a mis à nu de puissantes assises de grès dans lesquelles sont entaillées les carrières.

En amont de la papeterie de Paleau, les tourbières recommencent, suite de lacs réguliers où voguent des barques ayant pour point d'attache des débarcadères établis devant les pavillons de bois ou de briques qui font du marais une chose si curieuse; partout sont des pêcheurs, immobiles sur les berges ou à l'avant des bateaux retenus au milieu de la nappe.

---

1. 1000 mètres cubes extraits en 1904.

Aux approches de Boigny, on ne trouve plus d'étang, la rivière descend entre des prairies marécageuses, bordées par les maisons du hameau et celles de Baulne. Cela est fort rustique, nombreuses encore sont les maisons couvertes de chaume. Les collines s'escarpent, se rapprochent, formant un défilé jadis important au point de vue militaire et qui fut défendu par une petite forteresse, une de ces *fertés* du Moyen Age dont le nom a survécu, associé à celui d'un des seigneurs — ici une femme, Adélaïde : *Firmitas Adelaïdis*, d'où Ferté-Alais ou Aleps. Le château qui barrait le passage a disparu, les fortifications qui enserraient la petite ville ont été démolies. Le paysage garde cependant de la fierté, grâce à la forme des collines hautes, raides, hérissées de roches surgissant entre des pins d'un vert vigoureux. A l'entrée du défilé s'élance d'un jet, aigu et mince, le clocher de Baulne; le vaste moulin du Gué enjambe la rivière sous une abrupte paroi rocheuse.

La Ferté-Alais occupe sur la rive droite l'autre issue du défilé. C'est une petite bourgade proprette et simple conservant encore la forme que lui donna son enceinte remplacée par des boulevards. De son passé elle n'a guère gardé que l'église élevée sur l'emplacement de celle qui existait à l'époque où le roi Louis le Gros assiégea La Ferté — en 1106 — pour délivrer un seigneur de Corbeil emprisonné dans la place. C'est un charmant édifice à une seule nef et un court transept; trois absides le terminent; leurs voûtes à nervures sont portées par de fines colonnettes reposant sur d'élégants chapiteaux.

De beaux parcs enveloppent la placide petite cité séparée de son faubourg du Pont par l'Essonne étroite, immobile et sombre. Sur la rive gauche, au-dessus du confluent du ruisseau de Corny, un château présente une belle façade du dix-septième siècle. C'est Presles, qui fut la propriété de l'infortuné président Carnot et appartient encore aux siens.

La Ferté-Alais eut jadis quelque industrie : on y filait la bourre de soie et l'on y fabriquait de la bonneterie. Aujourd'hui, l'activité n'est guère représentée que par les carrières de pavés exploitées sur le plateau d'Arthenay.

Les rochers dans lesquels on débite le grès forment au-dessus de la ville de superbes escarpements crevassés; on dirait que la colline est le débris d'une digue cyclopéenne bouleversée par une mer furieuse qui se serait ensuite retirée. Ces entassements sont étranges et formidables.

Un chemin de fer funiculaire s'élève sur cette

pente ; le tracé à fait disparaître les blocs qui hérissaient le versant. Par là descendent les wagonnets chargés de pavés. Un sentier très rude et sinueux monte à côté de la petite voie ferrée. Le sommet est vite atteint, car le rebord du plateau est à 82 mètres seulement au-dessus du fond de la vallée.

De cette terrasse la vue est charmante sur le large sillon que parcourt l'Essonne, encadré de parois raides portant d'un côté le plateau du Gâtinais, de l'autre celui du Hurepoix, sur la petite ville assoupie entre les arbres.

Le rebord est couvert de blocs entourés de bouleaux, de taillis de chênes, de bruyères, de fougères et de genêts ; à mesure que l'on avance vers l'intérieur, on trouve d'inextricables fourrés d'ajonc formant comme des îlots sur la table gréseuse. Plus loin de grands talus se dressent, semblables aux travaux de contrescarpe d'une forteresse, ce sont les déblais des carrières à pavé. Après avoir franchi cette sorte d'enceinte, on arrive devant les excavations où travaillent les carriers. Des terrassiers ont d'abord enlevé la couche de terre pour mettre à nu la surface de la roche, celle-ci a été ensuite abattue en front de carrière, les morceaux renversés par la mine sont aussitôt débités en pavés.

Sous la couche ainsi exploitée on trouve une arène de sable fin où les tas de pavés sont symétriquement disposés par les ouvriers.

La première carrière que je rencontre montre un banc épais de 5 à 6 mètres, la poudre et la masse en ont détaché des blocs énormes. A côté, l'excavation d'exploitations abandonnées a été à demi remblayée par les terres et les sables amoncelés sur le bord pendant les fouilles. La surface plane ainsi obtenue est un immense dépôt de pavés d'un gris rosé à contexture cristalline. Cela s'étend jusqu'aux abords de la grande ferme d'Arthenay.

Il reste bien des espaces encore à fouiller; la culture n'y perdra rien, car la terre arable fait défaut, la pierre se montre en une vaste dalle parsemée de creux où s'accumulent les eaux de pluie; ces mares lilliputiennes attirent les oiseaux qui, tout frétillants d'aise, se baignent en agitant leurs ailes et en faisant jaillir de brillantes gouttelettes. Et cela suffit pour rendre moins morne ce plateau bouleversé.

La petite voie ferrée, sur laquelle des chevaux remorquent les wagonnets qui descendront à La Ferté à l'aide d'un câble, aboutit au-dessus d'un ravin ouvrant sur le val de Cerny, large bassin d'un vert doux au fond, rocheux et boisé sur les pentes. Les bords très déchiquetés de la falaise sont partout entaillés en carrière. J'en rencontre une récemment ouverte et puis assister au travail des ouvriers. La couche supérieure est une roche de mauvaise qualité, reposant sur une couche épaisse de ce beau sable blanc, recherché pour la verrerie et activement exploité autour de Nemours (¹). Au-dessous, on trouve le grès dur, en rognons cyclopéens que la mine divise. Les roches extraites laissent de grands vides que l'on remblaie à l'aide de sable.

Sur ce sol doux s'installent les tailleurs de pavés. L'outillage est simple. Un baquet plein de sable est posé à terre pour servir d'établi; on y place le bloc à équarrir; à l'aide d'un maillet et d'un ciseau, le tailleur de pierre donne au pavé les dimensions exigées. Le sable amortit le choc et atténue la fatigue de l'ouvrier; celui-ci aurait autrement de peine s'il devait faire reposer pierre sur pierre.

Les carriers ont aménagé dans les anciennes fouilles des abris contre les orages. Ce sont gîtes fort primitifs constitués par des pierres brutes; un toit de gazon en forme de cône est percé d'un

---

1. Voyez pages 47 et suiv.

bout de tuyau. La cahute permet de se chauffer et de préparer un peu de cuisine.

Le reste du plateau est occupé par les cultures de la ferme d'Arthenay, étendues jusqu'à l'autre versant, dont la pente raide regardant la Juine est couverte par les taillis du bois d'Itteville. Il y a là un petit vignoble entrecoupé de vergers et de champs étroits.

Une piste, qui fut peut-être route très fréquentée avant la construction des chaussées modernes, pénètre dans le bois, les gens du pays la nomment le Chemin vert. Elle descend, rapide, en offrant sans cesse une vue fort belle sur la vallée de la Juine et ses collines boisées. Le bois est charmant par les nappes violettes de grandes anémones qui croissent entre les taillis. La bande boisée est courte, en quelques minutes on atteint la plaine de Bouray, aux vastes cultures, en vue du château de Frémigny, une de ces aristocratiques et solennelles résidences si nombreuses dans les environs d'Étampes. Un autre château, le Mesnil-Voisin, remplit l'intérieur d'un coude très brusque de la Juine, en face de Lardy.

Le village de Bouray, calme et bien tenu, occupe le milieu de la plaine au bord de la Juine. La rivière, retenue par un barrage, actionne un de ces gigantesques moulins où viennent se faire moudre les blés de la Beauce voisine. C'est une usine monumentale, digne des châteaux d'alentour par son aspect et le cadre.

Sur l'autre bord, le terrain se relève en pente douce. La route d'Arpajon monte entre les bois de Lardy, parc admirablement percé, et ceux de Saint-Vrain, sur un plateau régulier parsemé de villages entourés de grandes cultures. Au centre, Marolles est le seul bourg conservant le nom de la petite province, très particulariste autrefois, qui était la dernière subdivision de l'Ile-de-France vers l'Orléanais. On dit encore Marolles-en-Hurepoix.

Le pays a complètement changé : le plateau n'offre ni grès ni sable, mais sous une couche peu profonde de terre arable s'étend la roche de calcaire de Beauce. On l'exploite comme pierre meulière pour les constructions de Paris. Toute la plaine, de chaque côté du chemin de fer, est ainsi excavée. Les creux rectangulaires laissés par l'enlèvement de la pierre deviennent des mares ou sont plantés d'arbres qui donneront un peu de variété à ces étendues assez moroses. Sauf cette exploitation de la meulière, le terroir est complètement agricole, l'industrie n'est pas venue. Il faut cependant citer l'installation à

Marolles d'une fabrique d'essences et de caramels pour les liqueurs.

Vers Corbeil, le plateau est égayé par des petits bois, des boqueteaux, des remises à gibier et les restes de parcs seigneuriaux. Malgré l'absence d'eaux courantes, de grands domaines s'étaient créés ici, grâce au voisinage de Paris. A Marolles même, un château remonte à l'époque du Moyen Age; il fut habité par une branche des Montmorency.

Ces châteaux, par les ramures de leurs parcs, rendent moins monotone la traversée de la plaine. A Leudeville, les arbres enveloppent le village et le font ressembler de loin à quelqu'un des petits bourgs du pays de Caux.

Le plateau se plisse en un étroit ravin dans lequel s'est assis Vert-le-Grand, emplissant de ses maisons éparpillées tout ce val que rien ne laisserait deviner. Au-dessus du village, dans le bois du Guichet, naît un ruisseau bientôt assez abondant pour qu'un moulin se soit assis sur le petit cours d'eau, au débouché du vallon sur la vallée de l'Essonne.

Vert-le-Grand doit à ce creux dans lequel il s'abrite, à la longue colline boisée qui va finir en dessous d'Echarcon et aux autres buttes qui hérissent le plateau, des environs plus pittoresques que ceux des villages voisins. Mais quand on a dépassé ces intumescences, le plateau se montre de nouveau dans sa solennelle nudité. Les buttes de Courcouronne et de Fleury-Mérogis accidentent à peine ces grands espaces qui vont finir sur la vallée de la Seine.

XIX

L'ÉTAMPOIS

De Maisse à Étampes. — La diligence des plaideurs. — De Maisse au plateau. — Les vallées sèches. — Frenneville. — La vallée de Valpuiseaux. — La vallée de Josaphat. — Le château de Bouville. — Apparition d'Étampes. — Le faubourg Saint-Pierre. — La ville. — L'ancienne navigation de la Juine. — Rôle économique d'Étampes. — Les églises. — La maison de Diane de Poitiers. — Le musée. — Les marchés francs. — Les jardins maraîchers.

Étampes. Mai.

Longtemps j'ai regardé la carte avant de me décider à courir le plateau de l'Étampois pour gagner la capitale de ce petit pays. Cela est si nu, il y a tant d'espaces blancs, si peu d'arbres et d'abris ! Pourtant je suis bravement venu à Maisse d'où je voulais entreprendre la course..... Voici que, dans la cour de la gare, apparaît un omnibus dont le conducteur crie : « Les voyageurs pour Étampes ! »

Ce service-là ne figure pas sur les indicateurs, le connaissent seuls les gens du canton et, parmi eux, les pauvres diables qui ont affaire à la justice de leur pays, comme plaideurs, inculpés ou témoins. A leur intention et uniquement les jours d'audience, ce dernier spécimen de diligence s'en va de Milly au chef-lieu.

On prend ici sur le vif un des inconvénients de l'organisation administrative actuelle, lorsqu'un grand foyer de vie a déterminé vers lui le tracé des lignes ferrées. Dans la région parisienne, tout tend à Paris, les relations ne sont donc commodes qu'au long des voies se dirigeant vers la capitale ; si l'on veut aller en sens transversal, cela est fort compliqué. Aussi faut-il de véritables expéditions pour se rendre de certains chefs-lieux de canton aux chefs-lieux du département et de l'arrondissement. Tel est le cas pour Milly : l'habitant appelé à Étampes et qui veut employer le chemin de fer doit remonter à Juvisy prendre un train de l'Orléans et revenir au sud jusqu'à Étampes. Il a bien des chances de ne pas rentrer chez lui le même jour. C'est pourquoi la diligence est plus commode. Mais comme, en dehors des nécessités judiciaires, il n'y a guère de raisons pour aller à Étampes, la voiture ne circule que les jours où le tribunal est réuni et les jours de foire.

La chance a voulu que je me trouve à Maisse

au passage de cet omnibus. Il fait frais, les plaideurs se sont installés à l'intérieur, la place est libre à côté du cocher, je verrai la route aussi aisément qu'en piéton.

La montée est raide à la sortie de Maisse, il faut gravir les pentes où les grandes érosions géologiques ont mis à nu les sables et les grès ; au sommet du coteau, les roches sont bizarrement entassées. Après cette première arête, le sol s'élève encore, mais plus doucement, tapissé de quelques vignes. Puis la plaine vient sans limites visibles ; sauf des fermes fort espacées, rien n'arrête le regard.

Cependant, ce pays en apparence si régulier est profondément raviné : c'est un des plus caractéristiques de France par le nombre et la ramification des vallées sèches qui forment un inextricable réseau. Il y eut ici des courants puissants et des ruisseaux pérennes. Il y eut aussi des grands bois dont le défrichement amena sans doute le desséchement des fontaines et fit tarir les cours d'eau. Même les rivières encore vivantes, comme la Juine et l'Esclimont, ont vu reculer leurs sources : elles naissent bien loin de leur origine primitive. De ce passé il reste comme témoins le vallon et le lit à sec et des noms de lieux où l'on retrouve des indications relatives à des terroirs humides ou arrosés, preuve que l'homme, il y a peu de siècles, vit couler des filets vivifiants dans ces plis où les eaux d'orage elles-mêmes passent rarement.

On découvre brusquement un de ces vaux devenus ravins secs ; la route y descend. Du point où commence à se creuser la vallée, la vue domine un vaste paysage. Au delà du pli, le plateau recommence, formant une sorte de renflement dont la Grange des Noyers, ferme aux amples constructions, occupe le point culminant ; elle semble dominer tout le pays.

La vallée sèche est encadrée de pentes raides, tapissées de friches, hérissées de genévriers au-dessus desquels croissent des pins et des chênes qui, peut-être, transformeront ces côtes en futaies. De grands talus très blancs, formés par les déblais de carrières, s'avancent sur le val.

Le fond demeure frais, les cultures paraissent vigoureuses entre les berges couvertes de maigres bois hérissés de rochers. Sous un de ces bancs, les maisons éparses du Petit-Frenneville remplissent la largeur du vallon. Là se bifurque un chemin, véritable rue de hameau, remontant jusqu'à Valpuiseaux, chef-lieu du territoire. Une avenue de pins borde une des voies. Ces arbres, caractéristique du paysage, forment çà et là de beaux groupes ou dessinent de sombres écharpes au flanc des coteaux.

Jusqu'après Valpuiseaux, sur plus d'une lieue, les groupes de fermes se suivent. Ensuite le vallon est solitaire, pli étroit et profond dont les côtés sont striés par une infinité de vaux très courts. La dépression commence sous Mainvilliers, premier village du Loiret, et sous Blandy, qui occupe un des points culminants de la région. Un monticule, à l'altitude de 153 mètres, domine de si larges horizons que l'état-major l'a choisi pour un poste de télégraphie optique.

Jusqu'à Valpuiseaux, un seul village borde le vallon : c'est Champmotteux, qui possède dans son église le mausolée du chancelier de l'Hospital, mort au château de Vignay, aujourd'hui ferme située à 2 kilomètres au nord.

Sous Champmotteux, le vallon devient une étroite fissure sur laquelle s'ouvrent des ravins toujours sauvages et déserts. Un de ces derniers porte le nom de vallée de Josaphat. Il appartint sans doute à l'abbaye du même nom, dans la commune de Lèves, au pays chartrain. Sur tout ce long parcours, ni source, ni fontaine, ni habitation. La vie se montre seulement à moins d'un kilomètre de Valpuiseaux : la nappe d'eau souterrains, reste de la rivière desséchée, alimente des puits qui ont permis à la population de s'installer.

Elle fut peut-être plus nombreuse qu'aujourd'hui, à en juger par certaines ruines, notamment celles de la chapelle de Varennes où, dit-on, saint Vincent de Paul serait venu souvent prêcher. L'apôtre de la charité séjourna à Valpuiseaux.

Au Grand-Frenneville aboutit un autre vallon plus court, dans lequel sont les habitations de Puiselet-*le-Marais*. Ce nom révèle bien l'état ancien du sol, à des époques rapprochées de nous, mais on chercherait en vain le marais qui a donné son surnom à la commune. Le ravin est sec, secs aussi ceux qui se ramifient vers lui.

Bien élargi, le vallon de Valpuiseaux ne sera rafraîchi par des fontaines qu'à 5 kilomètres plus bas, au hameau de Longueville, proche de Cerny. Dans cette partie, le val est encadré par de superbes parois rocheuses plantées de pins. Au sein de ce paysage tourmenté, le petit village d'Orveau occupe l'extrémité d'un vallon latéral. En un bassin entouré de buttes de sable et de grès est Boissy-le-Cutté.

La route de Maisse à Étampes traverse, sur le territoire de Bouville, le grand val asséché. Ce dut être de tout temps un lieu de passage, car une forteresse l'occupait. Elle dresse encore une masse imposante. L'enceinte crénelée est formée d'arcatures ogivales et flanquée d'une tour. A l'écart, le colombier, grosse tour ronde. Ce château, en voie de restauration, est d'un grand effet dans le paysage.

Bouville comprend deux hameaux : le Petit-Bouville, qui possède l'église, assis au pied d'une côte rocheuse ; plus loin, le Grand-Bouville allongé sur la route. Entre les deux groupes, la commune a construit sa mairie-école et dressé l'échafaudage de manœuvres pour ses pompiers. Le centre est assez misérable : nombre de maisons ont encore des toits de chaume ; beaucoup, en ruines, révèlent l'abandon du pays par ses habitants. Peut-être faut-il rattacher ce délabrement à la mystérieuse disparition des eaux et à l'abaissement de la nappe inférieure qui rend le sol moins fertile.

Par une longue montée, le chemin va retrouver le plateau et traverser Bonvillers, gros hameau assoiffé où l'eau des pluies est précieusement recueillie en des mares étanches, onde d'un brun indéfinissable, servant à des usages bien variés.

Il y a des puits cependant. En voici un au bord du chemin ; la corde, enroulée sur une poulie, est d'une longueur extraordinaire ; ce doit être une rude tâche, ramener un seau d'une telle profondeur!

Après Bonvillers le paysage s'agrandit ; voici, à l'horizon, la tour Guinette : c'est tout ce que l'on voit d'abord d'Étampes ; peu à peu les toits de la ville et les tours d'église se montrent, tout cela très profond au-dessous de nous. Après la ferme de Beauvois, le chemin rejoint la grande route de La Ferté-Alais qui descend dans la vallée de la Juine en parcourant des pentes raides plantées de chênes producteurs de truffes renommées dans le pays. Elles sont aussi bonnes que celles du Périgord, me dit un compagnon de route. Je ne le contrarierai point ([1]).

Au pied des collines on est à Étampes, ou plutôt dans le faubourg Saint-Pierre, constitué par le tronc commun des routes qui s'élèvent sur le plateau de Hurepoix, longue rue aux maisons basses franchissant la Juine, le Juineteau et traversant, entre ces cours d'eau et celui de la Louette, l'île Maubelle, que délimitaient vers le sud les remparts de l'Étampes féodale. Après ces chenaux d'eaux vives, le sol s'élève en pente très

---

[1]. Le *Voyage en France* a fréquemment parlé de la culture des truffes dans les séries 11e, 16e et surtout 29e, qui expose la science de la trufficulture.

douce. La ville proprement dite commence, divisée par des rues irrégulières et courtes, mais animées, bordées de boutiques, de magasins souvent élégants ou luxueux. Étampes est une ville de commerce dont l'activité est due à la variété de productions de ses campagnes qui en font un centre naturel d'échanges. La Beauce y confine au Hurepoix et au Gâtinais; à ces grandes régions la vallée fraîche de la Juine offre sa force motrice et les productions d'un sol frais. Jadis, quand les relations étaient difficiles avec Paris, Étampes tirait un parti bien plus considérable de cette excellente situation économique ; elle était d'autant plus le marché naturel de la région que la Juine avait été aménagée en vue de la navigation ; des retenues élevaient le plan d'eau et permettaient le passage de barques longues et d'un assez grand tonnage qui gagnaient l'Essonne et, par cette rivière, également navigable à cette époque, allaient rejoindre la Seine à Corbeil pour atteindre Paris.

Le trafic était considérable, car l'Orléanais envoyait ses vins au port d'Étampes; une grande partie de la Beauce y dirigeait ses blés. La mise en état de la rivière fut l'œuvre des ingénieurs de la Renaissance; on a retrouvé la date de l'ouverture à la navigation : 1460. Celle-ci a persisté jusqu'au moment où le canal du Loing vint offrir une voie plus commode conduisant directement à la Loire. Les travaux, mal entretenus, furent détruits par une crue; on ne les a pas rétablis. Peut-être aussi le desséchement graduel du haut pays a-t-il réduit la portée des rivières et rendu difficile la circulation des barques.

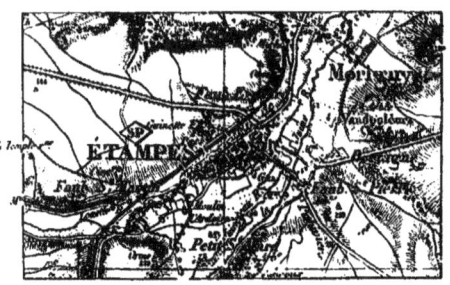

Longtemps le chemin de fer ne fut pas pour Étampes une cause de développement; il ne faisait de la ville qu'une station de passage. En ces derniers temps, l'ouverture des lignes d'Auneau et de Beaune-la-Rolande ont assuré à la vieille cité le débouché de campagnes jadis isolées; quand on aura construit les lignes à voie étroite projetées, d'un côté vers Milly, de l'autre vers

Dourdan, Étampes reprendra son importance économique et pourra peut-être compenser la diminution de son activité industrielle, représentée surtout par la minoterie.

Le port n'était pas sur la Juine, mais sur la Louette grossie de la Chalouette et, depuis la jonction, appelée rivière d'Étampes. Ce nom prévalait en aval ; il s'imposait à la Juine et à l'Essonne, comme nous l'avons vu en parlant de Corbeil. Il ne reste comme souvenir de ce passé que le nom de la Promenade du Port, allant de la rivière à l'entrée de la ville, vers l'avenue de Paris.

Cette avenue est formée par la route de Bordeaux, qui, dès la fondation de la ville, constitua la voie principale. Par là se fit longtemps un mouvement énorme : toutes les relations de Paris avec Orléans, la vallée de la Loire, le Centre et le Sud-Ouest de la France passaient par Étampes. C'était une des principales étapes ; aussi les annales municipales signalent-elles une foule de voyageurs illustres ayant logé à l'hôtel des Trois-Rois, principale hôtellerie du lieu, encore existante avec son aspect du vieux temps. D'autres auberges bordaient cette voie, longue de près de 4 kilomètres. Aujourd'hui, l'antique chaussée, appelée rue Saint-Jacques, est d'un calme complet. Le chemin de fer a tué diligences et coches, les trains qui transportent les voyageurs riches, correspondant à la clientèle élégante d'autrefois, ne s'arrêtent même pas à Étampes; les rapides filent dédaigneusement devant la ville qui invite cependant à une visite par le pittoresque de son site, ses tours d'églises, sa tour Guinette, le hérissement de ses toits.

La rue Saint-Jacques était sans doute extérieure elle-même à la cité primitive, groupée autour des églises Notre-Dame-du-Port et Saint-Basile. C'est toujours le principal foyer de vie. Les vieilles maisons nobles montrent quelques façades ou cours pittoresques; l'hôtel de ville y a été édifié de nos jours dans le style de la Renaissance, inspiré d'une tour ancienne qui flanque encore cet élégant palais municipal.

Aux yeux de l'archéologue et du simple touriste que séduisent les vieux monuments mêlés à l'histoire de la patrie, Étampes est une des villes les plus intéressantes de la région parisienne; peut-être n'attire-t-elle pas les visiteurs comme elle mériterait de le faire. Que de cités des rives de la Loire et, surtout, d'Allemagne, de Belgique et d'Italie ont été vantées par nos écrivains et nos artistes qui n'ont pas la séduction et l'intérêt de cette vieille petite ville française!

Elle a eu la bonne fortune de garder la plupart de ses églises et chacune de celles-ci mérite l'attention. Voici Notre-Dame-du-Port, création du bon roi Robert le Pieux, donnant à la partie centrale de la cité un délicieux caractère archaïque. La tour servant de clocher est une œuvre romane charmante. La flèche octogonale qui porte la croix à 62 mètres au-dessus du sol est flanquée de quatre clochetons ajourés rappelant certains clochers du pays de Caen. Cette tour surgit, élégante dans la sobriété de ses lignes, au-dessus de murs crénelés dans lesquels sont ouvertes de belles portes donnant accès à un porche. Les créneaux qui couronnent la façade et les côtés sont d'un effet saisissant, cela rappelle certaines églises fortifiées du Midi, notamment les Saintes-Maries-de-la-Mer[1]; c'est une impression étrange dans cette cité aimable et placide.

Ce qui charme les archéologues à Notre-Dame-du-Port, est l'incohérence apparente du plan. L'église, par le rayonnement singulier de ses bas-côtés, ne ressemble à aucune autre. D'ailleurs, si la disposition de l'édifice ne répond guère à nos idées d'unité, l'exécution est parfaite. Rarement

---

1. 8ᵉ série du *Voyage en France*, chapitre XX.

le style ogival eut plus d'élégance que dans ces faisceaux de colonnes qui portent les voûtes. Les parties romanes conservées lors de la transformation gothique ont une envolée bien rare. Une crypte à trois nefs, fort ancienne, règne sous le monument.

Non loin de Notre-Dame, tout près de la gare, une autre église — Saint-Basile — est également l'œuvre de l'ardent bâtisseur que fut le roi Robert. Avec moins de grandeur apparente que sa voisine, elle est aussi digne d'attention. La façade à pignon est percée d'un beau portail roman rappelant les édifices religieux les plus ornés de l'Angoumois et du Poitou; le tympan représente le jugement dernier. Aux côtés de cette partie centrale, les bâtiments ont de hautes fenêtres ogivales, œuvres des quinzième et seizième siècles. Comme à Notre-Dame-du-Port, les architectes de la Renaissance ont profondément remanié l'église. A l'intérieur, la nef centrale est restée sévère de plan, mais des voûtes à clefs ont remplacé celles du roi Robert. Les bas-côtés et les chapelles sont très ornés.

Cette partie d'Étampes, qui possède l'hôtel de ville, renferme un hôtel dont la tradition fait le séjour de Diane de Poitiers. Tout près, un autre logis non moins remarquable aurait été habité par sa rivale Anne de Pisseleu, qui la précéda dans le titre de duchesse d'Étampes. On y a réuni un intéressant musée dont le fond est constitué par la maquette d'œuvres du sculpteur Élias Robert.

La rue Saint-Jacques et celles qui lui font suite en continuant la route de Bordeaux renferment les autres monuments. Une petite place possède le théâtre et la statue du grand naturaliste Geoffroy-Saint-Hilaire, né à Étampes. Plus loin, voici l'église Saint-Gilles, romane à l'origine et, elle aussi, transformée à la Renaissance. De la partie primitive elle garde le clocher et le portail. La nef centrale, très étroite, est d'une grande pureté de lignes; des piliers qui portent les arcades, s'élancent de minces colonnettes accolées finissant à des chapiteaux d'où jaillissent de fines nervures. Les bas-côtés, œuvre de la Renaissance, sont percés de grandes verrières; la lumière tombe doucement tamisée, imprimant une sensation de repos et de paix.

Saint-Gilles dut être un lieu de sépulture préféré, à en juger par le nombre des plaques tumulaires disposées contre les parois, la plupart curieuses par les inscriptions et d'un beau style.

La ville se prolonge encore vers le sud : le faubourg Saint-Martin y possède une église intéressante du douzième siècle, presque reconstruite à notre époque, sauf le clocher, tour à lourds contreforts surmontée d'un toit à quadruple pignon et qui s'est fortement inclinée en pesant sur le sol tourbeux.

L'église Saint-Martin mérite d'être visitée. Si elle n'a pas l'ampleur des grandes cathédrales, elle en possède la majesté et les dispositions ; son chœur, entouré d'un déambulatoire, possède un triforium ; des chapelles exquises rayonnent autour de l'abside. Les trois nefs, larges et hautes, sont couvertes par des voûtes d'un bel élancement.

L'église est frôlée par la Chalouette que la Louette rejoint bientôt, à l'entrée de quartiers curieux par les constructions irrégulières et amusantes bordant la rivière et les canaux, où les grands moulins se suivent. S'il n'y a pas ici de minoteries comparables à celle de Corbeil, Étampes n'en est pas moins une cité de meuniers : il y a sur ses cours d'eau quatorze ou quinze usines transformant en fine farine les blés fameux de la Beauce. Mais ces établissements ont moins d'activité que jadis. La vapeur a permis d'établir des usines sur les plateaux obligés autrefois d'utiliser le vent pour faire broyer le grain dans les rustiques moulins de charpente.

Un des bras de la Chalouette, celui qui servit de fossé à la ville forte, longe un vaste champ de foire ou marché franc, promenade ombragée de platanes et d'ormes sous lesquels sont une multitude de petits enclos destinés aux moutons que la Beauce et le Gâtinais envoient en grand nombre

Entre la Chalouette et la Juine, de grands jardins maraîchers soigneusement entretenus s'étendent. Ces terres tourbeuses, bien arrosées, se prêtent à merveille à la production des légumes. C'est une industrie précieuse pour alimenter la Beauce, si complètement privée de jardins faute d'eau pour les aviver. Il y a, sur le territoire d'Étampes, plus de cinquante maraîchers dont les produits trouvent un débouché dans les campagnes voisines et à Paris. Un jardin d'essai créé par un citoyen dévoué, le docteur Guittard, a donné de l'élan à ces cultures.

J'ai parcouru Étampes avant d'aller à cette tour de Guinette dont la silhouette étrange et lourde couronne la colline. J'y vais maintenant en passant devant le collège, d'ancienne et illustre origine, pour gagner le boulevard Henri IV, allée ombreuse bordant le chemin de fer. De là, par une passerelle jetée au-dessus des rails, on pénètre dans une jolie promenade tracée au flanc du coteau ; des allées montent à la tour, seul reste du château fameux où fut détenue treize ans, la reine martyre, Ingeburge de Danemark, femme de Philippe-Auguste. La tour Guinette, ancien donjon, est d'un plan singulier : quatre demi-cylindres réunis par la base des arcs. Fendue du haut en bas, privée des voûtes qui la divisaient en étages, elle a fort grand air encore et complète à merveille le décor d'Étampes.

Des abords, la vue est superbe sur la vallée, la ville très longuement étendue entre les collines raides de la rive gauche de la Louette et la forêt de peupliers au sein de laquelle coule la Juine. Au-dessus des toits de tuiles brunes se dressent les quatre élégants clochers, qui donnent à Étampes un caractère si profondément pittoresque. La campagne, au delà, a moins de beauté que ce carrefour de rivières : Louette, Chalouette et Juine. Les lignes des coteaux sont trop régulières par la hauteur, mais les plis des vallons compensent cette rigidité. Vers le nord et l'ouest, la vallée de la Juine, si verte entre ses collines boisées de pins et hérissées de rochers, est une belle chose.

XX

LA JUINE ET LA CHALOUETTE

Les rivières d'Étampes. — Mésopotamie beauceronne. — La basse vallée de la Juine. — Le promontoire de Janville. — Lardy. — Le château de Chamarande. — Étréchy. — Au confluent de la rivière d'Étampes et de la Juine. — Les châteaux de Morigny. — En amont d'Étampes. — La Louette et la Chalouette. — Les cressonnières de Saint-Hilaire. — La vallée de la Chalouette. — Châlo-Saint-Mars. — Les étangs de Chalou-Moulineux. — Le village de Chalou. — Le pèlerinage. — Apparition de Pussay.

Pussay. Mai.

Entre le Gâtinais, le Hurepoix et la Beauce, pays de plateaux secs sans eaux courantes, la campagne d'Étampes est une des plus fraîches et gracieuses que l'on puisse voir. Les anciennes rivières ont tari dans leur cours supérieur, mais reviennent au jour dans un étroit rayon autour de la cité. Innombrables sont les sources, soit abondantes et visibles, soit cachées sous le flot, soit à l'état de suintement dans les marais tourbeux. Au fond du large bassin où s'assied la ville, ruisseaux et riviérettes se mêlent et finissent par constituer la rivière d'Étampes, à laquelle on a de nos jours donné le nom de Juine, celui de la branche principale.

Cette petite Mésopotamie attire peu les visiteurs ; elle est trop loin de Paris pour entrer dans les excursions dominicales de la foule et ses sites n'ont pas eu la bonne fortune d'être mis à la mode comme ceux de Fontainebleau. Et pourtant il y a là une suite de tableaux variés. Le paysage historique ne trouverait guère de modèle plus parfait que la vallée de la Juine au-dessous d'Étampes, où se suivent les châteaux majestueux, où s'amoncellent les roches hardies, où les collines bien découpées sont revêtues de pins et de chênes. Plus haut, les plis des vallons, où babillent les claires naïades, ont une grâce pénétrante. Cela est bien différent des autres petites vallées de la région parisienne, si aimables pourtant et parfois si grandioses aussi.

Large entre Le Bouchet et Bouray [1], la vallée de la Juine n'est qu'un couloir en amont, entre les coteaux où les blocs de grès se sont éboulés sur les pentes. A l'issue de cette sorte de défilé, la rivière tourne franchement à l'est. Le coude

---

1. Voyez chapitre XVIII.

est dominé par l'abrupte colline de Janville, surmontée d'une haute tour restaurée et qui constitue le détail saillant du paysage. Les rochers, ici fort beaux, durent offrir des abris à nos premiers ancêtres ; ils ont laissé un témoin de leur passage, le dolmen de la Pierre-Levée. Mais les entassements ont été attaqués sur plusieurs points, la roche est exploitée pour les pavés.

Du rebord de ce promontoire la vue est fort belle sur d'amples paysages. Au pied, le château de Mesnil-Voisin montre ses grands combles ardoisés, ses hautes cheminées, sa noble façade où alternent la brique et la pierre ; au delà, un parc revêt les flancs de hauteurs bien dessinées.

Au tournant de la Juine, un gros village prolonge sur plus d'un quart de lieue de jolies habitations : Lardy, où naquit le marquis de Dangeau, ce courtisan dont les *Mémoires* sont si précieux pour les petits côtés de l'histoire du grand siècle. Sa maison a disparu ; elle aurait servi de séjour à la reine Marguerite, on assure qu'elle écrivit ici une partie de ses contes et de ses vers. Le paysage se prête bien à la légende, c'est un de ces coins comme les aimaient les Valois. Lardy est aujourd'hui un petit centre industriel, il possède une fabrique de coton à coudre, de lacets et de ganses. Des eaux vives ont permis l'établissement de cressonnières. De nombreuses villas donnent de la gaîté.

Sur la rive droite, Janville égrène ses maisons au bord d'un chemin courant sous les rochers de grès. A l'extrémité de la commune, le hameau de Gillevoisin possède un château ancien auquel des constructions neuves ont été ajoutées ; ce logis a appartenu au sévère M. Dufaure, l'homme d'État qui a présidé un moment aux destinées du pays ; il est encore domaine de sa famille.

Cette habitation est moins fameuse que sa voisine, le château de Chamarande, un des plus célèbres des environs de Paris par son parc et ses eaux, autant que par la construction elle-même, œuvre de Mansard. La superbe résidence, les jardins que dessina et planta Le Nôtre ont eu la bonne fortune de passer entre les mains de propriétaires qui ont su lui conserver son allure seigneuriale. Le premier maître a été Pierre Méraut, secrétaire de Louis XIII. De nos jours le possesseur le plus connu fut le duc de Persigny, qui se plut à l'embellir. Le château devint ensuite la propriété de M. Boucicaut, fondateur du *Bon Marché*.

Le château renferme beaucoup d'objets d'art, mais, en somme, il n'évoque aucun grand souvenir historique ; tout l'intérêt réside dans la belle ordonnance de son architecture, dans les ombrages du parc et la pittoresque ceinture de rochers des collines voisines où se sont attaqués les carriers. Entre le coteau et le parc, au milieu d'une courbe du chemin de fer, le village de Chamarande est gentiment groupé.

Le chemin qui longe la rive gauche rejoint la grande route de Bordeaux à Étréchy, bourg assez considérable, qui eut jadis la plus détestable réputation. Les rochers qui se dressent au sud, à un étranglement de la vallée près du hameau de La Fontaine-Livault[1], étaient un asile propice aux détrousseurs de grand chemin qui avaient sous leur embuscade une des voies les plus fréquentées de la France. Aussi des bandits occupaient-ils les anfractuosités entre les blocs de grès, ils en sortaient pour assaillir le coche et mettre à mal les voyageurs. Cela avait valu au bourg le nom d'Étréchy-le-Larron. Depuis longtemps le sobriquet ne trouverait plus à s'appliquer, les rochers eux-mêmes ont en partie disparu, transformés en pavés sous le pic des carriers. Étréchy, enveloppé de verdure, donne une impression de tranquillité.

Petit centre de commerce pour les villages

---

1. *Fontaineliveau* sur la carte d'état-major.

voisins, le bourg possède sur la Juine deux établissements industriels ; au moulin de Vaux on fait des billes d'acier pour bicyclettes, à celui de Chagrenon on travaille également l'acier pour produire des chaînes et autres objets de bijouterie commune. Les cultures sont en partie consacrées à la betterave, traitée dans la sucrerie de Morigny, aux portes d'Étampes.

Le pays, tout autour d'Étréchy, est fort intéressant; des amas de grès, les ravins creusés entre ces roches, les petits bois constituent une suite de tableaux curieux. Les sites remarquables se groupent surtout autour d'Auvers-Saint-Georges, assis à l'entrée d'un vallon dont la tête est commandée par Villeneuve-sur-Auvers, village au tracé régulier, rappelant par son plan les bastides du midi de la France. Le nom de Villeneuve permet d'ailleurs de voir dans ce très petit centre une cité créée de toutes pièces, mais celle-ci n'a pas eu les développements espérés sans doute par le fondateur. Villeneuve est assis au rebord d'une table de grès capricieusement découpée. La rangée de rochers vient fermer sur la Juine le défilé de Fontaine-Livault.

Cet « étroit » est court, aussitôt le hameau dépassé, la vallée se présente sous la forme d'un bassin encadré de collines rocheuses, très découpées. Au milieu, entre les cultures, les prairies, les petits bois, serpente la Juine que vient accroître la « rivière d'Étampes », c'est-à-dire la riviérette formée par Louette, Chalouette-Juine et Juineteau. L'ensemble est d'une belle ordonnance, on aurait modelé les coteaux que l'on n'aurait pas obtenu paysage plus gracieusement mouvementé. Au fond du bassin, la tour Guinette, les clochers et les toits d'Etampes ferment l'horizon ; au milieu, le village de Morigny est entouré de grandes fermes, de châteaux et de parcs. Un de ces domaines, Jeurse, a recueilli un pastiche du temple de Pœstum, les monuments du capitaine Cook et des frères de la Borde, épaves des jardins de Méréville. La Juine sépare le parc de Jeurse du hameau de Champigny où Diane de Poitiers aurait possédé une retraite. Plus loin, au milieu d'un bois admirablement percé, dont le libre accès fait un petit bois de Boulogne pour Étampes, voici le château Brunehaut, qui succéderait à une demeure de l'infortunée reine d'Austrasie.

Morigny, village dont dépendent ces logis, garde un beau vestige d'une église abbatiale de bénédictins, le chœur servant aujourd'hui au culte pour la paroisse. Ces restes font regretter la destruction d'un édifice complétant à merveille le musée architectural qu'est Étampes.

La sucrerie, installée au bord de la Juine, non loin du château de Vaudouleurs, a fort contribué à développer l'agriculture dans la vallée et sur les plateaux. Lorsque les grès et les sables ne condamnent pas le terrain à la production du pin et du bouleau, on cultive la betterave. Même les terroirs sablonneux ont été consacrés à la culture maraîchère partout où il y a assez de fraîcheur; ainsi le vallon de Brières-les-Scellés, ouvert en face de Morigny, est réputé pour ses asperges et ses navets. Ses bois de chênes ont des truffes en assez grande abondance pour permettre un commerce notable.

En amont d'Étampes le paysage n'a plus d'aussi grandes lignes. Mais chaque vallon a son caractère propre et des sites aimables. Ces plis creusés dans les plateaux de Beauce et du Hurepoix sont les trouées par lesquelles les chemins de fer montent sur les hautes terres. Un val très court s'ouvre, emprunté par la grande ligne de Bordeaux qui s'y élève sur une longue et forte rampe longtemps célèbre parmi les ingénieurs, mais c'est un val sans fraîcheur et sans eau, dont tout l'intérêt réside dans le remarquable travail accompli pour asseoir la voie ferrée. Par contre, le chemin de fer d'Auneau suit une jolie vallée très verte, remplie de villages et de hameaux où sourdent tant de fontaines qu'elles constituent bientôt une rivière ou plutôt deux rivières parallèles, Louette et Chalouette.

Les clairs cours d'eau débouchent dans le bassin d'Étampes à l'entrée du faubourg Saint-Martin. Entre les prairies marécageuses et les jardins maraîchers, ils roulent des flots d'une limpidité admirable. Des usines emploient ces ondes vives pour faire mouvoir leurs engins. Parfois des fourrés de roseaux, des taillis de saules et d'aulnes font des coins d'une sauvagerie aimable. Les pentes de grès et de sables de Fontainebleau sont couvertes de pins dont le rideau sombre est déchiré par les carrières et les sablières. Une des berges a quelque célébrité géologique; elle constitue sur une grande longueur un dépôt d'incrustations calcaires formées autour de roseaux et d'autres plantes aquatiques qui donnent à la roche un aspect tubulaire. Les savants locaux nomment cela l'*ostéicole*. Ces pétrifications rappellent celles qui ont formé le rocher et les grottes d'Albert, dans la Somme, où l'Ancre tombe en cascades (¹).

Il y a de jolis détails sur le chemin qui remonte le val : le moulin de Vaujouan, le hameau de Pierrefite entouré de rochers et devant son nom à un menhir encore debout — la pierre fite ou fiche. Sur la colline sont les restes assez intéressants d'une commanderie du Temple; le nom de Temple est resté à ce débris choisi pour signal trigonométrique.

Jusqu'à Saint-Hilaire la route est bordée de maisons avenantes ; aux abords de ce village s'étendent des cressonnières gagnées sur le marais. Les fosses n'ont pas la régularité que l'on remarque en d'autres centres de cressiculture, comme la vallée de la Nonette (²); elles sont capricieusement ouvertes en lignes sinueuses au milieu des fourrés aquatiques. Il en est de très belles près de la gare de Saint-Hilaire, où des wagons amènent des tas de gadoue destinée à fumer ces fosses. Les cultivateurs ont construit entre les bassins des huttes de roseaux donnant l'idée d'habitations de sauvages. Ces champs exigus, bien tenus, sont alimentés par une eau

---

1. 19ᵉ série du *Voyage en France*, chapitre IV.
2. 42ᵉ série du *Voyage en France*, chapitres V, XI et XII.

tiède remarquablement pure. Comme elle ne gèle jamais, elle permet de fournir du cresson pendant les plus rudes hivers.

La gare doit à cette production un trafic assez actif, les pavés et le sable sont également l'objet d'un mouvement considérable. Cette station dessert d'ailleurs une région étendue, la vallée de la Chalouette et une partie de la Beauce. Le village, très menu, a dû à l'ouverture de la ligne une activité qu'il ne connaissait guère. Il est gentiment assis à l'extrémité d'une sorte de promontoire enveloppé de verdure, en face des deux vallons de la Chalouette et de la Louette. Le clocher à haut pignon pointe entre les arbres. Des abords, la vue est d'un charme pénétrant ; le marais très vert, les collines que les pins ombragent, les maisons de Châlo-Saint-Mars, constituent un paysage d'une douceur infinie.

Un vallon très court aboutit à Saint-Hilaire, rempli par les beaux arbres du parc de Champrond que planta un de ces gentilshommes épris d'agronomie auxquels allait avec tant d'enthousiasme Arthur Young. Mais M. de Brun des Baumes ne devait entreprendre que trente ans après le passage de Young ses plantations et ses essais de culture.

Au débouché du ravin de Champrond, sous le

hameau d'Obterre sont les premières sources de
la Louette, filets à peine sensibles que d'autres
fontaines accroîtront bientôt. Le vallon se prolonge plus loin, en pleine Beauce, par une fissure
étroite ouverte entre des pentes boisées, hautes
et raides, hérissées et bouleversées. Sur ces
roches, la tour dite de Cenive et une grande villa
précèdent le village de Boutervilliers, groupé
autour d'une mare où l'on recueille précieusement l'eau des pluies. Car c'est un pays de la soif,
ce plateau du rebord duquel on voit se creuser
des vallées si fraîches, toutes brillantes du reflet
lumineux des sources !

Dans la même vallée que la Louette, la Chalouette, plus abondante, borde les coteaux de la
rive droite que les amoncellements de rochers
moussus, de beaux ombrages, de jolies habitations embellissent et égaient. Moins ensoleillé
que l'autre versant, ce côté devient, pendant l'été,
une oasis ombreuse et fraîche où les habitants
d'Étampes se rendent en foule. Les petits châteaux de Valnay, de Longuetoise et de Cherel
jalonnent le chemin jusqu'à Châlo-Saint-Mars,
relié à Saint-Hilaire par un gai chemin ombragé.
C'est un des sites les plus heureux de la campagne d'Étampes, on se croirait dans un de ces

jardins chers au dix-huitième siècle, aussi les logis de plaisance sont-ils nombreux sur le territoire; l'un d'eux, appelé château de Saint-Mars, a été doté en notre temps d'une chapelle dans le style de la Renaissance, dont certaines parties sont ciselées comme une pièce d'orfèvrerie. Le parc a des cépées d'ormeaux et des groupes d'ormes d'une vigueur et d'une puissance bien rares. Sur le plateau de la Beauce, mais en vue des plis riants où coulent les rivières, le château du Tronchet, manoir d'aspect sévère entouré d'un parc, évoque le souvenir d'Alfred de Vigny. Cette demeure appartenait à la famille du poète; il y habita longtemps. Au delà s'étend le plateau, majestueux dans son immensité.

La Chalouette descend à Châlo entre des prairies sur lesquelles tombe raidement le plateau; au pied des côtes, de chaque côté c'est une rue continue de hameaux avec un château, la Fosse, jusqu'au moulin Guerville. Une des plus charmantes choses que l'on puisse voir, cette vallée. Des prés, des arbres aquatiques, des cultures maraîchères entourent les logis coquets, couverts de treilles ou de rosiers. Les collines ont souvent des pentes abruptes, où la roche perce, revêtue de bouquets de pins. De tous temps ce dut être un séjour recherché, car nombreuses sont les gentilhommières. A la sortie de Châlo, sur la rive gauche, une de ces demeures nobles devenue ferme, garde encore des tours et des fenêtres sculptées. Près de là surgissent de belles habitations de plaisance. Le village de Châlo est lui-même fort aimable avec ses maisons fleuries, étagées au flanc du coteau, autour d'une remarquable église de la Renaissance. Les gens sont affables comme le site, rarement j'eus plus cordial accueil d'aubergiste qu'à l'hôtel Delafoy-Parqais, où l'on fait d'exquis pâtés de gibier.

Plus haut, le val est si étroit, qu'il n'y a pas eu place pour les maisons ; dans un coude cependant, voici Ézeaux, manoir devenu ferme, avec son moulin babillard. La petite gorge boisée sur ses pentes, où le chemin et la riviérette se disputent la place, s'entr'ouvre en un paysage inattendu : un lac étincelle entre sa ceinture de roseaux, une tour ruinée d'église se dresse au milieu d'un fouillis d'arbres, des maisons remplissent un pli ouvert sur le miroir des eaux. A l'autre extrémité de la nappe, un village s'étage, pittoresque. Cette « fabrique » où les bois, les eaux, les habitations semblent avoir été groupés par une main artiste, c'est Chalou-Moulineux. Le lac est un étang, plus vaste il y a quelques années, mais peu à peu colmaté ; le village d'aval se nomme Moulineux, et Chalou celui d'amont.

L'église de Moulineux, fort bel édifice dévasté à la Révolution, a perdu son rang paroissial. Elle est maintenant dépendance d'un domaine ayant pour château l'ancien presbytère. Cette église, placée sous le patronage de saint Thomas de Cantorbéry, fut construite quelques années après la mort violente de ce prélat. La terre appartenait aux chevaliers du Temple et, jusqu'à la fin de la monarchie, fut une commanderie de cet ordre. L'hôtel du Commandeur, au village de Chalou, est devenu une ferme où l'on reconnaît encore, malgré les arasements et les mutilations, l'ancienne maison noble.

Le grand attrait de Moulineux pour les populations voisines, c'est l'étang. Les habitants d'Étampes y viennent en partie de plaisir, surtout les années où l'on effectue la pêche; ceux de la Beauce sont attirés par cette chose si rare chez eux : l'eau. Eau vive des fontaines, eau endormie des deux nappes qui emplissent le fond de la vallée. Pour qui vient des grandes plaines balayées par le vent ou surchauffées par le soleil, cette apparition de la vallée fraîche où les maisons disparaissent entre les ramures, semble un petit coin du paradis terrestre. Comme en tant d'autres points où s'étendent les eaux poissonneuses de lacs artificiels, la mise à sec — mise *à clos*, dit-on ici — et la pêche sont un but de réjouissances. Ces fêtes sont plus rares aujourd'hui, la surface des eaux ayant été réduite par l'envahissement de la végétation et la pêche, jadis faite de trois ans en trois ans, ayant perdu sa périodicité.

Moulineux, autrefois centre principal, n'est plus qu'une dépendance de Chalou ; le site, très beau, vient d'être gâté par l'abatage récent des peupliers qui entouraient les étangs. Les maisons s'étalent sur des pentes et emplissent le creux où naissent les premières eaux de la Chalouette ; le ruisseau remplit d'abord un étang, très étroit miroir où se reflètent les constructions ; à l'issue de ce bassin minuscule est un moulin. Au milieu du groupe des maisons, l'église, intéressant édifice de style roman qui aurait été construit par Blanche de Castille, disent les uns, par la reine Adélaïde de Champagne, disent d'autres savants. Quoi qu'il en soit, Chalou, ayant appartenu à Adélaïde, fut appelé Chalou-la-Reine jusqu'à la Révolution.

Si Moulineux est un but de promenade, Chalou est pour les habitants de la Beauce un lieu de pèlerinage. Ils viennent en foule, à certaines époques, sur l'emplacement d'une chapelle dédiée à sainte Apolline, à la première source de la Chalouette. La patronne du lieu était invoquée jadis comme dispensatrice de la pluie pendant les années de sécheresse; maintenant encore les gens du plateau viennent implorer sainte Apolline quand mares et puits sont à sec et boire l'eau idéalement pure qui provient des pluies infiltrées sur les guérets de leurs terroirs.

Il y a bien des siècles que la naïade de Chalouette surgit dans ce délicieux petit abîme; sans doute depuis la déforestation qui a remplacé les grands bois de chênes par les moissons nourricières, car aucun indice ne révèle la présence aux temps historiques d'un flot pérenne dans le ravin qui se prolonge bien loin au cœur de la Beauce, jusque vers Orlu et Vierville, trois lieues au delà du point actuel d'émergence. Aussi ne trouve-t-on aucun lieu habité dans cette dépression; les hameaux sont tous sur le plateau, groupes de fermes d'un aspect terne comme partout en pays beauceron.

En ce moment, les chemins qui y conduisent sont fort animés par les bandes de travailleurs des champs, les *batteries,* engagés le samedi au marché d'Étampes pour aller effectuer le sarclage des domaines.

XXI

EN REMONTANT LA JUINE

Saint-Mars et le général de Poilloüe de Saint-Mars. — La source du Juineteau. — La Juine sauvage. — Boissy-la-Rivière. — Autour de Marolles-en-Beauce. — Le ru de Climont. — Saint-Cyr-la-Rivière. — Courpain. — Abbéville. — La source du Climont. — La Juine à Saclas. — Les filatures de laine. — Guillerval-le-Pouilleux. — Le vallon de la Marette. — Le parc de Méréville. — La colonne Trajane. — Le château de Méréville. — Les magnificences du banquier Delaborde. — Méréville et ses marchés.

Angerville. Avril.

Étampes avait jadis ses entrées flanquées de hautes tours, les remparts ont disparu, les grands moulins marquent maintenant l'accès de la ville sur les chemins qui mènent dans la vallée supérieure de la Juine. Ces usines aux toits saupoudrés de fine fleur de farine dominent le bassin humide où les maraîchers ont établi d'admirables jardins, où la ville possède son jardin horticole modèle. Jusqu'au Petit-Saint-Mars, Juineteau et Chalouette coulent entre ces cultures que leurs eaux arrosent.

Là bifurquent les vallées. Le Petit-Saint-Mars semble garder la jonction. C'est un calme hameau enveloppant une vénérable tour, reste d'une chapelle détruite par la spéculation et dont le portail de pur style roman a également survécu. Une grande construction appelée château du Petit-Saint-Mars a donné son nom à une vieille famille dont un des derniers représentants fut ce curieux type de militaire moderne : le général de Poilloüe de Saint-Mars, célèbre par ses ordres du jour d'une si vigoureuse saveur.

La vallée *s'ensauvagit;* dans le fond humide des fourrés de peupliers, d'aulnes et de saules, des espaces couverts de roseaux entourent les jardins où l'artichaut croît avec vigueur. Le chemin de fer de Beaune-la-Rolande, récemment ouvert, a malheureusement détruit une partie de la grâce du lieu par ses grands talus qui masquent l'ouverture des vallons latéraux. Près du moulin de Vauroux, la Fontaine-Pesée marque l'origine du Juineteau, qu'une dérivation de la Juine accroît aussitôt.

A mesure que l'on remonte le val où cette dernière rivière conduit rapidement ses eaux, les coteaux deviennent plus secs. Sables et grès de Fontainebleau apparaissent ; ces pentes creusées de carrières font un cadre trop sévère au bassin verdoyant dans lequel Ormoy-la-Rivière égrène ses hameaux. Dans un coin plus frais, le château de Vauvert présente une riante façade. Entre les peupliers de la rive droite, la flèche d'Ormoy dresse sa croix ; à peine devine-t-on les maisons dans la verdure.

Le village est double : sur la rive gauche est le quartier de Landreville et du Mesnil, longue rue de bâtisses rurales. La solitude se fait, bocage d'arbres aquatiques à travers lequel erre la Juine. Rarement, du chemin, voit-on la rivière ; dissimulée par les plantations de peupliers, elle erre, très claire, entre des berges où se penchent les aulnes et les saules qui forment des fourrés fleuris de renoncules. Les eaux, tantôt rapides, tantôt endormies, se répandent parfois en des champs de roseaux où les grands iris mettent leurs somptueux thyrses d'or. Au-dessus de ce fond palustre, les pentes sont raides, maigres pelouses d'herbes rêches sur lesquelles tranche la pyramide sombre des genévriers, parfois énormes. Quelques bois où se mêlent bouleaux, pins et chênes montrent que l'on pourrait compléter la parure de ce val ignoré en enveloppant de verdure les grands blocs de rochers éboulés de la table supérieure.

Le hameau de Bierville, avec son moulin des

Clercs, ses champs, ses jardins, ses vergers, ramène la vie. Un grand château, tout blanc, accroît cette impression. Ses tourelles à toit aigu, son lourd colombier s'arrondissant sous un chapeau de tuiles moussues, lui gardent un cachet de gentilhommière. Sur l'autre rive, l'église de Boissy-la-Rivière, assise au bord d'une terrasse, complète ce décor heureux malgré la régularité et la sécheresse des pentes. Le clocher, puissant mais allégé par les fenêtres ogivales, se détache à merveille sur le fond de la sèche colline entaillée par un ravin très court où s'insinue le chemin de Marolles-en-Beauce. Par là montent les chars des cultivateurs allant sur les terres du plateau, domaine des céréales et de la betterave qui couvrent de vastes espaces sans habitation. Il faut atteindre Marolles ou le Ménil-Giraut pour trouver gîte. Ce Ménil est aujourd'hui une simple ferme, mais ce fut un château fort puissant, appartenant au chapitre d'Orléans. L'entrée en pierre de taille, poterne où l'on accédait sans doute par un pont-levis, et quelques parties des bâtiments d'exploitation ont fière allure encore et font comprendre ce qu'étaient ces grands fiefs ecclésiastiques.

Quand on revient de ces plateaux beaucerons d'autant plus nus que les villages et les fermes,

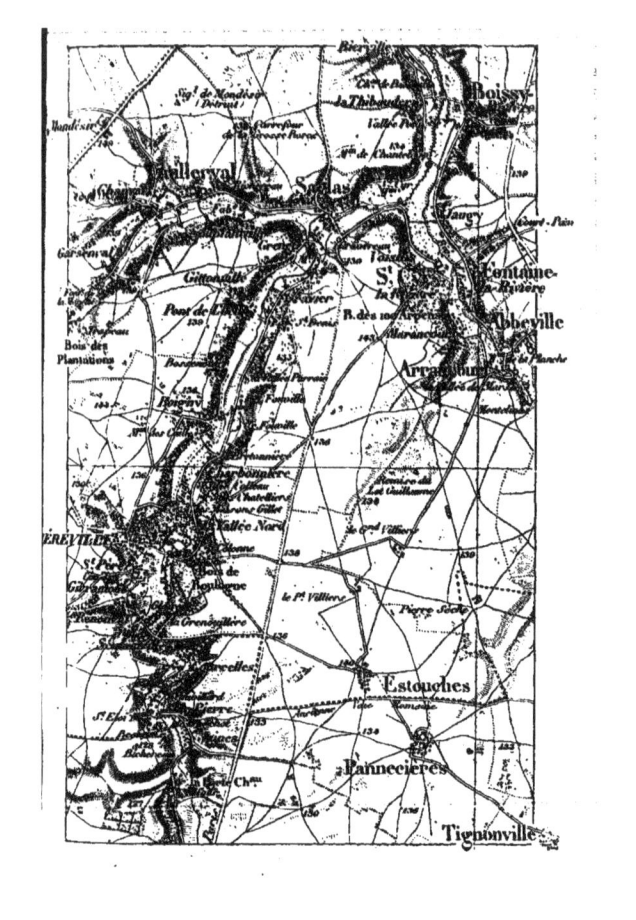

très clairsemés d'ailleurs, sont au fond de dépressions, la vallée de la Juine paraît une merveille. Elle mérite l'épithète à l'endroit où le ru de Climont ou Esclimont vient l'atteindre, mêlant ses eaux à celles de la maîtresse mais modeste rivière. C'est un abîme de verdure, dévasté, hélas ! par les travaux du chemin de fer qui ont fait abattre un large pan de colline ; la coupure montre à nu les sables de Fontainebleau enrobant les bancs de grès qui, mis au jour vers Saclas, y sont exploités pour la taille des pavés.

Dans sa partie arrosée, le vallon du Climont est très court, mais sa fraîcheur a attiré la population. Sur une demi-lieue à peine, quatre villages se suivent, se faisant face d'une façon rythmique : Saint-Cyr-la-Rivière et Fontaine-la-Rivière, Arrancourt et Abbéville, fort petites communes d'ailleurs, dont les habitations emplissent ce creux de pays.

Saint-Cyr-la-Rivière, le premier hameau, est une poignée de maisons groupées autour de l'église, sous les rochers qui hérissent le bois des Cent-Arpents et débités par les carriers. Ces blocs sont parfois curieux ; un des plus considérables, la Roche Bée, borde le chemin. Saint-Cyr eut jadis quelque importance militaire, à en juger par le donjon aux puissantes murailles encore debout au bord du Climont et avoisiné par de vagues débris. Les seigneurs abandonnèrent la forteresse pour une habitation plus commode. Ce furent d'ardents soldats : l'un d'eux, François de Monceau, était un rude batailleur au temps des rois Louis XII et François Ier. A notre époque, la terre a appartenu à la famille d'Astorg, dont quelques membres reposent sous l'église, dans une crypte. Cette église, de peu d'apparence extérieure, sauf par sa porte romane d'un pur dessin, est, à l'intérieur, un charmant spécimen du style de transition.

Le Climont anime une usine métallurgique, assez étonnante par sa situation dans ce pli reculé de la Beauce. C'est un ancien moulin transformé en fabrique d'outils pour les cordonniers. D'ici partent une grande partie des objets contondants, coupants ou perforants vendus par les marchands « crépins »; on y fait surtout les machines pour chaussures. Par là Saint-Cyr se rattache à la grande industrie de Pussay, comme les filatures de Saclas et de Guillerval.

De l'autre côté de la petite rivière, à l'entrée du vallon de Courpain — Court-Pain sur la carte d'état-major — est le village bien plus exigu de Fontaine-la-Rivière, chef-lieu d'une commune de moins de cent habitants. Il ne possède ni église ni école. La partie haute de son territoire fut, en octobre 1870, le théâtre d'une escarmouche entre les têtes de colonne d'une division de cavalerie allemande appuyées par des troupes d'étapes, c'est-à-dire la landwehr, et un groupe de francs-tireurs. Ce combat de Courpain est difficile à apprécier : alors que les Allemands assurent n'avoir eu d'autre perte qu'un officier et un soldat blessés et quatre chevaux tués, tandis que nous aurions perdu trente hommes, les Français affirment qu'ils auraient mis deux cent sept Prussiens hors de combat et perdu trois francs-tireurs seulement ; de part et d'autre l'exagération est évidente.

L'affaire eut sans doute une fort minime importance ; la gorge du Climont, qui aurait pu être utilisée pour la défense par des partisans plus nombreux, ne joua aucun rôle. Cela pourrait surprendre ceux qui verraient ces bois, ces amoncellements de rochers encombrant les pentes abruptes, s'ils ne se doutaient pas de l'immédiat voisinage des grandes plaines sur lesquelles les armées peuvent évoluer à l'aise en contournant l'obstacle des ravines.

Cet aspect tourmenté du val du Climont est de plus en plus curieux à mesure que l'on monte, surtout entre le hameau de Marancourt et Arrancourt, où la gorge s'écarte en un joli bassin dont les blocs de grès épars font mieux ressortir la fraîcheur. Arrancourt est moins peuplé encore que Fontaine ; l'église, à la base d'un coteau, est un pauvre temple semblable à une grange, malgré les lourds contreforts qui maintiennent ses murailles.

Plus considérable est la commune d'Abbéville dont le chef-lieu est séparé d'Arrancourt par le Climont, mais ses deux cents habitants sont répartis en hameaux ou grandes fermes jusqu'aux sources du Climont. Au delà, faute d'eau, la vie abandonne le vallon. Abbéville emplit un joli creux aux raides parois rocheuses ; le clocher, fort simple, pointe au-dessus des toits.

Le Climont descend très clair dans son val, de nouveau rétréci, où les pins et les grands genévriers croissent entre les amas de rochers. Moulins et groupes de fermes bordent le ruisseau cristallin jusqu'à l'étang de Fontenette, alimenté par les sources jaillissantes du Climont. Il y a là un coin charmant : des arbres encadrent le limpide miroir, un moulin est assis sur la digue de retenue. De la crête de la colline, le hameau de Fontenette jouit de ce délicieux abîme, en même temps qu'il contemple les horizons sans fin de la Beauce. Les premières eaux du Climont jaillissent au-dessous, non loin d'un carrefour formé par la réunion de quatre ravins secs. Le sillon du Climont se creuse bien plus au sud encore, en deux rameaux dont l'un est dominé par le bourg de Sermaises, centre le plus populeux de cette partie de la Beauce.

La plaine déroule autour de Sermaises toutes ses splendeurs; mer de céréales et de sainfoin rose, diaprée des rectangles d'or des *sanves* dans les moissons mal tenues. Les villages se devinent au loin, par les toits d'ardoises brillant au soleil et qui peu à peu remplacent les toits de tuiles. D'étroites ravines plantées de bouleaux et de pins plissent ce plateau; à la tête de l'une d'elles, Sermaises étale ses maisons blanches, près d'une vénérable église, toute grise.

La vallée de la Juine, bien belle encore, n'a pas autant de caractère que celle du Climont. Elle est plus peuplée et moins en dehors de la grande circulation, surtout depuis que le chemin de fer de Beaune-la-Rolande est ouvert à l'exploitation. Un de ses bourgs, Saclas, est assez actif pour qu'un service de voitures aux fréquents départs ait fonctionné jusqu'à l'arrivée de la locomotive. Ce centre, qui a le rôle d'une petite ville, est dans un bassin gracieux; la rivière, qui paraît plus abondante ici qu'en aval, coule à pleins bords entre des jardins plantés d'arbres vigoureux.

Le bourg, animé, est très ancien, les archéologues y placent une des localités de la carte de Peutinger, à mi-chemin de Paris et d'Orléans, — *Lutèce* et *Genabum*. Mais son plus vieil édifice est l'église, flanquée d'un pauvre vieux clocher roman percé de hautes fenêtres couplées, aux chapiteaux robustes et frustes. Le porche est surmonté d'une élégante fenêtre ogivale : comme tant d'autres églises de la contrée, celle-ci a vu remplacer son vaisseau roman par un autre dans le goût nouveau.

L'abondance des eaux et leur force motrice ont de bonne heure fait naître l'industrie. Depuis plus de deux cents ans on travaille la laine à Saclas ; les filatures se sont surtout développées parallèlement à la fabrique de draps feutrés de Pussay. A mesure que celle-ci étendait ses opérations, il lui fallait plus de laines ; le voisinage de la Juine lui a permis de faire filer économiquement les *blousses* tirées des ateliers de peignage du Nord. C'est ainsi que Saclas est devenu un petit centre industriel avec son voisin Guillerval. Certes, on chercherait en vain ici de colossales usines comme celles de Reims, de Fourmies et de Roubaix, mais enfin la filature a pris assez d'importance pour que certains tissages de l'Est viennent s'y approvisionner. Trois établissements se sont créés, occupant ensemble cent cinquante ouvriers au plus. Les filés sont pour la majeure partie destinés à Pussay; la principale manufacture est même une dépendance directe de la plus grande fabrique du bourg beauceron[1]. En tout quatre mille broches environ fonctionnent sur les bords de la Juine et de la Marette.

Car la Juine reçoit un affluent, fort court mais ayant des fontaines assez abondantes pour donner une force motrice régulière. Ce ruisseau vif, la Marette, court dans un vallon très étroit où la commune de Guillerval égrène ses hameaux. A la limite du territoire, vers Saclas, est une des filatures, occupant l'issue d'une sorte de défilé laissant à peine place pour le cours d'eau et le chemin. Guillerval, au delà, s'étage sur une pente; l'église domine de pauvres maisons dont l'aspect explique le sobriquet de Pouilleux accolé au nom de la commune par les habitants du voisinage. C'est en effet un maigre terroir que celui-ci. Autant les vallons sont pitto-

---

1. Voyez pages 394 et suiv.

resques avec leurs rochers et leurs bois, autant
ils se prêtent peu à la culture, et l'industrie n'est
pas suffisante pour répandre l'aisance.

Guillerval possède un château entouré de
beaux arbres. Un des châtelains a fait restaurer
l'église; débarrassée de la souillure du badigeon,
celle-ci a repris toute la grâce et l'élégance de
la belle époque flamboyante, à l'intérieur du
moins, car rien au dehors ne prépare à la surprise heureuse que fait éprouver ce vaisseau clair
dont la pierre a retrouvé la fraîcheur des choses
neuves, tout en gardant trace de la lente usure
des siècles.

A côté de l'église, une vieille ferme a conservé
une porte et des fenêtres de la Renaissance, d'un
galbe très pur.

La Marette naît en amont, près du hameau de
Garsonval, par une abondante fontaine. Jadis les
eaux surgissaient plus haut, non loin d'Angerville. Le pli, maintenant très sec, où coulait la
rivière avant que le déboisement de la Beauce
ait fait reculer tant de cours d'eau, est dominé,
à un kilomètre de distance, par Monnerville,
ancien relais sur la route de Bordeaux.

Guillerval ne retient pas longtemps le visiteur.
Me voici de retour à Saclas, où la Marette et la

Juine coulent entre des lavoirs à grands auvents et des terrasses de jardins, puis en route pour Méréville. Le chemin passe devant une des filatures et le moulin de Grenet, à la base de collines où sont ouvertes des carrières de grès ou de sable. Plus loin, au pied de rochers voici la filature de Saint-Denis que suivent de jolies maisons proprement tenues et entourées de jardins fleuris. Et toujours les blocs de grès; il en est de fort curieux, étrangement crevassés, près de la vallée Parrain que franchit un beau viaduc de chemin de fer. Ce nom de vallée s'applique ici aux courts ravins latéraux ouverts sur la Juine.

Au sommet d'une pente, un de ces rocs porte la ferme de Fauville, en face du hameau de Boigny, où battent les roues du grand moulin des Cailles. Au pied des coteaux ruissellent de belles fontaines qui ont attiré les hommes : pour être près d'elles, les habitations se sont installées en corniche ou en terrasse au flanc des hauteurs. Autour des sources, des bandes de bois taillis s'allongent, tapissées de pervenches dont les fleurs, en cet avril, font une nappe d'un bleu tendre.

A mesure que l'on approche de Méréville, le paysage s'agrandit, les arbres plus nombreux se confondent avec les futaies du parc célèbre dans l'histoire des jardins. Si bocagère est cette partie de la vallée, que l'on pourrait la croire solitaire, tant les maisons se dissimulent sous les ramures. Au sommet d'une colline voici la colonne *Trajane*, un des édifices dont le banquier Delaborde avait peuplé son domaine, rival d'Ermenonville, de Mortefontaine et de Maupertuis[1]. La route est franchie par un pont aux lignes pures associant la brique rouge et la pierre blanche. Il reliait les deux parties du parc. Par une trouée on aperçoit la grande masse du château. A un tournant, on découvre la bourgade de Méréville, amphithéâtre de toits bruns d'où s'élance la flèche mince de l'église.

Méréville, ce fut une de ces merveilles fastueuses où se plurent tant de financiers et de grands seigneurs de la fin du dix-huitième siècle, croyant embellir la nature en créant des accidents factices du sol, en empruntant à l'antiquité ses temples et autres monuments symboliques. Seize millions, dit-on, furent consacrés à ces travaux. La dévastation s'est faite de nos jours; les personnages qui pourraient entretenir un château vaste comme celui de Méréville et

---

1. Sur Mortefontaine, voyez 42ᵉ série du *Voyage en France*, chapitre XVII; sur Ermenonville, même série, chapitre XII; sur Maupertuis, 43ᵉ série, chapitre XIX.

un parc semblable à celui dont on admire encore le tracé, mais d'où les œuvres d'art ont disparu, ces personnages sont peu nombreux aujourd'hui. Puis le goût n'est plus à cet « Art des jardins » majestueux et nobles qui ravissaient nos pères.

Le banquier Delaborde n'eut guère le temps de jouir de cette conception à laquelle il avait associé les grands artistes de son temps : Joseph Vernet, Greuze, Hubert Robert, qui décorèrent le château. Les travaux entrepris en 1784 n'étaient pas terminés quand la Révolution éclata. Bien que Delaborde eût adhéré un des premiers au nouveau régime, il fut une victime de la Terreur. Ses héritiers gardèrent assez longtemps le domaine, mais celui-ci a fini par tomber aux mains de la spéculation, les édicules imités de l'antique ont été démolis ou vendus. Trois ont échappé à la ruine, mais par une véritable transplantation : le monument élevé au capitaine Cook, le pastiche du temple de Pœstum et la colonne rostrale édifiée à la mémoire de deux fils de Delaborde, officiers de marine qui périrent victimes de leur dévouement pendant l'expédition de La Pérouse. Seule, la colonne Trajane reste debout sur sa colline, témoin de ces fugitives splendeurs. Elle constitue un merveilleux belvédère sur la Beauce, jusqu'aux tours de Notre-Dame de Chartres d'un côté, à Pithiviers de l'autre.

Si les édifices ont disparu, si des trouées se sont faites dans le parc si merveilleux jadis par ses ombrages, si le château en partie démeublé est clos, le temps ni les hommes n'ont pu détruire l'aménagement des rochers et des eaux. La Juine captée, conduite par un tunnel sur les blocs d'où elle s'élance en cascade, reste le charme de ce parc; elle fuit en rapides, s'étend en lac, sommeille sous les vertes frondaisons, enserre des îles luxuriantes. L'abandon, en amenant les végétations folles, a détruit en partie ce que le tableau avait de factice.

Sur la rive droite de la Juine, le domaine est resté en état d'entretien; ses trente hectares de bois percés de belles avenues et d'adorables chemins constituent ce que des habitants de Méréville appellent le bois de Boulogne. L'accès est autorisé, ce parc est donc pour la bourgade une promenade que la plupart des grandes villes pourraient envier.

Privé du personnel nombreux nécessaire à l'entretien du château et de ses dépendances, n'ayant pas su ou pu attirer l'industrie qui a si profondément transformé son voisin Pussay, Méréville est un centre endormi, moins peuplé que deux communes de son canton, Angerville et Pussay. Il vit surtout par l'agriculture. Le fond de son val est occupé par des jardins maraîchers, les eaux des fontaines sont consacrées à la production du cresson. Les vieilles halles de charpente, composées de trois travées portant un toit aigu, voient chaque semaine une foule de paysans et de paysannes apporter leurs produits. Des commerçants de Méréville achètent pour le marché de Paris veaux, volailles et moutons. L'apiculture est en honneur, favorisée par les bruyères des ravines et les grands champs de sainfoin de la Beauce.

Cette halle aux poutres rongées par le temps, infléchie sous le poids de la lourde charpente et qui donne à l'entrée du bourg un aspect vétuste et vénérable, est le seul monument intéressant. L'église est une bâtisse quelconque, vaguement classique. Méréville ne doit un peu de pittoresque qu'à son étagement au flanc de la colline. Son quartier supérieur, déjà assis sur le plateau beauceron, se nomme Saint-Père.

La Juine, en amont, jusqu'à ses sources pérennes, près du château de la Porte, et la partie sèche de son val jusqu'à Autruy, décrivent un cours très sinueux dans un vallon étroit rempli de hameaux et d'habitations isolées. Comme tous ses affluents, la rivière était plus abondante jadis et ses premières fontaines jaillissaient bien au sud des sources actuelles.

Méréville est relié à Angerville par un chemin s'élevant au fond d'un ravin planté de pins et traversant Montreau, hameau de grandes fermes. C'est bien la Beauce ! A une demi-lieue à peine de la Juine abondante, on n'a d'autre eau que celle de puits très profonds ; le bétail s'abreuve à une vaste mare dessinée en hémicycle. Des abords de ce petit centre rural la vue est sans borne. Les villages, bien groupés sur l'horizontalité de la plaine, font comme de grosses taupinières. Sauf la rangée d'arbres qui borde la route nationale d'Orléans, tout ce pays est nu. Angerville cependant, où l'on parvient bientôt, s'est enveloppé de quelque verdure. Et cela, par le contraste, rend plus saisissante la nudité des champs infinis.

XXII

LA BEAUCE PITUÉRAISE

De Malesherbes à Pithiviers. — A travers la Beauce pituéraise. — Pithiviers. — La statue de Duhamel du Monceau. — L'œuvre du grand agronome. — Pèlerinage d'Arthur Young. — Les monuments de Pithiviers. — Pâtés d'alouettes, miel et safran, la sucrerie. — Les vallées de l'Œuf et de la Rimarde. — Yèvre-le-Châtel. — Formation de l'Essonne. — Un trait du grand avocat Berryer. — Le decauville, de Pithiviers à Toury. — Le bois de Bellebat. — Le plateau beauceron. — Bazoches-les-Gallerandes. — Outarville.

Toury. Avril.

Les ingénieurs avaient trop beau jeu en Beauce pour le tracé de leurs routes. Sur ces plateaux infinis, ils ont pu étendre sans effort, sans recherche de variantes, leurs chaussées ou leurs rubans de rails. Aussi ont-ils évité autant qu'ils l'ont pu les vallons, secs ou frais, qui semblaient cependant appeler les voies de communication, puisque les centres de population se sont portés de préférence partout où l'eau était à l'état de filet courant ou se tenait près de la surface. C'est pourquoi, de Malesherbes à Pithiviers, le chemin de fer et la route négligent le sillon vert de l'Essonne pour se tenir sur la plaine immense. Même la route, selon l'usage de la vicinalité au dix-huitième siècle, ne traverse aucun village ; elle laisse à l'écart Manchecourt, Ramoulu et Marsainvilliers. En contemplant sur la carte ce long ruban désert, j'ai renoncé à l'idée de gagner pédestrement Pithiviers. J'ai fait bien plus vite le trajet par le chemin de fer, et en somme ai vu du pays tout ce qu'il peut présenter d'intéressant.

La ligne monte légèrement dans une dépression, dont les bords, de faible relief, sont boisés de pins ou tapissés de friches hérissées de genévriers. Elle frôle le hameau de Maisoncelles, poignée de fermes aux murs gris, dans un paysage sévère dont les pinèdes seules rompent la monotonie. Dans le pli, Invault éparpille ses habitations sur le fond et les pentes.

Voici maintenant le plateau. A un quart de lieue de sa station, Manchecourt se groupe autour d'une lourde église. Des hameaux ou des fermes isolées occupent ces vastes espaces presque sans arbres, mais loin vers le sud, par delà le creux profond où coule l'Essonne, on devine la forêt d'Orléans, ligne bleuâtre et vaporeuse.

Bien que le pays soit gâtinais et que la ville

voisine, Pithiviers, soit considérée comme capitale de la petite province, tout cela est franchement beauceron d'aspect, une Beauce moins opulente que la Beauce chartraine, où les érosions des ruisseaux montrent les bandes de grès et les couches de sable de Fontainebleau. Pour les géographes, c'est la haute Beauce ; pour les anciens auteurs, c'était la Beauce *pituéraise*, du nom de Pithiviers. Ce nom s'appliquerait encore justement à la partie du Gâtinais qui forme le nord de l'arrondissement. La haute Beauce serait alors tout le plateau qui entoure Étampes.

Nous sommes donc en Beauce pituéraise dans ces vastes campagnes de Manchecourt. Au loin, le clocher de Ramoulu commande le paysage. Dans la direction de l'Essonne, en allant à Estouy, des bois et des remises à gibier font une tache sombre sur la nappe d'un vert doux formée par les champs de céréales et de sainfoin. Ramoulu paraît un moment le centre de ce paysage placide. Bas et allongé, précédé par un moulin à vent dont l'aile tourne lentement, il est comme l'avant-garde de la Beauce, où tant d'autres moulins sont mus par les souffles passant sur la grande plaine rase.

Le train s'en va d'une vitesse modérée à travers les campagnes toujours semblables, champs très verts, guérets d'une terre jaune et forte. Quelques bouquets de pins évoquent seuls l'idée du Gâtinais voisin. Au fond de l'horizon monte la flèche de l'église de Pithiviers, élégante et mince. A mesure que l'on avance, l'église entière se distingue et devient le caractère saillant du tableau. Le grand comble, la flèche ajourée par une lucarne, tel le chas d'une aiguille, dominent un pittoresque étagement de toits d'ardoises et de tuiles fauves descendant dans un ravin.

Le train s'arrête dans une gare assez animée, aux voies nombreuses, car la ligne principale d'Orléans à Malesherbes avec son prolongement sur Moret fut et est encore une ligne stratégique dotée de quatre rangs de rails, destinée à amener dans l'Est les troupes de la vallée de la Loire. Devant la station s'ouvre une avenue, plantée de marronniers, bordée de maisons d'une architecture pimpante. La ville apparaît ainsi avenante et coquette.

L'avenue aboutit à un large boulevard, devant la statue de Duhamel du Monceau. Le grand agronome n'inspire qu'un faible respect à la marmaille de l'endroit : l'effigie a été plus d'une fois lapidée et le piédestal est souillé par d'affligeantes inscriptions. On ne saurait en faire un crime spécial à Pithiviers : dans la plupart de nos petites villes, les statues sont l'objet de tels outrages. — Un autre grand agronome, Olivier de Serres, n'est pas moins maltraité à Villeneuve-de-Berg[1]. Ici encore on éprouve quelque irritation ; l'homme dont on a voulu montrer les traits à la population est un de ceux qui méritent vraiment l'hommage, car cet ingénieur des constructions navales fut, en même temps que constructeur habile, un des précurseurs de la science agronomique, dont nous voyons aujourd'hui le complet épanouissement. Arthur Young ne s'y trompa pas. Dans son voyage de 1787, il se rendit à Pithiviers uniquement pour visiter le domaine de Denainvilliers, où Duhamel avait entrepris ses expériences ; il voulut visiter à pied les terres et les contempla « avec une sorte de vénération classique ». Young examina le sol, étudia les procédés employés et, apprenant que les instruments agricoles inventés et utilisés par l'agronome étaient dans un grenier, il demanda à les regarder et fut enchanté de « les voir mis en réserve jusqu'à ce qu'un autre fermier, voyageur aussi enthousiaste, vint contempler les vénérables reliques d'un génie bienfaisant ». Il y avait un poêle et une étuve à

---

1. 11ᵉ série du *Voyage en France*, chapitre XIII.

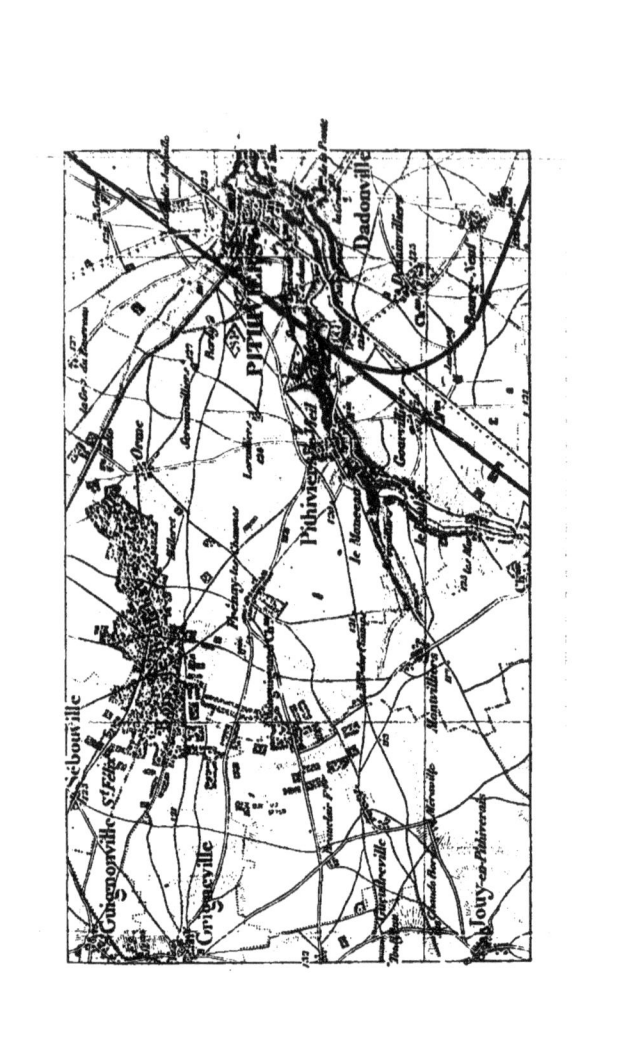

sécher les grains; une collection d'arbres exotiques derrière la maison, des avenues plantées par Duhamel.

Car celui-ci fut surtout un grand planteur d'arbres forestiers; sur ce plateau nu de la Beauce, il avait pu réunir huit cents variétés d'arbres. Le parc qu'il créa conserve encore quelques-unes de ces plantations. Mais, sauf des forestiers, bien peu de gens songeraient à faire le pèlerinage qu'un fermier anglais voulut entreprendre il y a plus de cent ans. A Pithiviers même, l'image du grand agriculteur est, on l'a vu, insuffisamment respectée.

L'artiste a représenté Duhamel du Monceau appuyé sur un tronc d'arbre, allusion au rôle important du grand savant dans la science de sylviculture, assez peu précise avant lui.

Le boulevard se continue, régulier, selon la ligne des remparts aujourd'hui disparue. Entre ces promenades ombragées s'étend la ville proprement dite, avec des rues bien tenues, bordées de nombreux magasins. Pour toute cette partie de la Beauce et le Gâtinais jusqu'à Beaune-la-Rolande, Pithiviers est le centre naturel; les chemins de fer ont accru ce rôle. Le mouvement le plus actif se porte aux abords de l'église, édifice intéressant transformé profondément à l'époque de la Renaissance. La nef et les deux croisillons ont été dotés de placages simulant un triforium. Cette église a deux patrons bizarrement réunis dans le même culte. L'un, saint Salomon, serait un roi de Bretagne; l'autre, saint Grégoire, un évêque arménien venu à Pithiviers pour se faire ermite.

Non loin de là s'ouvre la place du Grand-Cloître, dotée de la statue d'une autre gloire locale, le mathématicien Denis Poisson. Un monument plus intéressant est la tour de l'église Saint-Georges, servant en quelque sorte de beffroi à l'hôtel de ville. Cette église a été détruite, mais il en reste quelques parties dignes d'intérêt.

D'un coin des promenades on domine l'étroit vallon de l'Œuf. Ce pli où dévalent des maisons est assez curieux, surtout en comparaison des grands et placides horizons de la Beauce.

J'ai trouvé Pithiviers plus vivant qu'à mon premier passage, quand, au début de ce *Voyage en France*, je venais étudier la culture du safran ([1]). L'avenue de la gare est maintenant une vraie voie citadine, la ligne d'Étampes à Beaune-la-Rolande est ouverte, et la ville a reçu une

---

1. Voyez la 1re série du *Voyage en France*, chapitre XII.

garnison. Un bataillon d'infanterie occupe une caserne remarquablement installée.

Chef-lieu d'une région purement agricole, Pithiviers possède un commerce considérable, ses marchés et ses foires sont fréquentés par les habitants d'une grande partie de la Beauce. Les produits spéciaux au Gâtinais, le safran et le miel, y donnent lieu à un mouvement d'affaires assez important. C'est le centre français pour le commerce du safran ; les maisons qui s'y livrent ne se bornent pas aux produits locaux, elles tirent beaucoup de safran d'Espagne et le répandent sur les pays de consommation.

Production agricole encore, pourrait-on dire des pâtés d'alouettes qui ont fait la réputation de Pithiviers et sont une des gloires gastronomiques de la France. L'alouette foisonne dans les grands champs de céréales de la Beauce ; une chasse acharnée lui est faite ; dans la plupart des villes du plateau, les hôtels et les pâtissiers transforment les charmantes bestioles, gaîté des moissons, en terrines et pâtés succulents. Chartres un peu, Pithiviers surtout, sont les centres de cette industrie ; plusieurs maisons se livrent à la confection de ces conserves, auxquelles elles joignent les gâteaux aux amandes, autre renommée locale. Pâtés en croûte et en boîtes, alouettes préparées en gardant leur forme naturelle, se font d'octobre à mars. Passé cette période fatidique, les alouettes ne sont plus menacées que par les oiseaux de proie et peuvent lancer dans l'air, leur joyeux *tire-lire-li*.

Un autre commerce bien particulier est celui du miel et de la cire. On sait quelle est la réputation du Gâtinais pour le produit des abeilles. Les immenses champs de trèfle incarnat fournissent aux diligentes ouvrières un merveilleux terrain à butiner, mais la durée est courte et les précieux insectes mourraient de faim si la lisière de la forêt de Fontainebleau et les grands bois qui la prolongent n'offraient, à l'été et dans l'arrière-saison, ses bruyères fleuries, si la Sologne n'était proche où les abeilles trouvent, à côté du pollen des bruyères, celui des blanches nappes de sarrasin. La campagne de Pithiviers est la partie de la Beauce où l'agriculture a pris le plus de développement; si la ville est le marché principal pour le miel, un grand nombre de communes ont des commerçants qui centralisent la production d'une partie du territoire.

La sucrerie est une autre branche de l'industrie locale; à mi-chemin entre la ville et Pithiviers-le-Vieil, commune qui fut le berceau primitif de la cité, est une des principales usines de

France pour la production du sucre de betteraves; elle livre en moyenne 60 000 sacs par année. La Beauce pituéraise lui doit un grand essor agricole.

Près de Pithiviers-le-Vieil est le hameau du Monceau, dont l'agronome Duhamel portait le nom, mais le château de Denainvilliers, où Arthur Young vint en pèlerinage, est sur l'autre versant du grand pli où coule l'Œuf, que des fontaines transforment de fossé presque sec en gros ruisseau. Toutes ces campagnes se ressemblent avec leurs immenses cultures, les villages et les hameaux maussades allongés au bord des chemins. Cette monotonie du plateau donne de la grâce aux vallées étroites et peu profondes où coulent l'Œuf et la Rimarde. Ailleurs ces dépressions n'attireraient guère l'attention; ici, par le contraste, cette bande étroite de prairies, les cours d'eau barrés par les retenues des moulins, les lignes sinueuses de peupliers et de saules semblent une merveille. Et cela pourtant ne peut guère se comparer aux vallées où se forment la Juine et ses affluents.

La Rimarde, venue, elle aussi, des premières futaies de la forêt d'Orléans, est plus pittoresque que l'Œuf par un de ses sites, le village de Yèvre-le-Châtel, bâti sur un promontoire commandé par les belles ruines d'un château fort qui fut un des plus parfaits de l'époque féodale. Ces débris d'une place de guerre destinée à contenir une partie de la Beauce sont d'aspect superbe, grâce à leur hauteur au-dessus du val. La Rimarde, descendue par Yèvre-la-Ville et Yèvre-le-Châtel, l'Œuf, qui a bordé Bondaroy et Estouy, se réunissent pour former l'Essonne. Celle-ci descend vers Malesherbes par un pli peu accentué où se suivent villages et hameaux. Les berges du vallon, de faible hauteur, sont dominées, à peu de distance, sur la rive droite, par des coteaux de plus grand relief, portant un vignoble qui, vers le sud, autour de Boynes, est presque continu.

Le chemin de fer de Paris à Montargis franchit l'Essonne près de Briarres. On m'a raconté que la ligne devait primitivement suivre les bords de la rivière, de Malesherbes à Briarres, afin de desservir, tout près, le village d'Augerville-la-Rivière, où le grand avocat Berryer possédait un château ; les ingénieurs voulaient faire à l'illustre orateur la galanterie de mettre la station à sa porte, il eût pu prendre le train en pantoufles et en robe de chambre. Berryer s'y opposa, ne voulant pas que l'on augmentât les frais de construction pour lui éviter la course assez longue entre son domaine et le point primitivement choisi pour desservir le village de la Brosse en même temps que celui d'Augerville.

Jusqu'à ces derniers temps, Pithiviers, dans ses relations avec Paris, devait utiliser l'embranchement de Malesherbes ; pour se rendre à Étampes, grand centre de commerce agricole, les voyageurs avaient à employer un chemin de fer à voie étroite, de tracé très sinueux, conduisant à Toury. Aujourd'hui, la ligne à voie normale d'Étampes à Beaune-la-Rolande a modifié le courant. Mais, si l'on veut bien juger de la Beauce, il faut lui préférer la petite ligne de Toury. Il semble que l'on ait choisi un itinéraire permettant de voir, rapidement en somme, mais d'une façon complète, le pays où la marche serait un réel supplice.

Ce chemin de fer économique n'a d'ailleurs qu'un médiocre trafic, en dehors des jours de foires et de marchés. Aussi la compagnie ne s'est-elle guère mise en frais de coquetterie pour son matériel : les wagons rappellent ces pauvres véhicules délabrés et décolorés qui servent dans quelques pays de l'Europe méridionale ; ils furent cependant pimpants. Quand le train se met en marche, je constate que je suis l'unique voyageur. Le personnel comprend mécanicien, chauffeur, postier et chef de train. C'est bien de l'honneur pour moi. Je le dois sans doute à l'heure matinale — à peine fait-il jour ; — les bons bourgeois de Pithiviers dorment encore ; peut-être aussi nul n'est-il appelé à Outarville et à Toury, centres les plus importants du trajet.

La ligne, suivant les accotements d'une route, s'élève vers le nord pour décrire un grand arc de cercle autour et à distance du bois de Bellebat. De ce côté, il y a quelques villages ; par le parcours direct, on ne rencontrerait que des fermes. Le premier groupe de population, Bouzonville-en-Beauce, apparaît à deux kilomètres de la voie, petit groupe de fermes avec une chapelle, dominant du haut d'une ondulation des horizons sans limite. Sur le plateau, les bâtiments d'exploitation sont très espacés au milieu des immenses cultures verdoyantes sur lesquelles tranchent parfois des amas de pierres extraites du sous-sol. Quelques remises à gibier se détachent sur les champs. Le bois de Bellebat fait une tache plus vaste et sombre ; c'est une pinède plantée sur un lambeau de terre infertile. Près de la lisière, le hameau d'Orme est entouré de grandes meules de paille et de gerbiers. Dans le cadre formé par les pins se détache, très blanche, la butte de tir de la garnison de Pithiviers.

Le bois, obtenu par des semis réguliers, est entouré d'une haie d'épine blanche ; entièrement fleurie à cette date du 3o avril, elle rend plus intense encore la verdure profonde des pins.

Les villages paraissent défiler à distance. Bitry a des maisons basses, pour la plupart recouvertes d'ardoises ; Guigneville semble plus écrasé encore à cause de la haute nef de son église dressée au-dessus des logis. Un pauvre campanile est porté sur le comble, une mince flèche élève, très haut, le coq traditionnel.

Au sud, la ligne des pinèdes barre toujours l'horizon ; elles couvrent des sortes de vagues formées par le sol. Leur étendue s'accroît au détriment des cultures, car de jeunes arbres forment des carrés à distance du grand massif. C'est que le sol arable est de faible épaisseur ; il repose sur une puissante couche de marne exploitée en carrières.

Pithiviers se devine toujours par sa flèche haute et mince qui prend d'autant plus d'importance dans le paysage qu'on s'en éloigne davantage et que les autres détails s'affaissent. Parfois cette haute aiguille est masquée par les planta-

—tions de pins et de bouleaux qui entourent le hameau de Torville.

Encore d'autres villages et d'autres hameaux ayant cette terminaison de *ville*. Chose singulière, on ne la trouve pas au sud de la ligne décrite par la route que suit le chemin de fer, tandis que vers le nord *ville* domine, s'appliquant même à des fermes et au château de Trétinville. Voici, infime, Sébouville, plus vaste, Guignonville entourant un puissant clocher flanqué de contreforts. Ce petit bourg a des jardins et des vergers, chose bien rare en Beauce; de même son voisin Grigneville, dont le grand comble d'église semble une carapace énorme. Ce dernier village possède un petit vignoble lui faisant comme une ceinture. Je doute que le vin de Grigneville soit jamais classé parmi les grands crus.

La ligne descend un moment droit au sud pour aller desservir Châtillon-le-Roi, à demi enfoui dans les arbres et couvrant un ressaut de terrain. Les tours d'un château donnent quelque allure au site; les petits bois, assez nombreux, détruisent la monotonie du paysage. La vigne, offrant quelques plantations bien tenues, ferait oublier que l'on est en Beauce, sans l'infini des horizons. Quelques villages se montrent au loin; un d'eux, Jouy-en-Pithiverais, nous révèle que la ville voisine a donné son nom au terroir sous une autre forme que Beauce pituéraise. Le chaume, jadis seule couverture connue, a fait place à l'ardoise ; le soleil, qui étincelle sur ces surfaces unies et sur les pignons blancs des habitations, permet de deviner, très loin, les hameaux.

Peu de moulins à vent, et cela distingue la contrée du reste de la Beauce ; cependant en voici un, tournant lentement au-dessus de Bazoches-les-Gallerandes, commune populeuse dont les maisons couvrent un vaste espace. L'église, ogivale, fort haute, à flèche d'ardoise, se distingue à grande distance. Le bourg est un petit centre de commerce. Une des grandes laiteries de la région parisienne y a installé ses bureaux de réception ; le train y stoppe assez longtemps pour charger d'innombrables pots de lait et se compléter par plusieurs wagons de blé. Les voyageurs affluent aussi, bientôt les voitures sont remplies et les conversations bruyantes s'engagent.

Puis le convoi s'ébranle, passe entre les quartiers de Bazoches ; des vignes, quelques vergers formant enclos entourés de haies d'aubépine bien taillée, font une ceinture riante au bourg. Et de nouveau la campagne nue. Sur le bord de la route, la ferme de Landreville mire ses bâtiments gris et son colombier féodal dans une mare d'eau verdâtre. Un bois fait un parc à cette habitation rurale d'apparence cossue.

La campagne s'anime. De temps en temps, on aperçoit au loin la fumée blanche de quelque locomobile actionnant une machine à battre qui égrène les dernières gerbes. La ligne d'horizon est faite de villages que la perspective semble placer sur la même ligne circulaire, très lointaine. Ces villages, que l'on a l'illusion de voir soudés entre eux, sont éloignés pourtant et souvent minuscules. Ainsi Faronville a une église et deux maisons; le centre principal de sa commune est un hameau allongé sur un chemin qui fut la voie romaine de Lutèce à *Genabum ;* il porte le nom bizarre d'Acquebouille, évidemment d'origine latine.

Depuis Bazoches, le chemin de fer s'est élevé vers le nord-ouest pour aller desservir Outarville, chef-lieu de canton éloigné de la grande ligne. Malgré son rang administratif, c'est un village bien humble, dont l'église à pignon dépasse à peine les toits voisins. Un petit parc et des remises à gibier donnent quelque variété au paysage. Sur le bord de la route, la belle habitation d'Arconville est entourée d'arbres.

Le soleil est devenu chaud et la vie se fait plus apparente, les alouettes montent dans le ciel comme des fusées en faisant entendre leur cri strident, des perdreaux courent dans le blé. Il y a un changement indéfinissable dans les choses : si des bouquets de pins disent que le Gâtinais n'est pas loin, la terre est plus grasse, les blés sont mieux fournis. Voici bien la Beauce féconde, semblable à celle de Chartres et de Patay.

On prépare les champs pour la betterave, on plante les pommes de terre. Outarville est un lieu de grande production pour ces tubercules. Quand j'y vins pour la première fois, il y a quinze ans déjà, on me signala que le canton les fournissait en abondance aux Basses-Alpes. Je n'ai pu savoir de mes compagnons de route si ce curieux débouché existait toujours (1).

A travers des champs mieux entretenus encore, le petit chemin de fer va traverser la ligne d'Orléans près d'une grande plantation de cassis, au moins inattendue en pleine Beauce, et pénètre dans la gare de Toury, où aboutit aussi un embranchement du réseau de l'État conduisant à Voves.

---

1. Voyez la 1re série du *Voyage en France*, chapitre XIV.

XXIII

TROIS BOURGADES BEAUCERONNES

La « ville » de Toury. — Son rôle économique. — D'Angerville à Toury. — Activité évanouie. — Angerville. — Ses vieilles auberges. — La mare et le château d'eau. — Les bustes de Tessier. — La bataille des Harengs. — Pussay. — Étrange ville industrielle. — La fabrication des chaussons et des babouches.

Pussay, Mars.

Le mot *ville*, si commun dans une grande partie de la Beauce comme désinence des noms de lieux, est pompeusement employé par la plupart des bourgs et des gros villages de la contrée. Ainsi à Toury les affiches ont en tête : « Ville de Toury ». En réalité, c'est une fort modeste bourgade, mais vivante; sa gare, où s'arrêtent nombre de trains directs et d'express, où aboutissent les lignes de Voves et de Pithiviers, en fait un centre important de communications. C'est une simple commune cependant, mais plus populeuse que Janville, son chef-lieu de canton.

Elle est plus active aussi. Par son rôle dans l'économie de la Beauce, sinon par son aspect, elle a quelque droit au titre ambitieux de ville. Deux grandes usines agricoles y fonctionnent : un moulin à vapeur et une sucrerie, celle-ci parmi les plus considérables de France, car elle produit plus de 50 000 sacs de sucre par année([1]). Une industrie nouvelle s'est greffée sur la production du sucre ; la mélasse est mélangée à de la paille hachée et compose le *pail-mel* destiné à l'alimentation du bétail.

Tous les produits de la contrée sont concentrés à Toury par des maisons de commission et expédiés au loin, à Paris surtout : lait, beurre, œufs, miel, pommes de terre. Le commerce des grains est particulièrement considérable.

Ces nombreuses sources d'activité donnent à Toury un mouvement bien rare dans les bourgs de Beauce et expliquent l'apparence de prospérité dont on est frappé. Un élégant hôtel de ville, récemment inauguré, occupe une partie de l'emplacement de l'ancien château, forteresse féodale encore dessinée par de hauts et sombres remparts transformés en murs de granges ou d'habitations. C'est tout ce que Toury possède comme monument avec son église, fort intéressante par le porche ogival qui la précède.

---

1. 52 500 sacs.

L'espèce de répulsion qu'inspirait aux ingénieurs d'autrefois la traversée des centres habités par les routes, ne se marque nulle part aussi nettement que sur la grande chaussée d'Étampes à Orléans. On n'a fait aucun effort pour approcher des villages, mais les bourgs qui, de toute antiquité, étaient sur le tracé des chemins, demeurèrent le point de passage; cela fit leur fortune au temps des diligences et du roulage. Toury fut un de ces points privilégiés, comme plus loin Angerville, mais entre ces deux centres la route ne touche aucun village, sur 14 kilomètres. La monotonie de la traversée du plateau s'en est peut-être encore accrue. Le chemin de fer permet d'échapper à ce que le voyage avait de fastidieux. En quelques minutes on a accompli un trajet mortellement long pour le piéton ou le voiturin.

Angerville, qui fut au temps des diligences une des bourgades les plus vivantes de France, dont le nom revient souvent dans les récits des voyageurs, était alors cité close. Les remparts se devinent encore dans les murs qui, çà et là, bordent un boulevard extérieur d'une solitude absolue, appelé « le Tour de ville ». Une partie de cette enceinte se reflétait dans la vaste mare, presque un étang, où les eaux pluviales se réunissent et qui, jusqu'à ces derniers temps, était l'unique abreuvoir pour le bétail. Ce bassin nauséabond qui a remplacé un autre abreuvoir placé au cœur du bourg, a perdu son utilité depuis qu'un service d'eau a été établi. On a rétréci le réservoir, mais il étale toujours des eaux verdâtres que soutient le flot produit par les liquides de lavage évacués de deux grandes laiteries.

L'intérieur a conservé l'aspect du temps du roulage, par les grandes portes cochères qui révèlent d'anciennes remises. Mais, sauf les chars des cultivateurs, on ne voit plus d'équipages de chevaux ; les automobiles seules réveillent la cité endormie, « bien bâtie, propre et bien percée », disent d'elle les vieux livres, en contradiction avec les gens de la contrée qui l'appellent encore Angerville-la-Gâte. A l'époque où toutes les relations entre Paris et le centre de la France avaient lieu par là, on y comptait quarante auberges ; la plus fameuse était le *Cheval Bardé,* qui a laissé son nom à une rue. Louis XIII y logea et aussi les ambassadeurs vénitiens qui vinrent en France en 1577. M. Maxime Legrand, auteur d'une intéressante étude sur l'arrondissement d'Étampes, signale comme hôtes de ces gîtes bruyants La Fontaine et Voiture, Passerat et Rollet, le fripon de Boileau. Il y en eut bien d'autres sans doute et de plus illustres que les trois derniers.

La halte y était obligatoire, mais assez redoutée. Passerat, après avoir énuméré les crimes les plus effroyables, voulait que l'on infligeât comme supplice à chaque coupable : « qu'il disne à Arthenay et soupe à Angerville ».

La place du Martroi, aujourd'hui si placide, où les dernières auberges se sont un peu modernisées, était le centre du mouvement. Là sont les boutiques, là le buste de Tessier, le propagateur du mérinos en France, dont l'influence a été si considérable pour le développement de notre agriculture. Un autre buste du savant agronome, dont j'ai longuement parlé en signalant son domaine de Beton-Bazoches (1), est placé sur la façade de la maison où il naquit.

L'église, œuvre assez médiocre de la Renaissance, est, pour le touriste, le seul monument d'Angerville, mais les habitants donnent la prédominance à leur château d'eau; là me fit conduire M. Desmolins, l'aimable maire du lieu, lorsque je lui demandais les particularités de sa commune. Quand on a visité la Beauce et constaté l'affligeante disette d'eau du plateau, on comprend cette vénération pour le réservoir cylindrique porté sur une chambre destinée à des

---

1. 43e série du *Voyage en France*, chapitre XVII.

moteurs à pétrole et à essence. L'eau est puisée à 39 mètres de profondeur, dans des galeries de captage renfermant 38 à 40 mètres cubes; le réservoir a une capacité de 100 mètres. On la conduit non seulement dans la ville, mais encore à 2 et 3 kilomètres, aux hameaux de Villeneuve et d'Ouestreville. Le précieux liquide a merveilleusement amélioré les conditions d'existence de la population, jadis réduite à élever péniblement des puits une eau rare. Cette année (1905), les puits sont à sec, suite du phénomène qui a abaissé la nappe d'eau sous tout le plateau beauceron en s'accentuant d'année en année.

On m'a signalé cette diminution partout, à Voves notamment[1], où l'on paraissait croire que la disparition totale était inévitable. Ici on est moins pessimiste. Le maire me dit que des observations sérieuses font reconnaître un rythme dans les périodes que l'on pourrait appeler hydrauliques : pendant quinze ans, les eaux décroissent, puis pendant quinze autres années elles montent au point que des sources paraissent, que des ravins à sec deviennent des ruisseaux abondants.

Nous serions, paraît-il, à la fin de la période

---

1. 45e série du *Voyage en France*.

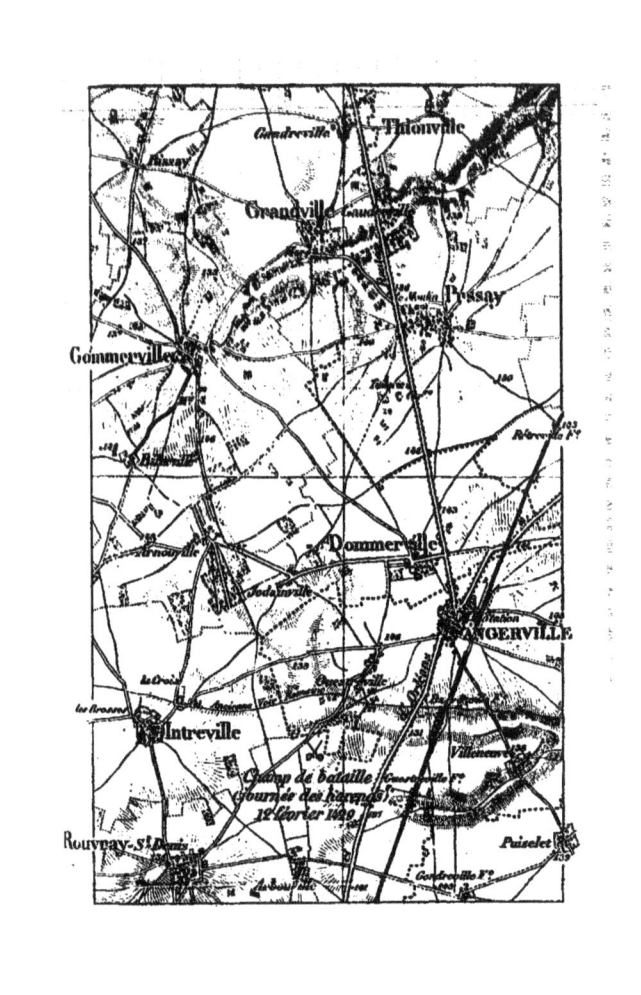

d'abaissement, le niveau de la nappe aquifère va remonter. En attendant, les habitants d'Angerville sont très heureux d'avoir pu amener chez eux des ondes vives et les villages voisins n'hésitent pas à engager de lourdes dépenses pour obtenir le même avantage. Le bétail aussi s'en trouve bien ; on pourra accroître le nombre de têtes, déjà considérable à en juger par l'importance des deux laiteries qui reçoivent chacune 650 *pots* de 20 litres par jour.

Ces établissements assurent l'aisance dans la petite ville ; elle n'a, en dehors d'eux, qu'une industrie, la fabrication des parapluies. Une importante usine a été créée près de la gare ; on produit le parapluie élégant. Afin de s'assurer un personnel d'ouvrières, les patrons ont annexé à la manufacture un orphelinat où l'on recueille des fillettes sans famille qui apprennent le métier sous la surveillance de sœurs.

Angerville a sa place en notre histoire, non par l'escarmouche du 9 novembre 1870, dans laquelle les « partisans du Gers » ne craignirent pas d'attaquer l'avant-garde de von der Tann et perdirent deux hommes, inhumés dans le cimetière, mais par la fameuse journée des Harengs. A la limite de son territoire et de celui de Rouvray-Saint-Denis, où passe aujourd'hui la frontière entre Seine-et-Oise et Eure-et-Loir, eut lieu cette triste rencontre rappelant les désastres de Crécy, de Poitiers et d'Azincourt, amenés par la même faute de cavaliers mettant pied à terre ou se ruant pour attaquer un ennemi retranché [1]. Là encore une bravoure désordonnée et inutile fit perdre le succès aux nôtres. Ce fut la dernière de ces défaites due à la folie de notre noblesse. Jeanne d'Arc devait bientôt venger la honte de cette journée où les Anglais, commandés par Falstaff, perdirent surtout des barils de harengs éventrés par les boulets des bombardes et couleuvrines. Les Anglais étaient 1 500, embarrassés par 3oo chariots; ils mirent en déroute 4ooo Français !

Je n'ai pas poussé jusqu'à Rouvray-Saint-Denis, malgré mon désir de parcourir le champ de bataille, mais nul n'a pu me dire l'emplacement exact du retranchement improvisé par Falstaff en apprenant l'approche du comte de Clermont. J'avais d'ailleurs à visiter Pussay, un des centres les plus curieux de la Beauce par le développement industriel inattendu qu'il a pris : la présence de grandes manufactures sur ce plateau

---

1. J'ai décrit chacun de ces champs de bataille, dont le nom résonne si douloureusement encore : Crécy, 18ᵉ série du *Voyage en France*; Azincourt, 19ᵉ série; Poitiers, dans la 26ᵉ série.

sans eau étant un véritable paradoxe économique.

On devine Pussay, pendant le trajet d'Étampes à Orléans, en voyant se dresser au loin les hautes cheminées fumeuses. Le bourg n'est pas desservi directement par le chemin de fer, il a pour gare la station de Monnerville, située à trois quarts de lieue. Une route monotone y conduit. C'est un centre assez vaste, aux maisons basses, conservant les restes d'un château féodal dont les anciens possesseurs reposent dans l'église. Celle-ci a des voûtes basses et robustes, accentuées par les nervures élégantes. Deux pierres tombales sont dressées près du chœur. L'une a deux portraits gravés au trait dans le marbre : d'un côté le chevalier François de Languedoue, « qui, à vingt et un ans, portait l'enseigne coronale et fut gouverneur d'Ausonne » (Auxonne); l'autre effigie est celle d'une demoiselle des Rivauldes, dame de Pussay.

Comme ses voisines, l'église n'a pas d'abside, la nef est fermée par un mur droit où, dans des arcs dessinés par des saillies de pierre, s'ouvrent des fenêtres flamboyantes.

Pussay s'est fort accru depuis le temps où le Beauceron, selon sa coutume de donner un sobriquet aux gens et aux bourgs, l'appelait Pussay-le-Capet, c'est-à-dire le niais. Il n'y avait que 94 feux en 1710; le nombre d'habitants avait atteint 1 245 en 1885; aujourd'hui, c'est-à-dire après vingt ans, il est de 2 104. C'est le plus gros centre du canton et il paraît encore appelé à grandir.

L'industrie de la laine est cause de cette prospérité, industrie spéciale, consacrée à la production du chausson. A l'origine, on faisait surtout du tricot. Les recherches des érudits étampois révèlent que, dès le temps de Louis XIV, on y filait et cardait pour faire le tricot. Les gens de Pussay mettaient en œuvre les laines d'une grande partie de la Beauce. Peu à peu le tricot fit place aux chaussons drapés que l'on allait vendre dans les foires, puis aux tissus tricotés destinés à faire ces chaussures chaudes et économiques. Pendant la première moitié du dix-neuvième siècle et jusqu'à la guerre de 1870, la fabrication se partagea entre une multitude de petits ateliers; le nombre en tomba à quinze, puis à dix; avec la machine on vit encore disparaître d'autres fabriques; actuellement, il n'en reste que trois, mais employant plus d'ouvrières que ne le faisaient dans l'ensemble les petites maisons: il y a 700 travailleurs dans les usines, dont 500 chez M. Brinon, qui est à la tête de cette industrie. Le mouvement d'affaires est évalué à près de 4 millions.

Les produits sont devenus plus variés depuis que la première usine digne de ce nom fut créée par M. Dujoncquoy. Du chausson simple on est passé au chausson doublé, puis au chausson à semelle et enfin au chausson de cuir qui a amené à des chaussures d'intérieur élégamment cambrées.

La manufacture de M. Brinon, où j'ai été cordialement accueilli, fort considérable et d'un vif intérêt, couvre une vaste surface.

Les déchets de laine ou *blousses*, qui sont la base de la fabrication, se tirent de Roubaix et de Tourcoing; ils sont filés dans les usines de Saclas et de Guillerval, où la force motrice a fait installer les manufactures que j'ai signalées [1]. Les filés venus de la vallée de la Juine sont alors tricotés mécaniquement sur le métier circulaire; ils produisent le tissu extérieur du chausson, en pure laine, et la doublure de flanelle obtenue sur une trame de coton. Le tissu doit suivre toutes les phases habituelles de dégraissage, d'apprêt, de blanchiment, de garnissage.

---

1. Voyez page 357.

En sortant des divers ateliers où se poursuit le travail, cette étoffe a pris l'apparence d'un velours à long poil.

Une machine découpe le tissu à l'emporte-pièce, à la forme du pied, d'autres le bordent; le chausson ébauché va alors au foulon, où, sous l'influence des maillets qui le foulent, il change encore une fois d'aspect et devient le feutre connu sous le nom de « drapé de Strasbourg ».

Il faut maintenant teindre le chausson, le mettre en forme, lui faire subir l'apprêt, le doubler de flanelle. On l'envoie ensuite à l'atelier de montage où l'on place la semelle, découpée dans une autre partie de l'usine. Une semelle *première* est fixée à l'aide de colle, une semelle seconde est cousue à celle-ci. Désormais, le travail n'est plus que de la cordonnerie, dont toutes les opérations sont exécutées par des machines agiles et ingénieuses. Les engins les plus perfectionnés ont été adoptés, c'est merveille de voir tant de force unie à tant de rapidité.

Le chausson a amené une grande variété d'articles; pantoufles et babouches d'étoffe — laine ou coton — et de cuir sortent, en énormes quantités, des usines de Pussay. M. Brinon produit de 450 à 500 douzaines par jour; il est même parvenu à 750 douzaines à certains moments de presse.

Les salaires sont relativement élevés, si l'on considère que le bourg est en plein pays rural ; la moyenne atteint 4 fr. par jour. Sauf pour quelques emplois particuliers, tout le travail se fait à la tâche.

Il faut beaucoup d'eau pour ces opérations si complexes. Les usiniers ont dû faire des forages très profonds, par lesquels ils atteignent une nappe puissante, qui s'est bien abaissée depuis le commencement de la période sèche, les pompes vont à 5 mètres plus bas qu'il y a quelques années.

Le bourg n'a pas de service d'eau. Pour alimenter le bétail, il faut encore avoir recours à la pompe mue par un manège ; chaque fermier vient atteler un cheval au brancard et l'eau élevée par cette machine primitive remplit de grands tonneaux de fer ou de bois.

Telle est, esquissée à grands traits, cette intéressante industrie de Pussay, d'autant plus remarquable que ce centre industriel est privé d'eau courante et se trouve éloigné de la voie ferrée. Il a fallu aux manufacturiers beaucoup d'activité et d'esprit d'entreprise pour créer des sines aussi considérables et faire de ce pauvre bourg isolé un des centres travailleurs les plus intéressants de la région de Paris.

De Pussay un chemin poussiéreux s'en va à travers champs vers Chalou-Moulineux; il descend dans la ravine sèche et profonde, qui verra couler un filet d'eau quand on sera dans la période ascensionnelle des eaux souterraines. Bientôt voici Chalou, les sources de la Chalouette, l'étang qui miroite dans sa ceinture de joncs et de roseaux. Hélas! le tableau est changé : les grands peupliers qui encadraient le calme miroir sont tombés sous la cognée, une scierie foraine les débite en planches; il faudra quelques années avant que l'aquatique forêt soit revenue, restituant au site toute sa beauté.

INDEX ALPHABÉTIQUE

DES NOMS DE LIEUX ET DES PRINCIPALES CULTURES ET INDUSTRIES

Pour faciliter les recherches, les noms des départements sont désignés par des lettres majuscules, les chapitres concernant un département sont indiqués par des chiffres romains.

Les noms de provinces, petits pays de l'ancienne France, régions naturelles et colonies, sont en caractères gras.

Les chiffres gras indiquent les parties du volume plus spécialement consacrées à la description des sites ou des centres d'habitation.

Les industries et les cultures sont désignées par des lettres italiques.

Toutes les autres indications, noms de lieux, de montagnes, de pays étrangers, sont en caractères ordinaires.

Pour les départements, se référer au nom de chacun d'eux, à son ordre alphabétique.

A

Abbéville-la-Rivière (Seine-et-Oise), 352, 355.
Abeilles (voyez *Apiculture*).
Ablon (Seine-et-Oise), 271, 273.
Abyme (fontaine de l') [Seine-et-Oise], 210.
Achères (Seine-et-Marne), 219, 231.
Acide nitrique, 11.
Acquebouille (Loiret), 383.
Agglomérés de houille, 16.
Albert (Somme), 338.
Allemagne, 46.
Allier (rivière), 180.
Alpes, 95, 112, 165.
ALPES (BASSES-), **384**.
Amiens (Somme), 42.

Ancre (rivière), 338.
Angerville (Seine-et-Oise), 364, 365, 387 à 393.
Angleterre, 46.
Angoulème (Charente), 277, 301.
Angoumois, 324.
Anjou, 180.
Annonay (Ardèche), 277.
Anvers (Belgique), 46.
Apiculture, **219**, **220**, 364, 375.
Aqueduc de la Vanne, 10, 12, 13, 18, 24, 35, 49, 153, 162, 201, 213, 241, 295.
Arbonne (Seine-et-Marne), 159, 164.
Arconville (Loiret), 383.
Argenteuil (Seine-et-Oise), 284.
Arles (Bouches-du-Rhône), 91.

INDEX ALPHABÉTIQUE

Arrancourt (Seine-et-Oise), 352, 354, 355.
Arthenay (plateau et ferme d') [Seine-et-Oise], **301 à 307**.
Arthenay (Loiret), 389.
Asperge, 157.
Athis (Seine-et-Oise), 270, 271.
Augerville-la-Rivière (Loiret), 377, 378.
Automobiles, 261.
Autruy (Loiret), 394.
Auvergne, 64, 180.
Auvernaux (Seine-et-Oise), 210, 211.
Auvers-Saint-Georges (Seine-et-Oise), 335.
Auvers-sur-Oise (Seine-et-Oise), 38.
Auvézère (rivière), 4.
Auxonne (Côte-d'Or), 394.
Auxonnettes (Seine-et-Marne), 210.
Avon (Seine-et-Marne), **102, 103**, 200.
Avre (rivière), 296.
Azincourt (Pas-de-Calais), 398.

B

Babouches, 395.
Bagneaux (Seine-et-Marne), 50, 51.
Ballancourt (Seine-et-Oise), 296.
Barbizon (Seine-et-Marne), 30, 37, 140, **144 à 147**, 155, 203, 204, 207, 215.
Bas-Coudray (le) [Seine-et-Oise], 50, **85 à 87**.
Bassecour (écluse) [Seine-et-Marne], 60.

Bas-Vignons (les) [Seine-et-Oise], 50, **88, 89**, 91, 277, 287.
Baulne (Seine-et-Oise), 303.
Bazoches-les-Gallerandes (Loiret), 382, 383.
Beauce, 218, 221, 222, **311 à 399**.
Beauce chartraine, 365.
Beauce pithiveraise ou **pituéraise**, 220, **366 à 386**.
Beauce (Haute), voyez *Haute Beauce*.
Beaulieu (Seine-et-Marne), 87.
Beaune-la-Rolande (Loiret), 222, 372.
Beauvais (Oise), 76.
Beauvais (Seine-et-Oise), 210, 211.
Beauvais (ferme de) [Seine-et-Oise], 319.
Beffes (Cher), 75.
Belgique (royaume de), 46, 323.
Bellebat (bois de) [Loiret], 377.
Belles-Fontaines (château des) [Seine-et-Marne], 23.
Bel-Ombre (château), 78, 79.
Berry (canal du), 63, 78.
Bersé (forêt de) [voyez *Forêt*].
Béthune (Pas-de-Calais), 73.
Beton-Bazoches (Seine-et-Marne), 389.
Blandy (Seine-et-Oise), 316.
Bierville (Seine-et-Oise), 350, 351.
Bière (pays de), 144, 148, 149, **203 à 215**.

INDEX ALPHABÉTIQUE 403

Bièvre (rivière), 278.
Blennes (Seine-et-Marne), 28.
Bocage gâtinais, 1 à 35, 157, 196.
Bocage vendéen, 2.
Bocage normand, 2.
Boigneville (Seine-et-Oise), 247, 248.
Boigny (près Saclas) [Seine-et-Oise], 352.
Boigny-sur-Essonne (Seine-et-Oise), 303.
Bois-Bretoux (Saône-et-Loire), 46.
Bois-Briard (ferme) [Seine-et-Oise], 262.
Bois-Colombes (Seine), 284.
Bois-le-Roi (Seine-et-Marne), 72, 73, 76, **147,** 148.
Bois Notre-Dame (Seine-et-Marne), 215.
Boissettes (Seine-et-Marne), 79.
Boissise-la-Bertrand (Seine-et-Marne), 82.
Boissise-le-Roi (Seine-et-Marne), 82.
Boissy-aux-Cailles (Seine-et-Marne), 222.
Boissy-la-Rivière (Seine-et-Oise), 350.
Boissy-le-Cutté (Seine-et-Oise), 247, 317.
Bondaroy (Loiret), 377.
Bonnevault (Seine-et-Marne), 43, 47, 48, 75.
Bonvillers (Seine-et-Oise) 318, 319.
Bouchet (Le) [Seine-et-Oise], **298 à 302,** 331.

Boulancourt (Loiret), 223.
Bouray (Seine-et-Oise), **308, 309,** 330.
Bourgogne, 33, 180.
Bourgogne (canal de), 59, 66.
Bourron (Seine-et-Marne), 38, 155, 157, 201, **216 à 218.**
Boutigny (Seine-et-Oise), 245.
Boutervilliers (Seine-et-Oise), 341.
Bouville (Grand et Petit-) [Seine-et-Oise], 317, 318.
Bouzonville (Loiret), 379.
Boynes (Loiret), 377.
Brie, 17, 22, 62, 177, 194, 196, 215, 262, 263.
Bretagne, 165, 371.
Briare (canal de), 63.
Briarres (Loiret), 375.
Brière-les-Scellés (Seine-et-Oise), 337.
Briqueterie, 266.
Briquettes de charbon, 10.
Brosse (château de la) [Seine-et-Marne], 20.
Brunehaut (château) [Seine-et-Oise], 335.
Bruxelles (Belgique), 42.
Buisson (château du) [Seine-et-Oise], 50, 210.
Buisson de Massoury (bois), 72.
By (Seine-et-Marne), 16, 17, 67, 68, 100, 177.

C

Cahors (Lot), 181, 194.
Cailles (moulin des) [Seine-et-Oise], 360.

INDEX ALPHABÉTIQUE

Cannes - Écluse (Seine - et - Marne), 24.
Caramels, 310.
Carrières, 130 à 132.
Causses, 165.
Caux (pays de), 310.
Cave (hameau et écluse) [Seine-et-Marne], 72, 73.
Celle (la) [Seine-et-Marne], 62.
Cély (Seine-et-Marne), 214.
Cenive (tour de) [Seine-et-Oise], 342.
Cent-Arpents (bois des) [Seine-et-Oise], 352.
Cerny (rue de), 247, 248, 304, 306.
Cerny (Seine-et-Oise), 306, 317.
Cesson (Seine-et-Marne), 84.
Cévennes, 112.
Chevry-en-Sereine (Seine-et-Marne), 3, 4, 7.
Chagny (Saône-et-Loire), 46.
Chagrenon (moulin de) [Seine-et-Oise], 335.
Chailleau (Seine-et-Marne), 31.
Chailly-en-Bière (Seine-et-Marne), 145, 187, 204, 205, 215.
Chaintreauville (Seine-et-Marne), 47, 49.
Chaintreaux (Seine-et-Marne), 52.
Châlo-Saint-Mars (Seine-et-Oise), 340, 341, 342, 343.
Chalon-sur-Saône (Saône-et-Loire), 66.
Châlons-sur-Marne (Marne), 105.
Chalou (Seine-et-Marne), 344.

Chalouette (rivière), 322, 327, 328, 329, 335, 338, 340 à 347, 349, 397.
Chalou - Moulineux (Seine-et-Oise), **343 à 346**, 399.
Chamarande (château de) [Seine-et-Oise], 333, 334.
Champagne (bois de) [Seine-et-Marne], 194.
Champagne-sur-Seine (Seine-et-Marne), 16, 35, 69, 70, 183, **188 à 193**.
Champeueil (Seine-et-Oise), 210.
Champigny (Seine-et-Oise), 336.
Champrond (Seine-et-Oise), 340.
Champrosay (Seine-et-Oise), 268.
Changis (Seine-et-Marne), 102.
Changis (ru de), 200.
Chantemerle (usine de) [Seine-et-Oise], 255, 278.
Chantereine (moulin de) [Seine-et-Oise], 260.
Chapeau de soie, **284 à 294**.
Chapelle-la-Reine (la) [Seine-et-Marne], 218, **220, 221**.
Chapitre (ferme du) [Seine-et-Marne], 218.
Chartres (Eure-et-Loir), 42, 363, 384.
Chartrettes (Seine-et-Marne), 73, 76.
Chasselas de Fontainebleau, 16, 68, **175 à 187**.
Château-Landon (Seine-et-Marne), 51.
Châtelet (Le) [Seine-et-Marne], 17, 22.

INDEX ALPHABÉTIQUE   405

Châtillon (Grand et Petit-) [Seine-et-Oise], 269, 270.
Châtillon-le-Roi (Loiret), 381.
Chauffontaines (Belgique), 42.
Chaussons, 395.
Chaussures, **393 à 399**.
Cherbourg (Manche), 132.
Cherel (château de) [Seine-et-Oise], 341.
Chevaux (élevage des), 33.
Chevrainvilliers (Seine-et-Marne), 50.
Choisy-le-Roi (Seine), 273.
Citanguette (écluse de la), 84.
Clercs (moulin des) [Seine-et-Oise], 350, 351.
Climont (rivière), voyez *Esclimont*.
Coches (port parisien des), 261.
Commanderie (bois de la) [Seine-et-Marne], 39, 48.
Compiègne (forêt de) [voyez *Forêt*].
Confiserie, 206.
Corbeil (Seine-et-Oise), 84, **89 à 91**, 207, 208, 237, **250 à 260**, 263, 264, 265, 266, 274, 282, 294, 298, 322, 321, 325.
Corbeil-Essonnes (gare de) [Seine-et-Oise], 252.
Coudray (le) [Seine-et-Oise], 85.
Coudray-Montceaux (le) [Seine-et-Oise], 85, 218.
Coulanges-sur-Yonne (Yonne), 58.
Cour-des-Bois (ferme de la) [Seine-et-Marne], 230.
Courances (Seine-et-Marne), 207, 238, **239, 240**.

Courcouronne (Seine-et-Oise), 311.
Courdimanche (Seine-et-Oise), 245, 246.
Courpain (Seine-et-Oise), 353, 354.
Crécy-en-Ponthieu (Somme), 393.
Cresson (culture du), 246, 339, 340.
Creusot (Le) [Saône-et-Loire], 46, 69, 188, 190, 193.
Cugay (Seine-et-Marne), 11.
Cuinchy (Pas-de-Calais), 46.

D

Dammarie-les-Lys (Seine-et-Marne), 79, 186, 206.
Dannemois (Seine-et-Oise), 213, **240, 242**.
Darvault (Seine-et-Marne), 39, 46, 52, 53.
Decauville (ateliers), 261, 262.
Denainvilliers (Loiret), 370.
Deule (canal de la), 89.
D'Huison-Longueville (Seine-et-Oise), 247.
Dormelles (Seine-et-Marne), 23, 29, **30**, 34.
Dourdan (Seine-et-Oise), 322.
Draveil (Seine-et-Oise), 268, 270.
Dynamite, 11.

E

Écharcon (Seine-et-Oise), 283, 296, 310.

École (rivière), 82, 163, 203, 207, 209, 210, 215, 221, **228 à 243**.
École d'application de l'artillerie et du génie, 103, 104, 119.
École d'artillerie et du génie de Versailles, 105.
Écuelles (Seine-et-Marne), 16, 35.
Effondré (Seine-et-Marne), 171, 193, 195.
Égreville (Seine-et-Marne), 2, 6, 7, 29, 33, 52, 235.
Égrisellcs-le-Bocage (Yonne), 4.
Elbe (Ile d'), 96.
Électricité, **188 à 193**.
Épernay (Marne), 284.
Épisy (Seine-et-Marne), 11, 35.
Ermenonville (Oise), 371.
Escaudœuvres (Nord), 46.
Escaut (fleuve), 89.
Esclimont ou Climont (rivière), 314, **352 à 356**.
Esmans (Seine-et-Marne), 24.
Essonne (rivière), 87, 132, 218, **222 à 229, 244 à 251, 273, 275** à 311, 322, 367, 368, 373, 375.
Essonnes (Seine-et-Oise), 88, 208, 251, 252, 255, 256, 257, **275 à 295**, 296, 301.
Estouy (Loiret), 369, 377.
Étampes (Seine-et-Oise), 242, 313, **319 à 331**, 335, 336, 337, 338, 344, 346, 347, 368, 378.

Étampois, 312 à 365, 387 à 399.
Étiolles (Seine-et-Oise), 267.
Étréchy (Seine-et-Oise), 334, 335.
EURE-ET-LOIR, **384 à 386, 392, 393**.
Évry (Seine-et-Oise), 267, 268.

F

Faronville (Loiret), 383.
Fauville (ferme de) [Seine-et-Oise], 360.
Fay-lès-Nemours (Seine-et-Marne), 51.
Ferrotte (Seine-et-Marne), 39.
Ferté-Alais (La) [Seine-et-Oise], 247, 248, 249, **303 à 305**.
Filatures de laine, **357, 358**.
Flagy (Seine-et-Marne), 23, 25, 29.
Flandre, 66, 196, 301.
Fleurs artificielles, 296.
Fleury-en-Bière (Seine-et-Marne), **203, 204**, 214.
Fleury-Mérogis (Seine-et-Oise), 311.
Fontaine des Gros-Ormes (Seine-et-Marne), 7.
— de l'Abyme (Seine-et-Oise), 210.
— Carrée (Seine-et-Marne), 7.
— de la Cave (Seine-et-Marne), 28.
— de Dy (Seine-et-Marne), 34.
— du Grand-Abîme (Seine-et-Marne), 31, 33.

INDEX ALPHABÉTIQUE 407

Fontaine Jean-des-Neiges (Seine-et-Marne), 7.
— des Moines (Seine-et-Marne), 28.
— Pesée (la) [Seine-et-Oise], 348.
— Saint-Thomas (Seine-et-Marne), 7, 10, 11.
— Sucrée (la) [Seine-et-Oise], 247.
Fontainebleau (Seine-et-Marne), 42, **92 à 119**, 120, 138, 140, 152, 154, 169, 170, 176, 179, 197, 200, 205, 238, 239.
Fontaine-la-Rivière (Seine-et-Oise), 352, 353, 354, 355.
Fontaine-le-Port (Seine-et-Marne), 72.
Fontaine-Livault (Seine-et-Oise), 334, 335.
Fontenay-le-Vicomte (Seine-et-Oise), 297.
Fontenette (Seine-et-Oise), 355.
Forêt de Bersé, 125.
— de Compiègne, 125, 129.
— de Diant, 24.
Forêt de Fontainebleau, 11, 22, 35, 36, 39, 62, 70, 71, 72, 73, 76, **120 à 202**, 203, 209, 213, 230, 242.

Lieux-dits dans la forêt de Fontainebleau.

Apremont (gorges d'), 142, 146.
Bas-Bréau, 123, 143, 146, 148, 151, 155, 200.
Cabinet-de-Monseigneur, 150.
Caverne d'Augas, 200.
Chantoiseau, 171.
Croix de Guise, 170.
Croix de Saint-Hérem, 153.
Croix de Souvray, 159.
Cuvier-Châtillon, 146, 151.
Dolmen d'Adolphe Joanne, 199.
Épine (carrefour de l'), 143.
Fort-l'Empereur (voyez *Tour Denecourt*).
Franchard (croix de), 134.
Franchard (gorges de), 134, 164, **165 à 167**.
Gorge du Houx, 168.
Gorge-aux-Loups, 154, 155, 202.
Grands-Feuillards (les), 169.
Gros-Fouteau, 123.
Gros-Sablons (les), 204.
Hautes-Plaines, 163.
Long-Rocher, 202.
Mare à Beauge, 148.
Mare aux Évées, 148.
Mares aux Fourmis, 158.
Marion des Roches, 202.
Mont Andart, 170.
Mont Chauvet, 199.
Monts de Faye, 149.
Mont Fessas, 169.
Mont Ussy, 199.
Nid-aux-Corbeaux, 158.
Pharamond (chêne), 142.
Plaine de Sermaise, 72.
Prieuré de Franchard, 166.
Roche qui Pleure (la), 166, 167.
Rocher d'Arbonne, 165.
Rocher d'Avon, 170.
Rocher Cassepot, 197, 198.
Rochers de Milly, 162, 201.

Rocher Saint-Germain, 199.
Route Ronde, 167.
Sables-d'Arbonne (les), 164.
Salamandre (rochers de la), 152, 153, 201.
Tillaie (la), 123.
Tour Denecourt ou Fort-l'Empereur, 197, 198.
Vallée Creuse, 149.
Vallée Mavoisine, 157.
Vallée de la Solle, 199.
Vente-à-la-Reine, 154, 155.
Ventes-à-la-Reine (les), 123.

Forêt d'Orléans, 367, 376.
— de Perseigne, 125.
— de Rougeau, 84.
— de Seguigny, 268.
— de Sénart, 267.
— de Villers-Cotterêts, 125.
Forez, 12.
Forges (Seine-et-Marne), 214.
Forteresse (ferme de la) [Seine-et-Marne], 28, 29.
Fosse (château de la) [Seine-et-Oise], 342.
Fournies (Nord), 357.
Francfort-sur-le-Mein (Allemagne), 42.
Frémigny (château de) [Seine-et-Oise], 308.
Fresnes (ferme de) [Seine-et-Marne], 25.
Fromont (Seine-et-Marne), 222.
Fromont (château de) [Seine-et-Oise], 268.
Fromonville (Seine-et-Marne), 39, 53.

G

Gardon (rivière), 20.
Gardonnenque (pays de la), 22.
Garsonval (Seine-et-Oise), 359.
Gâtinais (le volume).
Gâtinais beauceron, 216 à 231, 244.
Gâtinais orléanais, 2, 11.
Genevraye (la) [Seine-et-Marne], 11.
Gévaudan, 213.
Gillevoisin (Seine-et-Oise), 333.
Grand-Bouville (le) [Seine-et-Oise], 318.
Grand-Frenneville (le) [Seine-et-Oise], 317.
Grande-Paroisse (la) [Seine-et-Marne], 60.
Grange-des-Noyers (ferme) [Seine-et-Oise], 315.
Grenet (moulin de) [Seine-et-Oise], 360.
Grès (extraction du), **130 à 132**, 304, 352.
Gréville (Manche), 144.
Grez-sur-Loing (Seine-et-Marne), 38.
Grigneville (Loiret), 389.
Grigny (Seine-et-Oise), 269.
Gué (moulin du) [Seine-et-Oise], 303.
Guercheville (Seine-et-Marne), 221.
Guerville (moulin) [Seine-et-Oise], 342.
Guette (tour de la) [Seine-et-Marne], 174, 196, 198.

INDEX ALPHABÉTIQUE

Guigneville (Seine-et-Oise), 247.
Guignonville (Loiret), 389.
Guillerval (Seine-et-Oise), 355, 358, 398.

H

Hague (presqu'île de la), 144.
Hainaut, 66, 124.
Haute Beauce, 311 à 394.
Heidelberg (Allemagne), 42.
Hem-Lenglet (Nord), 72.
Herbeauvillers (Seine-et-Marne), 222.
Herboristerie, 237.
Héricy (Ile de)[Seine-et-Marne], 71.
Hernani (Espagne), 42.
Hollande, 78, 266.
Horticulture, 237.
Houdan (Seine-et-Oise), 237.
Huelgoat (Finistère), 49.
Hurepoix, 253, 265, 305, 319, 320, 330, 337.

I

Ile-de-France (le volume).
Ile Maubelle (Étampes), 319.
Invault (Loiret) 367.
Italie (royaume d'), 323.
Itteville (Seine-et-Oise), 296, 301.

J

Janville-sur-Juine (Seine-et-Oise), 333.

Jeanne d'Arc, 393.
Jeurse (Seine-et-Oise), 336.
Josaphat (abbaye de) [Eure-et-Loir], 316.
Josaphat (vallée de) [voyez *Vallée*].
Journée des Harengs (champ de bataille de la) [Eure-et-Loir], 392, 393.
Jouy-en-Josas (Seine-et-Oise), 278.
Jouy-en-Pithiverais (Loiret), 381.
Juine (rivière), 298, 307, 314, **319 à 364.**
Juineteau (rivière), 319, 336, 347, 348.
Jura, 95, 165.
Juvisy (Seine-et-Oise), 279, 313.

L

Laine, 395 et suivantes.
Laiterie, 390.
Landes, 161.
Landreville (Seine-et-Oise), 350.
Landreville (Loiret), 383.
Larchant (Seine-et-Marne), **48, 49**, 218.
Lardy (Seine-et-Oise), 308, 309, 332, 333.
Laroche (Yonne), 59.
La Rochefoucauld (Charente), 185.
Lens (canal de), 89.
Leudeville (Seine-et-Oise), 310.
Lèves (Eure-et-Loir), 316.
Liège plastique, 16.

Lille (Nord), 46.
Limagne d'Auvergne, 180.
Limousin, 165, 213.
Loges (ferme des) [Seine-et-Marne], 61.
Loing (rivière), 2, 10, **12 à 17**, 34, 35, **36 à 52**, 63, 64, 154, 196, 201, 218.
Loing (canal du), 11, 43, 63, 321.
Loire (fleuve), 75, 321, 322, 323.
LOIRET, **223 à 229**, 316, **366 à 386**.
Longuetoise (château de)[Seine-et-Oise], 341.
Longueville (Seine-et-Oise), 247, 317.
Lorrez-le-Bocage (Seine-et-Marne), 1, **4 à 7**, 52.
LOT-ET-GARONNE, 183.
Louette (rivière), 322, 327, 329, 336, 338, 340, 341.
Louviers (Eure), 42.
Lunain (rivière), 2, **3**, 11, 49.
Lyon (Rhône), 67, 91, 98, 284.
Lys (ancienne abbaye du) [Seine-et-Marne], 206.

M

Macherin, 204.
Mâconnais, 181.
Madeleine (écluse de la) [Seine-et-Marne], 61.
Maine, 124.
Mainvilliers (Loiret), 316.
Maisoncelles (Loiret), 367.
Maisse (Seine-et-Oise), 243, **245, 246**, 312 à 314.
Malesherbes (Loiret), **223 à 228**, 259, 299, 377.
Malgovrès (pays de), 20.
Manchecourt (Loiret), 307, 308.
Mansle (Charente), 185.
Marancourt (Seine-et-Oise), 354.
Marette (ruisseau de la), 358, 359.
Marlanval (Seine-et-Marne), 221.
Marlotte (Seine-et-Marne), 30, 37, 154, 155, 202, 216.
Marolles-en-Beauce (Seine-et-Oise), 351.
Marolles-en-Hurepoix (Seine-et-Oise), 309, 310.
Marsainvilliers (Loiret), 367.
Maupertuis (Seine-et-Marne), 361.
Mazagran (Algérie), 224.
Melun (Seine-et-Marne), 76, 78, 95, 145, 186, 205, 207, 238.
Memorant (château de), 215.
Ménil-Giraut (Le) [Seine-et-Oise], 351.
Mennecy (Seine-et-Oise), 296.
Méréville (Seine-et-Oise), 336, **360 à 365**.
Mesnil (Le) [Seine-et-Oise], 350.
Mesnil-Voisin (château du) [Seine-et-Oise], 308, 332.
Metz (Lorraine), 106, 116.
Meudon (Seine-et-Oise), 129.

Moulière (pierre), 263, 269, 319.
Meuse (fleuve), 78.
Mézières (Ardennes), 106.
Miel, **219, 220,** 374, 375,
Milly (Seine-et-Oise), 207, 231, 232 à 238, 243, 313, 321.
Minoterie, 90, **256** à **261,** 327, 328, 386.
Miserey (bois et rocher de) [Seine-et-Oise], 246, 247.
Moigny (Seine-et-Oise), 238.
Monceau (Loiret), 376.
Monnerville (Seine-et-Oise), 359, 394.
Montagne (bois de la) [Seine-et-Marne], 29.
Montaigu (butte de) [Seine-et-Marne], 30, 34.
Montarlot (Seine-et-Marne), 34.
Montargis (Loiret), 63, 64, 180.
Montceaux (le Coudray) [Seine-et-Oise], 209.
Montereau (Seine-et-Marne), 2, 19, 22, 29, 34, **56** à **59,** 95.
Montfort-l'Amaury (Seine-et-Oise), 42.
Montforts (les) [Seine-et-Marne], 177.
Monties (bois des) [Seine-et-Oise], 210.
Montigny-sur-Loing (Seine-et-Marne), 37, 201.
Montlignon (Seine-et-Marne), 210.
Montluçon (Allier), 46.

Montmachoux (Seine-et-Marne), 23, **24, 25.**
Montmorency (Seine-et-Oise), 42.
Montreau (Seine-et-Oise), 365.
Montreuil-sous-Bois (Seine), 174.
Moret (Seine-et-Marne), **12** à **17,** 18, 35, 196.
Moret (étang de), 34.
Morigny (Seine-et-Oise), 335, 336, 337.
Morsang-sur-Seine (Seine-et-Oise), 85, 209.
Mortefontaine (Oise), 360.
Morvan, 24, 32, 56, 66.
Motte (château de la) [Seine-et-Marne], 29.
Moulineux (Seine-et-Oise), **344** à **346.**
Moulin-Galant (Seine-et-Oise), 283, 295.
Moulins (voyez *Minoterie*).

N

Nainville (Seine-et-Oise), 211, 217.
Nangis (Seine-et-Marne), 194.
Nanteau-sur-Essonne (Seine-et-Marne), 228.
Nanteau-sur-Lunain (Seine-et-Marne), 8, 9.
Navigation, **55** à **91, 266** à **274.**
Nemours (Seine-et-Marne), 2, **41** à **46,** 53, 75, 154, 307.
Neuvy-sur-Loire (Nièvre), 69.
Nîmes (Gard), 284.
Nivernais, 33.

412 INDEX ALPHABÉTIQUE

Nivernais (canal du), 50, 66.
Noisy-le-Sec (Seine-et-Marne), 20.
Noisy-sur-École (Seine-et-Marne), 231.
Nonette (rivière), 339.
Nonville (Seine-et-Marne), 10.
NORD, 72.
Normandie, 302.
Norvège (royaume de), 282.
Notre-Dame-de-Grâce (chapelle) [Seine-et-Marne], 103.
Noye (rivière), 297.
Nuremberg (Allemagne), 42.

O

Obterre (Seine-et-Oise), 341.
Œuf (rivière), 373, 376, 277.
Œufs de fourmis, 206.
Oise (rivière), 38.
Oncy (Seine-et-Oise), 231.
Orge (rivière), 273.
Orgenoy (Seine-et-Marne), 82.
Orléanais (voir aussi LOIRET), 321.
Orléans (Loiret), 322, 358.
Orléans (canal d'), 63.
Orléans (forêt d') [voyez Forêt].
Orlu (Eure-et-Loir), 346.
Orme (Loiret), 379.
Ormesson (Seine-et-Marne), 50.
Ormoy (Seine-et-Oise), 296.
Ormoy-la-Rivière (Seine-et-Oise), 350.
Ortures (les) [Seine-et-Marne], 8.

Orvanne (rivière), 2, 3, 13, 18, **23 à 35**.
Orveau (Seine-et-Oise), 317, 247.
Ouestreville (Eure-et-Loir), 390.
Ourcq (canal de l'), 67.
Outarville (Loiret), 379.
Outils (fabrique d'), 353.

P

Paleau (Seine-et-Oise), 301.
Paley (Seine-et-Marne), 7, 8.
Pantoufles, 397.
Papeterie, 257, **276 à 284**, 296, 302.
Patay (Loiret), 384.
Pâtés d'alouettes, **373, 375**.
Pâtés de gibier, 342.
Pavés (voyez Grès).
Pêcher (culture du), 174.
Pépinières, 206.
Périgord, 165, 318.
Perseigne (forêt de) [voyez Forêt].
Perthes (Seine-et-Marne), 215.
Petit-Bourg (château du) [Seine-et-Oise], 267.
Petit-Bourg (usines de) [Seine-et-Oise], 256, **261 à 265**.
Petit-Châtillon (Seine-et-Oise), 269.
Petit-Saint-Mars, 347, 348.
Petit-Samois (Seine-et-Marne), 71.
Petit-Fresneville (Seine-et-Oise), 315.
Pierre de Sault (la) [Seine-et-Marne], 50.

Pierrefite (Saint-Hilaire) [Seine-et-Oise], 339.
Pierrefrite (dolmen) [Seine-et-Marne], 10.
Pierre-Levée (dolmen) [Seine-et-Oise], 32.
Pigelet (Seine-et-Marne), 47.
Pilliers (Seine-et-Marne), 32.
Pithiviers (Loiret), 303, 368, **369 à 376**, 380.
Pithiviers-le-Vieil (Loiret), 375, 376.
Plantes médicinales, 237.
Plessis-Chenet (Seine-et-Oise), 208.
Poisereau (ferme de) [Seine-et-Marne], 230.
Poitiers (Vienne), **393 à 399**.
Poitou, 325.
Poligny (Seine-et-Marne), 51.
Pommes, 64.
Pommes de terre, 157, 384.
Ponthierry (Seine-et-Marne), **82, 83**, 210.
Porte (château de la), 304.
Portes (château des) [Seine-et-Marne], 210.
Poudrerie, 298 à 302.
Préaux (Seine-et-Marne), 52, 53.
Presles (château de) [Seine-et-Oise], 248, 304.
Pressoir-Prompt (le) [Seine-et-Oise], 208, 283, 284.
Pressoirs-du-Roi (château des) [Seine-et-Marne], 71, 174, **193 à 198**.
Pringy (Seine-et-Marne), 82, 83, 214.

Prunay (Seine-et-Oise), 249.
Puisaye, 69.
Puiselet-le-Marais (Seine-et-Oise), 317.
Pussay (Seine-et-Oise), 353, 357, 363, **393 à 397**.

R

Ramoulu (Loiret), 367, 368.
Rebais (ruisseau du), 213, 214.
Recloses (Seine-et-Marne), 155, **156, 157**, 219.
Reims (Marne), 357.
Remauville (Seine-et-Marne), 52.
Rhin (fleuve), 78, 181.
Rhône (fleuve), 56, 91.
Riga (Russie), 126.
Rimarde (rivière), 373, 376, 377.
Ripault (Le) [Indre-et-Loire], 301.
Ris (Seine-et-Oise), 268.
Rives-sur-Fure (Isère), 277.
Rivière d'Étampes (voir aussi *Juine* et *Essonne*), 322.
Roanne (Loire), 12, 46, 66.
Roches (château des) [Seine-et-Marne], 84.
Roche-Cassée (la) [Seine-et-Marne], 205.
Roche-Bée (la) [Seine-et-Oise], 352.
Rochette (la) [Seine-et-Marne], 76, 206.
Roubaix (Nord), 358, 396.
Rouen (Seine-Inférieure), 42, 46.
Rougeau (forêt de) [voyez *Forêt*].

INDEX ALPHABÉTIQUE

Rouville (château de) [Loiret], 287, 249.
Rouvray-Saint-Denis (Eure-et-Loir), 392, 393.
Rubrette (Seine-et-Marne), 60.
Ruisseau (le) [Seine-et-Oise], 239.
Rumont (Seine-et-Marne), 222.

S

Sable (*carrières de*), 39, **46** à **48**, 52, 53, 89, 269, 271, 307.
Saclas (Seine-et-Oise), 352, 353, 356, 396.
Safran, 374.
Saint-Ambroise (faubourg de Melun), 206.
Saint-Ange (château de) [Seine-et-Marne], 31, 32.
Saint-Ciers (Charente), 185.
Saint-Cyr-la-Rivière (Seine-et-Oise), 352, 353.
Saint-Denis (filature) [Seine-et-Oise], 300.
Saint-Denis (Seine), 42.
Saint-Fargeau (Seine-et-Marne), 83.
Saint-Germain-lès-Corbeil (Seine-et-Oise), 251, 255.
Saint-Germain-sur-École (Seine-et-Marne), 213.
Saint-Goar (Allemagne), 42.
Saint-Hilaire (Seine-et-Oise), 339, 340, 341.
Saint-Liesne (Seine-et-Marne), 8.

Saint-Louis (ferme de) [Seine-et-Marne], 53.
Saint-Mammès, 16, 59, **62** à **67**, 174.
Saint-Mars (château de) [Seine-et-Oise], 342.
Saint-Martin (faubourg d'Étampes), 339.
Saint-Martin-en-Bière (Seine-et-Marne), 204, 214.
Saint-Père (quartier de Méréville) [Seine-et-Oise], 364.
Saint-Pierre (faubourg d'Étampes), 319.
Saint-Pierre-lès-Nemours (Seine-et-Marne), 40.
Saint-Sauveur-sur-École (Seine-et-Marne), 82, 215.
Saint-Vrain (Seine-et-Oise), 309.
Sainte-Assise (Seine-et-Marne), 83.
Saintes-Maries-de-la-Mer (les) (Bouches-du-Rhône), 324.
Sainte-Radegonde (château et ferme de) [Seine-et-Oise], 209.
Saintry (Seine-et-Oise), 251, 89.
Samois (Seine-et-Marne), 71.
Samoreau (Seine-et-Marne), 197, 200.
Saône (rivière), 56.
Saumur (Maine-et-Loire), 107, 111, 112.
Sebouville (Loiret), 381.
Seguigny (forêt de) [voyez *Forêt*].
Ségur (Corrèze), 4.

INDEX ALPHABÉTIQUE 415

Seine (fleuve), 1, 11, 17, 22, 35, **55 à 91**, 172, 173, 177, 179, 190, 193 à 198, 200, 205, 206, 207, 208, 209, **259 à 275**, 276, 278, 283, 321.
SEINE-ET-MARNE, **1 à 85, 92 à 222**, 207, 210, **218 à 222**, 223, **228 à 231**.
SEINE-ET-OISE, **85 à 91, 208 à 213, 231 à 364, 387 à 397**.
Sermaise (château et plaine de) [Seine-et-Marne], 72, 73.
Sermaises (Loiret), **356 à 358**.
Sénart (forêt de) [voyez *Forêt*].
Sénonais, 53, 26.
Sensée (canal de la), 72.
Sidobre, 49.
Soisy-sous-Étiolles (Seine-et-Oise), 268.
Soisy-sur-École (Seine-et-Oise), 213, 242.
Sologne, 133, 219, 375.
Somme (fleuve), 297.
Sorgues (Seine-et-Marne), 201.
Souppes (Seine-et-Marne), 51, 52.
Sucre d'orge de Moret, 15.
Sucrerie, 296, 335, 337, 375, 386.

T

Tancarville (Seine-Inférieure), 42.
Tarbes (Hautes-Pyrennés), 161.
Tardoire (rivière), 185.
Tartereta (les) [Seine-et-Oise], 266.
Tavers (château de) [Seine-et-Marne], 61.
Temple (le), ruines (Seine-et-Oise), 339.
Tertre noir (le) [Seine-et-Oise], 212, 213, 242.
Tertre blanc (le) [Seine-et-Oise], 212, 213, 242.
Tertre Doux (le) [Seine-et-Marne], 23, 24.
Thomery (Seine-et-Marne), 16, 68, 69, 70, 100, 147. **171 à 187**, 193, 196, 206.
Tilly (Seine-et-Marne), 82.
Torville (Loiret), 381.
Tourbières, 295, 298.
Tournebride de Henri IV (Seine-et-Oise), 209.
Tourcoing (Nord), 396.
Toury (Eure-et-Loir), 378, 379, **384 à 387**.
Tousson (Seine-et-Marne), 229, 231.
Treille du Roi (Fontainebleau), 100, 176.
Trémarts (ru des), 12.
Trétinville (Loiret), 381.
Treuzy (Seine-et-Marne), 10, 187, 193, 196, 206.
Trin (montagne de), 32, 33, 34.
Tronchet (château du), 342.
Troyes (Aube), 56, 277.
Truffes, 319, 337.

U

Ury (Seine-et-Marne), 159, 219.

V

Valence (Seine-et-Marne), 22.
Valence (bois de) [Seine-et-Marne], 194.
Vallées (les) [Seine-et-Marne], 72.
Vallée Huet (la) [Seine-et-Marne], 219.
Vallée de Josaphat (Seine-et-Oise), 317.
Vallée Mavoisine (Seine-et-Marne), 157.
Vallée Parrain (Seine-et-Oise), 360.
Vallery (Yonne), 26.
Valnay (château de) [Seine-et-Oise], 341.
Valois, 124.
Valpuiseaux (Seine-et-Oise), 314, 317, 318.
Valvins (Seine-et-Marne), 99, 197.
Vanne (aqueduc de la) [voyez *Aqueduc*].
Vannes (Morbihan), 116.
Varangéville (Meurthe-et-Moselle), 46.
Varennes (Seine-et-Marne), 59.
Varennes (chapelle de) [Seine-et-Oise], 317.
Vaudoué (le) [Seine-et-Marne], **229 à 231.**
Vaujouan (moulin de) [Seine-et-Oise], 339.
Vauroux (moulin de), 348.
Vaux (moulin de) [Seine-et-Oise], 335.
Vaux-le-Pénil (château de) [Seine-et-Marne], 76, 78.
Vayres (Seine-et-Oise), 246.
Velay, 163.
Véluette (ruisseau de la), 249.
Veneux-Nadon (Seine-et-Marne), 16, 183, 201.
Vernou (Seine-et-Marne), 61.
Versailles (Seine-et-Oise), 96, 105, 116.
Verrerie, 41.
Vert-le-Grand (Seine-et-Oise), 297, 310.
Vert-le-Petit (Seine-et-Oise), 297, 298, 299, 301.
Videlles (Seine-et-Oise), 213, 241, 242.
Vierville (Eure-et-Loir), 320.
Vierzon (Cher), 46.
Vieux-Marché (quartier de Corbeil), 255.
Vigne (culture de la), **175 à 187**, 206.
Vignay (château de) [Seine-et-Oise], 316.
Vigneux (Seine-et-Oise), 271.
Villabé (Seine-et-Oise), 295.
Ville-Saint-Jacques (Seine-et-Marne), 20.
Villecerf (Seine-et-Marne), 29, **32, 33.**
Villeneuve (Augerville) [Seine-et-Oise], 390.
Villeneuve-de-Berg (Ardèche), 370.
Villeneuve-sur-Auvers (Seine-et-Oise), 335.
Villeneuve-Saint-Georges (Seine-et-Oise), 273.

INDEX ALPHABÉTIQUE

Villemaréchal (Seine-et-Marne), 10.
Villemer (Seine-et-Marne), 10.
Villeron (étang et château de) [Seine-et-Marne], 10, 11.
Villeroy (château de) [Seine-et-Oise], 295.
Villers - Cotterêts (forêt de) [voyez *Forêt*].
Villiers-en-Bière (Seine-et-Marne), 215.
Villiers-sous-Grez (Seine-et-Marne), 39, 217.
Vincennes (Seine), 116.
Vipères, 129, 130.
Viry (Seine-et-Oise), 269.
Viry-Châtillon (Seine-et-Oise), 269, 270.
Vitré (Ille-et-Vilaine), 42.
Vives - Eaux (château des) [Seine-et-Marne], 70, 80.
Vizille (Isère), 98.

Volailles (élevage des), 33.
Vosges, 95, 132, 196.
Voulx (Seine-et-Marne), 3, 26, 28.
Voves (Eure-et-Loir), 384, 390.
Vulaines (Seine-et-Marne), 197, 200.

W

Willebroeck (Belgique), 79.

Y

Yères (rivière), 374.
Yèvre-la-Ville (Loiret), 377.
Yèvre-le-Châtel (Loiret), 376, 377.
YONNE, 4, 7, 26, 273.
Yonne (rivière), 22, 24, 56, 180.
Yvetot (Seine-inférieure), 284.
Yvette (rivière), 132.

TABLE DES CARTES

Vallée inférieure du Lunain, 5.
Vallée inférieure de l'Orvanne, 21.
Entre Nemours et Larchant, 41.
La Seine entre Montereau et Saint-Mammès, 57.
La Seine entre Saint-Mammès et Sermaise, 65.
La Seine entre Sermaise et Beaulieu, 77.
La Seine entre Beaulieu et Morsang, 81.
Fontainebleau, 93.
Forêt de Fontainebleau, 120.
De Moret à Thomery, 173.

La vallée de l'Essonne entre Malesherbes et Boigneville, 226.
Environs de Milly et de Maisse, 235.
La Seine entre Morsang et Ris, 253.
La Seine entre Châtillon et Choisy-le-Roi, 271.
Entre la Juine et l'Essonne, 301.
Étampes, 321.
Formation de la Juine entre Méréville et Saclas, 351.
Environs de Pithiviers, 371.
Angerville, Pussay et le champ de bataille des Harengs, 391.

TABLE DES MATIÈRES

I. — Le Bocage gatinais

Pages.

Les Bocages. — Le Bocage gâtinais. — De Montereau à Lorrez-le-Bocage. — Le pays de Sorcine. — La vallée du Lunain. — Lorrez-le-Bocage. — Pertes et réapparition du Lunain. — La fontaine Jean-des-Neiges et la fontaine Carrée. — Nanteau-sur-Lunain et ses hameaux. — La pierre frite. — La fontaine de Saint-Thomas. — Au bord du Loing. — Le beau paysage de Moret. — By et Rosa Bonheur. — La colonne de Marie Leczinska 1

II. — La vallée de l'Orvanne

Entre Montereau et l'Orvanne. — Florian, Estelle et Némorin. — Le plateau du Bocage. — Au bord de l'Orvanne. — Esmans et sa source. — L'aqueduc de la Vanne. — La butte de Montmachoux. — Voulx. — Le château de Vallery et les tombeaux des Condé. — La forêt de Diant. — La bastide de Flagy. — Dormelles, futur Barbizon. — Où fut le château de Chailleau. — Une œuvre de Pierre Chambiges. — La fontaine de l'Abîme. — La montagne de Trin. — Les volailles et les chevaux du Gâtinais. — Retour à Moret. 19

III. — Nemours et le Loing

Au long du Loing. — Montigny. — La route de Grez-sur-Loing. — Grez et ses peintres. — Villiers-sous-Grez. — Le bois de la Commanderie. — Nemours. — Une page de Victor Hugo. — Villégiature d'artistes dramatiques. — A travers la ville. — L'église et le donjon. — Le port aux sables. — Les carrières de Bonnevault. — Une ville morte : Larchant. — Les rochers de Chaintreauville. — Les sources de la Joie. — Au long du Loing. — La pierre du Sault. — La verrerie de Bagneaux. — Les friches de Poligny. — De Souppes aux sablières de Darvault. 36

IV. — Navigation sur la Seine

Le remorqueur *Saint-Mammès*. — Montereau. — Où fuit l'Yonne. — L'Yonne, la petite Seine et la haute Seine. — Notre train de bateaux. — La descente du fleuve. — D'écluse en écluse. — Saint-Mammès et son port. — Un peuple de mariniers. — Les bateaux sur le Loing. — Une énumération à la façon d'Homère. — Les prix du remorquage. — En longeant la forêt de Fontainebleau. — Notre train d'un demi-kilomètre. — Dans l'écluse de Champagne, à bord du *Marcel* 55

V. — La Seine de la Cave a Corbeil.

La cabine du *Marcel*. — Une famille de mariniers. — Chartrettes. — Le château de Vaux-le-Pénil. — Traversée de Melun. — Éclusage. — Le château des Vives-Eaux. — Les usines de Ponthierry. — Seine-Port. — Le vignoble des Roches. — Une nuit au Bas Coudray. — Un matin de brume. — Le plus grand port du fleuve ; les Bas-Vignons. — Les sablières. — Traversée de Corbeil. — Le port de Petit-Bourg 74

VI. — Fontainebleau

Comment naquit Fontainebleau. — Rendez-vous de chasse. — Aspect de la ville. — Le château. — Rapide visite. — La cour des Adieux. — La cour de la Fontaine. — La cour Ovale. — Les galeries. — Le parc et les jardins. — Les eaux. — La treille du Roi. — Les monuments de Fontainebleau. — Avon, son église. — Les maraîchers 92

VII. — L'École d'application de l'artillerie et du génie

Origines de l'École d'application. — L'École à Metz. — Les premières années de Fontainebleau. — Avant la réforme. — Un couvent militaire. — Les cours. — Le manège. — Passion du cheval. — Sapeurs et artilleurs. — Les Héronnières et le quartier Henri IV. — Après la réforme. — Section technique. — Décadence de l'équitation. — Les peintures du champ de manœuvres 104

VIII. — LA FORÊT DE FONTAINEBLEAU

Pages.

La forêt. — Sa transformation à l'époque moderne. — Les déserts conquis par le pin sylvestre. — Les reboisements. — Les futaies. — Le chêne-Roi. — Le chêne rouvre, sa part dans le peuplement. — Le hêtre. — Le bouleau. — Les premiers semis de pins par le naturaliste Lemonnier. — M. de Bois d'Hyver. — La formation des chaînes de rochers due à l'érosion. — Monts, rochers, platières, vallées, gorges. — La faune. — Le gibier. — Chasse de la vipère. — Les carrières autrefois. — *Pif, paf, pouf*. — Les bûcherons. — Les désastres atmosphériques. — Le revenu de la forêt. — Les incendies. — Les voies de communication. — Les Sylvains Denecourt et Collinet. . . . 120

IX. — LA FORÊT VERS BARBIZON

La croix de Paris. — Les vieux chênes. — Le *Pharamond*. — Au Bas-Bréau. — Barbizon. — Millet et Théodore Rousseau. — La colonie d'autrefois, la colonie d'aujourd'hui. — Bois-le-Roi. — La vallée Creuse. — Les rochers du Cuvier-Châtillon . . . 140

X. — MARLOTTE ET LES GORGES DE FRANCHARD

Le polygone. — La croix de Saint-Hérem. — Les réserves artistiques. — De Bourron à Recloses. — Recloses et ses rochers. — La culture des asperges. La croix de Souvray. — Les Grands-Feuillards. — Dans la grande pinède. — Les rochers de Milly. — Les Hautes-Plaines. — Arbonne et ses sables. — La Roche qui Pleure. — Les gorges de Franchard. — La route du Cèdre. 152

XI. — LES ESPALIERS DE THOMERY

La forêt aux abords de Thomery. — Descente à la Seine. — Les murs de Thomery. — Les espaliers de chasselas. — Les essais de François Charmeux. — Les boutures de la treille du Roi. — Développement de la culture du chasselas. — La population de Thomery. — L'ancien commerce des pommes. — Comment on dispose les murs. — Découverte de la conservation du raisin. — La production de Thomery. — La dynastie des Charmeux. — M. Salomon. — Les forceries. 170

XII. — La Seine et la forêt

Pages.

Champagne-sur-Seine. — Le vieux village. — Une ville naissante. — Les ateliers d'électricité du Creusot. — Visite à l'usine. — Le château des Pressoirs-du-Roi. — La vigne de François Ier. — Effondré. — A la tour de la Guette. — Vulaines et Samoreau. — Valvins. — En forêt. — La tour Denecourt. — La forêt entre Avon et Marlotte 189

XIII. — Le pays de Bière

De Barbizon à Melun. — La plaine de Bière. — Chailly-en-Bière. — Dammarie-les-Lys. — Le Plessis-Chenet. — Montceaux. — Grands domaines agricoles. — Auvernaux. — Nainville et sa ferme. — Tertre blanc et Tertre noir. — Soisy-sur-École. — La vallée du Rebais. — Fleury-en-Bière. — La plaine autour de Perthes 205

XIV. — Le Gatinais beauceron

Bourron et ses cultures. — Ury, Achères et leur industrie apicole. — La Chapelle-la-Reine. — Le ravin de l'École. — La vallée de l'Essonne. — La ville de Malesherbes. — Le président Malesherbes, le capitaine Lelièvre. — Les rochers de l'Essonne. — Le plateau de Tousson. — Descente au Vaudoué. — Dans la vallée de l'École. — Arrivée à Milly 216

XV. — De l'École a l'Essonne

Milly. — Vieilles halles. — La culture maraîchère. — Les plantes médicinales. — Le parc et les sources de Courances. — La colonne de Dannemois. — Videlles. — Le Tertre blanc et le Tertre noir. — La route d'Étampes. — Descente vers l'Essonne. — Maisse. — Les cressonnières de Vayres. — La fontaine Sucrée. — Le vin de Boissy-le-Cutté. — Cerny et sa charte communale. — L'Essonne en amont. — Les rochers de la Véluette 233

XVI. — LA SEINE DE CORBEIL A CHOISY-LE-ROI

Pages.

L'agglomération de Corbeil-Essonnes. — Causes du développement de la double cité. — Corbeil et ses moulins. — Quartier du Vieux-Marché. — Saint-Germain-lès-Corbeil. — Le plus grand moulin de France. — A travers les moulins Darblay. — La production de l'usine. — Voies ferrées et bateaux. — Les ateliers de Petit-Bourg. — Construction des chemins de fer Decauville. — Origines du decauville. — Les meulières de Petit-Bourg. — Reprise de la descente de la Seine. — Bordure de châteaux. — Le transport des meulières et des gadoues. — Le port de Viry-Châtillon. — Les sablières. — Le confluent de l'Orge 251

XVII. — L'INDUSTRIE A ESSONNES

La ville d'Essonnes. — La grande cheminée. — Panorama des usines. — Origine de l'industrie. — Les établissements d'Oberkampf. — M. Féray d'Essonnes. — Les Darblay. — Développement de la papeterie. — Le papier à journaux. — A travers la papeterie. — La chapellerie de soie. — Une corporation imitée du Moyen Age. — Recrutement et formation des ouvriers. — Galetiers, monteurs et tournuriers. — Le syndicat des ouvriers chapeliers. 275

XVIII. — DE L'ESSONNE A LA JUINE

L'Essonne en amont d'Essonnes. — Mennecy et ses industries. — Les tourbières. — Paysages lacustres. — L'archipel du Bouchet. — Pêcheurs parisiens. — La poudrerie du Bouchet. — La Ferté-Alais. — Les carrières de grès. — Extraction et taille des pavés. — Dans le bois d'Itteville. — Bouray et ses châteaux. — Marolles-en-Hurepoix. — Vert-le-Grand. — Retour à l'Essonne. 295

XIX. — L'ÉTAMPOIS

De Maisse à Étampes. — La diligence des plaideurs. — De Maisse au plateau. — Les vallées sèches. — Frenneville. — La vallée de Valpuiseaux. — La vallée de Josaphat. — Le château de Bouville. — Apparition d'Étampes. — Le faubourg Saint-Pierre. — La ville. — L'ancienne navigation de la Juine. — Rôle économique d'Étampes. — Les églises. — La maison de Diane de Poitiers. — Le musée. — Les marchés francs. — Les jardins maraîchers 312

XX. — LA JUINE ET LA CHALOUETTE

Pages.

Les rivières d'Étampes. — Mésopotamie beauceronne. — La basse vallée de la Juine. — Le promontoire de Janville. — Lardy. — Le château de Chamarande. — Étréchy. — Au confluent de la rivière d'Étampes et de la Juine. — Les châteaux de Morigny. — En amont d'Étampes. — La Louette et la Chalouette. — Les cressonnières de Saint-Hilaire. — La vallée de la Chalouette. — Châlo-Saint-Mars. — Les étangs de Chalou-Moulineux. — Le village de Chalou. — Le pèlerinage. — Apparition de Pussay. 330

XXI. — EN REMONTANT LA JUINE

Saint-Mars et le général de Poilloüe de Saint-Mars. — La source du Juineteau. — La Juine sauvage. — Boissy-la-Rivière. — Autour de Marolles-en-Beauce. — Le ru de Climont. — Saint-Cyr-la-Rivière. — Courpain. — Abbéville. — La source du Climont. — La Juine à Saclas. — Les filatures de laine. — Guillerval-le-Pouilleux. — Le vallon de la Marette. — Le parc de Méréville. — La colonne Trajane. — Le château de Méréville. — Les magnificences du banquier Delaborde. — Méréville et ses marchés. 347

XXII. — LA BEAUCE PITUÉRAISE

De Malesherbes à Pithiviers. — A travers la Beauce pituéraise. — Pithiviers. — La statue de Duhamel du Monceau. — L'œuvre du grand agronome. — Pèlerinage d'Arthur Young. — Les monuments de Pithiviers. — Pâtés d'alouettes, miel et safran; la sucrerie. — Les vallées de l'Œuf et de la Rimarde. — Yèvre-le-Châtel. — Formation de l'Essonne. — Un trait du grand avocat Berryer. — Le decauville de Pithiviers à Toury. — Le bois de Bellebat. — Le plateau beauceron. — Bazoches-les-Gallerandes. — Outarville. 366

XXIII. — TROIS BOURGADES BEAUCERONNES

La « ville » de Toury. — Son rôle économique. — D'Angerville à Toury. — Activité évanouie. — Angerville. — Ses vieilles auberges. — La mare et le château d'eau. — Les bustes de Tessier. — La bataille des Harengs. — Pussay. — Étrange ville industrielle. — La fabrication des chaussons et des babouches. 385

Nancy, impr. Berger-Levrault et Cie

CHEMINS DE FER DE PARIS-LYON-MÉDITERRANÉE

BILLETS FACILITANT LES EXCURSIONS
dans la région décrite par la 44ᵉ série du *Voyage en France*

Pendant les mois de **Juin, Juillet, Août** et **Septembre**, la Compagnie Paris-Lyon-Méditerranée organise tous les dimanches des trains de plaisir de **Paris à Fontainebleau** et **Moret**.

	2ᵉ classe.	3ᵉ classe.
Pour Fontainebleau	4f 50	3f »
Pour Moret	5 50	3 50

Billets de vacances à prix réduits.
Très avantageux pour les familles d'au moins 3 personnes effectuant ensemble un parcours simple minimum de 500 kilomètres.

Bains de mer de la Méditerranée.
Billets d'aller et retour individuels ou collectifs à prix très réduits et valables 33 jours.

Chamonix (Mont-Blanc).
Billets d'aller et retour, délivrés par toutes gares, dans un rayon d'au moins 300 kilomètres de Chamonix (validité de 2 à 10 jours).

Paris à Royat et à Vichy.
Billets directs par Nevers et Clermont-Ferrand, voie la plus courte, la plus rapide et la plus économique.

Paris à Berne, Interlaken et Zermatt.
Sans changement de voiture, en 1ʳᵉ et 2ᵉ classe. Billets d'aller et retour, valables 60 jours, avec arrêts facultatifs.

Villes d'eaux desservies par le réseau P.-L.-M.
Billets d'aller et retour collectifs, valables 33 jours, avec arrêts facultatifs et représentant une grande économie pour les familles d'au moins 3 personnes.
Billets d'aller et retour individuels, valables 10 jours, avec arrêts facultatifs.

Fêtes de l'Ascension, de la Pentecôte, du 14 Juillet, de l'Assomption.
Prolongation de validité des billets d'aller et retour ordinaires.

Stations hivernales (Nice, Cannes, Menton, etc.).
Billets d'aller et retour collectifs de 1ʳᵉ, 2ᵉ et 3ᵉ classes d'une validité de 33 jours pouvant être prolongée, délivrés du 15 octobre au 15 mai, dans toutes les gares du réseau. — Parcours simple minimum 150 kilomètres.

Fêtes de Nice.
Billets d'aller et retour individuels de 1ʳᵉ et 2ᵉ classes, valables 20 jours avec faculté de prolongation, délivrés au même prix que les billets d'aller et retour ordinaires pour Nice, Cannes, Menton, à l'occasion des Fêtes de Noël et du Jour de l'An, des Courses et du Carnaval de Nice, des Régates et des Vacances de Pâques.

Fêtes de la Toussaint, de Noël, du Jour de l'An, de Pâques, de l'Ascension et de la Pentecôte.

Prolongation de durée de validité des billets d'aller et retour ordinaires.

Consulter le Livret-Guide horaire P.-L.-M. — Prix 0 fr. 50 c.
dans toutes les gares du réseau.

CHEMIN DE FER D'ORLÉANS

Excursions aux stations thermales et hivernales
DES PYRÉNÉES ET DU GOLFE DE GASCOGNE
Arcachon, Biarritz, Dax, Pau, Salies-de-Béarn, etc.

TARIF SPÉCIAL G.V. N° 106 (ORLÉANS)

Des billets d'aller et retour, avec réduction de 25 % en 1re classe et de 20 % en 2e et 3e classes, sur les prix calculés au tarif général d'après l'itinéraire effectivement suivi, sont délivrés toute l'année, à toutes les stations du réseau de la Compagnie d'Orléans, pour les stations thermales et hivernales du réseau du Midi, et notamment pour :

Arcachon, Biarritz, Dax, Guéthary (halte), Hendaye, Pau, Saint-Jean-de-Luz, Salies-de-Béarn, etc.

Durée de validité : 33 jours (non compris les jours de départ et d'arrivée).

BILLETS D'ALLER ET RETOUR DE FAMILLE
Pour les Stations thermales et hivernales
DES PYRÉNÉES ET DU GOLFE DE GASCOGNE
Arcachon, Biarritz, Dax, Pau, Salies-de-Béarn, etc.

TARIF SPÉCIAL G.V. N° 106 (ORLÉANS)

Des billets de famille de 1re, 2e et 3e classes, comportant une réduction de 20 à 40 %, suivant le nombre de personnes, sont délivrés toute l'année, à toutes les gares du réseau d'Orléans, pour les stations thermales et hivernales du Midi, sous condition d'effectuer un parcours minimum de 300 kilomètres (aller et retour compris), et notamment pour :

Arcachon, Biarritz, Dax, Guéthary (halte), Hendaye, Pau, Saint-Jean-de-Luz, Salies-de-Béarn, etc.

Durée de validité : 33 jours (non compris les jours de départ et d'arrivée).

Excursions en Touraine, aux Châteaux des Bords de la Loire
ET AUX STATIONS BALNÉAIRES
De la Ligne de SAINT-NAZAIRE au CROISIC et à GUÉRANDE

TARIF SPÉCIAL G.V. N° 5 (ORLÉANS)

1er Itinéraire. Durée : 30 jours. — PRIX DES BILLETS : 1re cl., 86 fr.; 2e cl., 63 fr.

Paris — Orléans — Blois — Amboise — Tours — Chenonceaux et retour à Tours — Loches et retour à Tours — Langeais — Saumur — Angers — Nantes — Saint-Nazaire — Le Croisic — Guérande et retour à Paris *via* Blois *ou* Vendôme *ou* par Angers et Chartres *sans arrêt sur le réseau de l'Ouest*.

2e Itinéraire. Durée : 15 jours. — PRIX DES BILLETS : 1re cl., 54 fr.; 2e cl., 41 fr.

Paris — Orléans — Blois — Amboise — Tours — Chenonceaux et retour à Tours — Loches et retour à Tours — Langeais et retour à Paris, *via* Blois *ou* Vendôme.

CHEMIN DE FER D'ORLÉANS

VOYAGES DANS LES PYRÉNÉES

Tarif G.V. N° 105 (Orléans)

La Compagnie d'Orléans délivre toute l'année des billets d'excursion comprenant les trois itinéraires ci-après, permettant de visiter le Centre de la France et les Stations thermales et balnéaires des Pyrénées et du golfe de Gascogne.

1er Itinéraire.
Paris, Bordeaux, Arcachon, Mont-de-Marsan, Tarbes, Bagnères-de-Bigorre, Montréjeau, Bagnères-de-Luchon, Pierrefitte-Nestalas, Pau, Bayonne, Bordeaux, Paris.

2e Itinéraire.
Paris, Bordeaux, Arcachon, Mont-de-Marsan, Tarbes, Pierrefitte-Nestalas, Bagnères-de-Bigorre, Bagnères-de-Luchon, Toulouse, Paris (via Montauban, Cahors, Limoges ou via Figeac, Limoges).

3e Itinéraire.
Paris, Bordeaux, Arcachon, Dax, Bayonne, Pau, Pierrefitte-Nestalas, Bagnères-de-Bigorre, Bagnères-de-Luchon, Toulouse, Paris (via Montauban, Cahors, Limoges ou via Figeac, Limoges).

Durée de validité : 30 jours (non compris le jour du départ).

Prix des billets : 1re classe, 163 fr. 50 ; — 2e classe : 122 fr. 50.

BERGER-LEVRAULT & Cie, LIBRAIRES-ÉDITEURS
PARIS, 5, rue des Beaux-Arts. — 18, rue des Glacis, NANCY.

Capitaine André GAVET

L'OFFICIER ALLEMAND

Structure du corps d'officiers
Condition morale et matérielle de l'officier : Discipline,
Recrutement, Avancement, Instruction,
Soldes, Retraites. — Organisation du commandement

1906. Un volume grand in-8 de 314 pages, broché. . . . 6 fr.

L'ART DE COMMANDER

Principes du commandement à l'usage des Officiers de tout grade

Ouvrage couronné par l'Académie française. — Nouvelle édition.
1905. Un volume in-12 de 257 pages, broché . . . 2 fr. 50

BERGER-LEVRAULT & Cie, LIBRAIRES-ÉDITEURS
PARIS, 5, rue des Beaux-Arts. — 18, rue des Glacis, NANCY

H. IRVING HANCOCK

Jiu-Jitsu

MÉTHODE D'ENTRAINEMENT ET DE COMBAT
qui a fait des Japonais
les adversaires les plus redoutables du monde

TRADUIT PAR
le Chef d'escadron d'artillerie **L. FERRUS**
ANCIEN ÉLÈVE DE L'ÉCOLE DES LANGUES ORIENTALES
et le Capitaine d'artillerie **J. PESSEAUD**

1906. Un volume in-12, avec 19 planches photographiques d'après nature, broché sous couverture illustrée . . . **3 fr. 50**
Relié en percaline souple gaufrée or . . . . **4 fr. 50**

Capitaine de frégate N.-L. KLADO
DE LA MARINE IMPÉRIALE RUSSE

Traduction, avec l'autorisation de l'auteur, par René MARCHAND

La Bataille de Tsoushima

Avec la réponse de l'auteur à la protestation
du contre-amiral ENQUIST

Un volume in-12, avec 24 croquis, broché . . . . . **3 fr. 50**

La Marine russe
dans la Guerre russo-japonaise

Un vol. in-12, avec 2 portraits et 5 gravures, broché. **3 fr. 50**

Amiral TOGO

Rapport officiel sur la Bataille de Tsoushima
Brochure in-12. Prix . . . . **1 fr.**

Voyage en France

VOLUMES PARUS

1. Morvan, Val de Loire et Perche.
2. Des Alpes mancelles à la Loire maritime.
3. Les Iles de l'Atlantique : I. D'Aronches à Belle-Ile.
4. — II. D'Belle-Ile à Ouessant.
5. Iles de la Manche et Bretagne.
6. Normandie.
7. La Région lyonnaise.
8. Le Rhône, du Léman à la mer.
9. Bas-Dauphiné.
10. Les Alpes, du Léman à la Durance.
11. Forez, Vivarais, Tricastin, Comtat-Venaissin.
12. Alpes de Provence et Alpes maritimes.
13. Région marseillaise et Côte d'Azur.
14. La Corse.
15. Charentes et l'aine Poitevine.
16. De Vendée en Beauce.
17. Vexin, Picardie et pays de Caux.
18. Nord : I. Flandre et Littoral.
19. Nord : II. Artois, Cambrésis et Hainaut.
20. Haute-Picardie, Champagne rémoise et Ardennes.
21. Haute-Champagne ; Basse-Lorraine.
22. Plateau lorrain et Vosges.
23. Plaine Comtoise et Jura.
24. Haute-Bourgogne.
25. Basse-Bourgogne et Senonais.
26. Berry et Poitou oriental.
27. Bourbonnais et Haute-Marche.
28. Basse-Marche et Limousin.
29. Bordelais et Périgord.
30. Gascogne.
31. Agenais, Lomagne et Bas-Quercy.
32. Haut-Quercy, Haute-Auvergne.
33. Basse-Auvergne.

SOUS PRESSE :

34. Velay, Vivarais méridional, Gévaudan.
35. Rouergue et Albigeois.
36. Cévennes méridionales.
37. Golfe du Lion.
38. Haut-Languedoc.

EN PRÉPARATION :

39. Pyrénées (Partie orientale). — (Départements des Pyrénées-Orientales, Aude, A
40. Pyrénées (Partie occidentale). — (Départements des Hautes et Basses-Pyrénées
41-42. Paris et l'Ile-de-France.

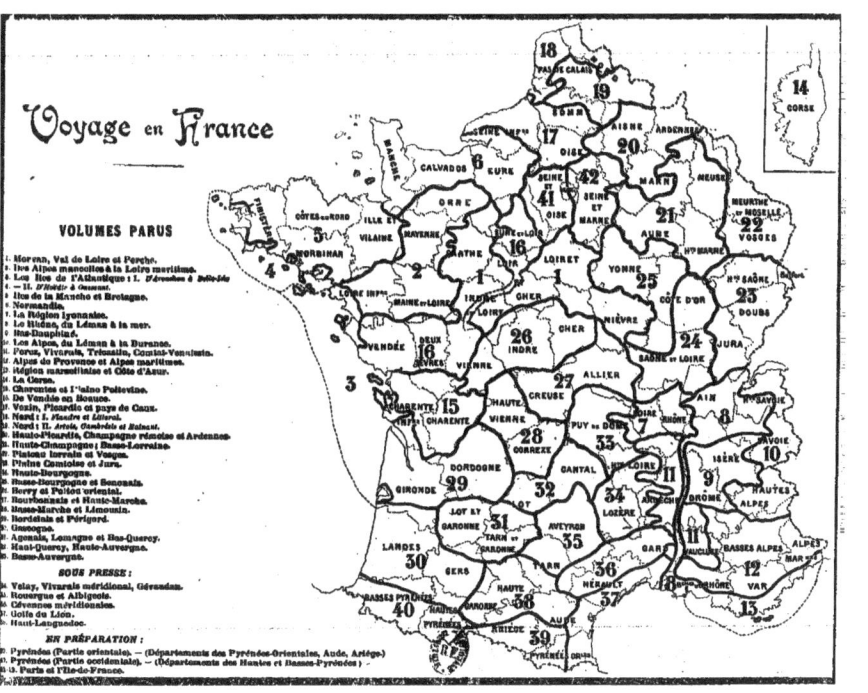

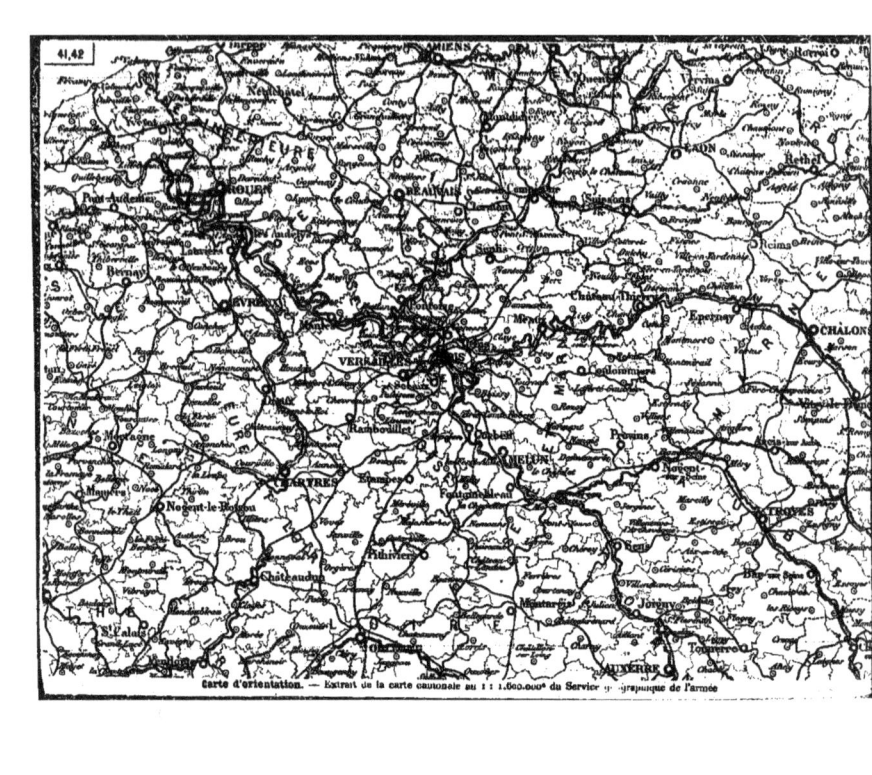

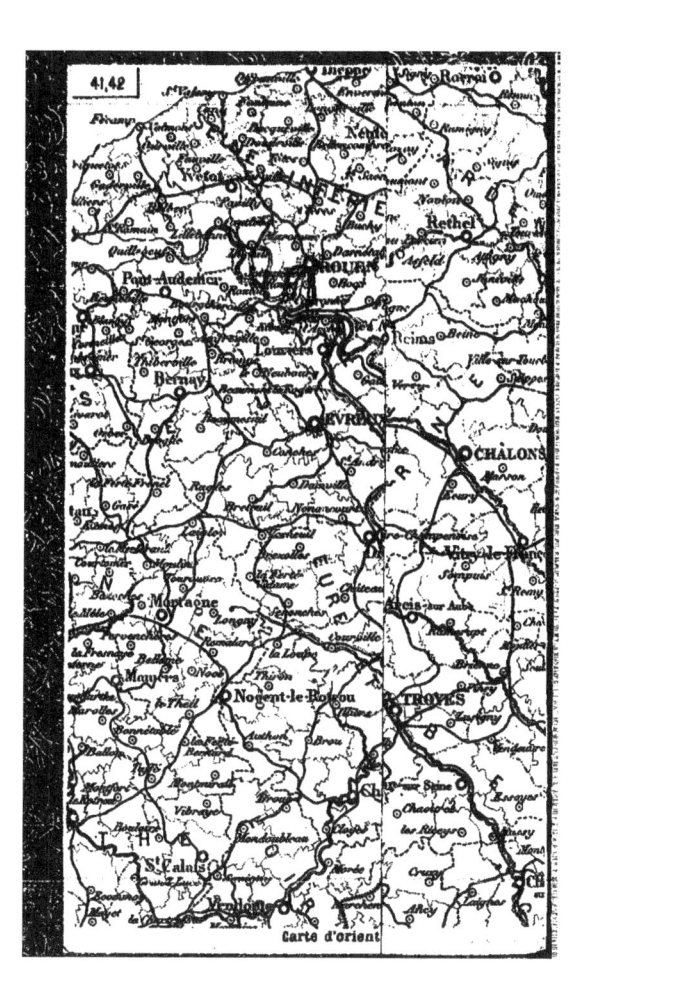

BERGER-LEVRAULT & Cⁱᵉ, LIBRAIRES-ÉDITEURS
PARIS, 5, rue des Beaux-Arts. — 18, rue des Glacis, NANCY

NAVIRES ET PORTS MARCHANDS

I. — Législation française sur la marine marchande.
II. — Revue des industries maritimes à l'étranger.
III. — Notre situation présente. Les remèdes.

Par Marcel PLESSIX

1905. Un volume in-12, broché . . . . **3 fr.**

LES ACCIDENTS DU TRAVAIL
COMMENTAIRE DE LA LOI DU 9 AVRIL 1898

Modifiée par les lois des 22 mars 1902 et 31 mars 1905, de la loi du 30 juin 1899 sur les accidents du travail agricole et des règlements d'administration publique, décrets et arrêtés relatifs à leur exécution. Suivi d'une étude comparative de la législation étrangère.

Par Édouard SERRE
CONSEILLER A LA COUR DE CASSATION

Troisième édition. 1906. Entièrement revue et mise au courant de la jurisprudence. Un volume in-8 de 661 pages, br. **8 fr.**
Relié en percaline . . . . **9 fr. 50**

LOI DU 12 JUILLET 1905
SUR

La Compétence et l'Organisation
DES JUSTICES DE PAIX

COMMENTAIRE DOCTRINAL ET PRATIQUE

Par Jean CRUPPI
DÉPUTÉ, RAPPORTEUR DE LA LOI
AVOCAT A LA COUR DE PARIS, ANCIEN AVOCAT GÉNÉRAL A LA COUR DE CASSATION

Avec la collaboration de Fernand BRIGOUT
Docteur en droit, juge au tribunal civil de Lille.

Un volume in-8, broché. **6 fr.** — Relié en percaline. **7 fr. 50**

BERGER-LEVRAULT & Cie, LIBRAIRES-ÉDITEURS
PARIS, 5, rue des Beaux-Arts. — 18, rue des Glacis, NANCY

LA CHAMPAGNE
ÉTUDE DE GÉOGRAPHIE RÉGIONALE
Par Émile CHANTRIOT
Agrégé de l'Université, Docteur ès lettres

1906. Beau volume grand in-8 de 328 pages, avec 40 vues photographiques et figures dans le texte, et 31 planches, graphiques et cartes hors texte, broché. . . . . . . 8 fr.

Les Flottes de Combat en 1906
Par le Commandant de BALINCOURT
Capitaine de frégate

3ᵉ édition. Volume in-16 oblong de 534 pages, avec 403 figures schématiques de bâtiments. Élégamment relié en percaline souple, tranches rouges . . . . . . 6 fr.

LES TORPILLES
ET LES MINES SOUS-MARINES
Par H. NOALHAT

Préface de Paul FONTIN

1905. Un volume in-8 de 491 pages, avec 208 fig., broché. 8 fr.

LES SOUS-MARINS ET LA PROCHAINE GUERRE
1903. Un volume in-8, avec 22 figures, broché . . . 3 fr. 50

Mise au point nécessaire
La Question militaire telle qu'elle s'impose aux réflexions des esprits éclairés. 1905. Brochure grand in-8 de 80 pages . . . . . . 1 fr. 25

Deux vieilles questions : La question du duel. La question
. . . . 1 fr.